Berndt von Staden

Zwischen Eiszeit und Tauwetter

Diplomatie in einer Epoche des Umbruchs

Erinnerungen

Berndt von Staden

Zwischen Eiszeit und Tauwetter

Diplomatie in einer Epoche des Umbruchs

Erinnerungen

wjs

© wjs verlag, Wolf Jobst Siedler jr. · Berlin
Alle Rechte vorbehalten,
auch das der fotomechanischen Wiedergabe
Gestaltung und Herstellung: Dorén + Köster, Berlin
Druck und Bindung: Friedrich Pustet, Regensburg

Printed in Germany 2005
Erste Auflage

ISBN 3-937989-05-6

www.wjs-verlag.de

INHALT

In meinen »Erinnerungen an die Vorzeit« habe ich versucht, Bilder einer untergegangenen Welt wieder zu beleben, der letzten zwei Jahrzehnte des baltischen Deutschtums in Estland. In dem zweiten Band »Ende und Anfang« ging es mir darum, Rechenschaft darüber zu geben, wie ich die Umsiedlung in das besetzte Polen 1939 und den Krieg erlebt habe. Überdies wollte ich die Eindrücke festhalten, die sich mir in den Gründerjahren des neuen Deutschlands und der Europäischen Integration eingeprägt hatten.

Damit, so dachte ich zunächst, sollte es sein Bewenden haben. Man war erwachsen geworden, die Jahre, in denen das Leben ein Abenteuer war, ein Weg in unentdeckte Welten, sind verflogen. Der Alltag ist eingekehrt.

Später aber hat es mich dennoch gereizt, weiter zu schreiben. So lege ich hier meinen Bericht über fünf Jahre in Washington vor, von 1963 bis 1968; von fünf Jahren im Auswärtigen Amt, wo ich während der ostpolitischen Wende von 1970 bis 1973 die Politische Abteilung leitete, und eine kurze Zusammenfassung über die Jahre 1973 bis 1979, in denen ich Botschafter in Washington war. Folgen lasse ich einige Skizzen und Porträts, die aus dem unmittelbaren Erleben entstanden sind und Szenen beschreiben, die mir erinnernswert erschienen.

Auch diesmal ist es nicht meine Absicht, Geschichte zu schreiben. Es geht mir darum zu erzählen, wie ich wahrnahm, was ich sah und was es mich lehrte.

Leinfelderhof, Februar 2004

Washington – 1963 bis 1968

Erste Schritte

Im Frühjahr 1963, bald nach dem Abbruch der Verhandlungen über den Beitritt Großbritanniens zur EWG, hatte mich Rolf Lahr, der Staatssekretär vom Auswärtigen Amt, gefragt, ob ich die Leitung der Politischen Abteilung der Botschaft in Washington übernehmen wolle.

Die Entscheidung fiel mir nicht ganz leicht. Walter Hallstein, der Präsident der EWG-Kommission, wünschte, dass ich bei ihm als sein Kabinettschef bei der Europäischen Kommission bleibe. In der Tat sprach vieles dafür, ihn in der schwierigen Situation, die durch das französische Veto gegen den Beitritt Englands entstanden war, nicht im Stich zu lassen.

De Gaulle hatte die Gemeinschaft einer Zerreißprobe unterworfen. Es gab nicht wenige, die – durch London ermutigt – mit dem Gedanken spielten, zu fünft mit England weiterzuverhandeln und äußerstenfalls Frankreich gegen England einfach auszutauschen. Trotz aller Kritik am französischen Staatspräsidenten und seiner brutalen Taktik hatte ich mich Hallstein gegenüber mit aller Entschiedenheit gegen solche Überlegungen ausgesprochen. De Gaulle stand ja nicht am Beginn, sondern am Ende seiner Laufbahn, und die Zukunft konnte manches heilen. Frankreich aber zu isolieren oder gar hinauszudrängen wäre das Ende der Gemeinschaft und der deutsch-französischen Partnerschaft, also ein nicht gutzumachender Schaden, gewesen. Das ganze Konzept der Integration, das England ja im Grunde ablehnte, wäre damit gescheitert.

Inzwischen aber hatte sich diese Ansicht allgemein durchgesetzt, und es war absehbar, dass die Krise vorübergehen würde. Angesichts dessen gab für mich die Überlegung den Ausschlag, dass ich mit fast 44 Jahren nicht mehr in einer Position persönlicher Zuordnung zu einem Einzelnen arbeiten mochte, auch wenn es sich um eine so bedeutende Persönlichkeit wie Hallstein handelte. Drei Jahre persönlicher Dienstbarkeit erschienen mir genug. Ich wollte im Rahmen dessen, was der Beamtenberuf ermöglicht, wieder mein eigener Herr sein.

Hallstein, der sich diesen Überlegungen nicht verschloss, fragte mich zwar, ob ich nicht als Nachfolger des für einen Botschafterposten vorgesehenen Günther Seeliger Generaldirektor der Kommission für Außenbeziehungen werden wolle. Das war ein ehrenvoller und verlockender Vorschlag. Doch war keineswegs sicher, ob Jean Rey, der zuständige Kommissar, zustimmen würde. Zwar war unser persönliches Verhältnis gut, aber kein Mitglied der Kommission dürfte es sonderlich schätzen, den »Mann des Präsidenten« als Generaldirektor zu haben. Ferner glaubte ich – vielleicht zu Unrecht –, dass mir der Rückweg in meinen eigentlichen Beruf, den deutschen Auswärtigen Dienst, damit endgültig abgeschnitten sein würde. So blieb ich dabei, das Anerbieten von Lahr anzunehmen. Ich reichte meinen Abschied bei der Kommission ein und erhielt ihn. Ende April sollte ich meinen Dienst in Washington antreten.

Doch so reibungslos sollte das alles nicht vonstatten gehen. Kurz vor meinem Abschied aus Brüssel fand ich auf meinem Schreibtisch eines Morgens einen Brief des Auswärtigen Amts vor, der auf dem Kurierweg über die deutsche Ständige Vertretung bei der Gemeinschaft fast zwei Wochen unterwegs gewesen war. Darin teilte mir der Chef der Personalabteilung des Auswärtigen Amts, Raab, mit, dass die Planung geändert worden sei: Ich würde als Botschaftsrat statt nach Washington nach Moskau versetzt. Ich wollte aber nicht nach Moskau – einmal meiner baltischen Herkunft wegen, vor allem aber wegen meiner früheren Zugehörigkeit zur Abwehr.

In einem eher unerfreulichen Gespräch mit Raab legte ich ihm meine Gründe dar. Außenminister Schröder, dem der Fall vorgetragen wurde, verfügte dann, dass es bei Washington bleiben sollte. Damit waren die Komplikationen jedoch keineswegs zu Ende. Die Änderung der Dispositionen hatte nämlich einen Hintergrund gehabt: Da man bei uns – damals jedenfalls – in Abwesenheit nicht befördert wurde, war ich für das Auswärtige Amt nach fünf Jahren bei der Kommission immer noch ein Legationsrat 1. Klasse.

In der politischen Abteilung der Botschaft Washington aber gab es schon zwei Kollegen dieses Ranges, und beide waren dienstälter als ich. So fühlte das Amt sich außerstande, mich wie angekündigt zu verwenden. Statt Abteilungsleiter wurde ich ein Referent neben anderen. Ich war enttäuscht und bitter gekränkt und beklagte mich wie eine beleidigte Primadonna – bis mir ein Kollege einen großen Gefallen tat. Einer meiner beiden Mitarbeiter, Jörg Kastl, kam eines Tages zu mir, um mir mein Verhalten sehr offen vorzuhalten. »Wenn Sie weiter ein solches Spektakel aufführen«, sagte er »machen Sie sich unmöglich und – schlimmer noch – lächerlich!« Ich kann nicht sagen, wie dankbar ich ihm war, dass er mir so den Spiegel vorgehalten hatte. Ich schämte mich und hielt, wie man so sagt, von Stund an die Klappe.

Unser Umzug nach Washington war relativ einfach. Zunächst musste eine Wohnung gefunden werden. Wir wurden mit der Leiterin einer Agentur bekannt gemacht, einer Gräfin d'Amecourt, der wir schon kurz nach unserer Ankunft ein aufschlussreiches Erlebnis verdankten. Zu jener Zeit war mir Amerika so gut wie unbekannt. Wohl hatte ich Hallstein zu seinen Treffen mit Präsident Kennedy nach Washington begleitet, aber ich hatte weder die Möglichkeit eines Studienaufenthaltes in den USA noch zu Reisen durch das Land gehabt. Amerika war ein fremder Kontinent für mich.

Gerty, wie sie uns bald anbot, sie zu nennen, fuhr uns zu verschiedenen Häusern, die zu vermieten waren. Ursprünglich stammte sie aus Wien. Sie hatte dann nach Amerika geheiratet, sich später selbständig gemacht und war eine erfolgreiche Immobilienmaklerin geworden. Dazu war sie in der Washingtoner Gesellschaft beliebt und angesehen und führte ein offenes Haus, in dem wir viele schöne Stunden verbracht und interessante Leute getroffen haben. Es war ein Vergnügen, mit ihr kreuz und quer durch die Stadt zu fahren und so auch nach Spring Valley, einer jener bevorzugten Gegenden, in der die im »colonial style« errichteten Häuser wie in einer großen zaunlosen Parklandschaft gelegen waren. Hier gefiel es uns ganz besonders, doch Gerty dämpfte unsere Begeisterung. In dieser Gegend, so beschied sie uns, könnten wir unmöglich ein Haus mieten, denn die meisten Mietverträge enthielten eine Klausel, die besagte, dass der Mieter »of caucasian origin« sein müsse, also weder Farbiger noch Jude sein dürfe. Eine solche Klausel zu unterschreiben, könnten wir uns als Deutsche nicht leisten.

Dies schien mir damals völlig unglaubwürdig. Doch einige Jahre später erzählte uns eine jüdische Bekannte, dass sie und ihr Mann seit Jahren auf der Warteliste eines bekannten Country Clubs stünden, bisher jedoch noch immer nicht an die Reihe gekommen seien.

Wir fanden schließlich ein ansprechendes Haus in der Pine Tree Road in McLean, Virginia. Es lag in einem kleinen geschlossenen »Development«, in das man von der Route 193 gleich hinter dem George Washington Memorial Parkway einbog. Zunächst befürchteten wir, zu weit ins Umland von Washington gezogen zu sein, aber in Virginia zu leben erwies sich am Ende als ein großes Glück. Damals war die Gegend noch wenig entwickelt. Wer dagegen heute durch McLean fährt, etwa auf dem Weg zum Dulles Airport, den es damals noch nicht gab, der kann sich den Zauber der einst unberührten Gegend überhaupt nicht mehr vorstellen.

Man überquerte den Potomac, der an dieser Engstelle schäumend durch sein felsiges Bett dahinströmte, über die Chain Bridge. Dann führte der Weg etwa drei Meilen die schmale Chain Bridge Road entlang, gesäumt von urwaldartigem Gehölz, und gelangte auf das lichte sanfte Hügelland, das sich rechts und links der Route 193 erstreckte. Nur einzelne Landhäuser hinter hohen Bäumen waren zu sehen, teils von den weißen Holzzäunen eingegrenzt, von denen die »gentlemen farmer« den Namen »white fence farmer« haben.

Schmale Straßen bogen von der Magistrale ab, die hügelauf, hügelab zum gemächlichen Wandern einluden, fast unbehelligt vom Verkehr. Wie oft sind wir hier entlang gegangen,

stundenlang, vor allem im Winter in einer herrlichen Schnee-
landschaft und unter einer fast neapolitanischen Sonne.

Besonders aber liebten wir das Zentrum von McLean. Um
ein längliches Rechteck gruppierten sich die wenigen Läden,
ein kleiner Supermarkt, der Drugstore, ein Hardware-Store, in
dem es alles gab, vom Nagel bis zum Rasenmäher, ein Gift-
Shop und ein Barber-Shop. Über all dem lag noch ein letzter
Hauch von »settlement«, dessen Anfänge James Fenimore
Cooper in »The Pioneers« so unvergesslich dargestellt hat.
Manchmal stand auch ein gesatteltes Pferd wartend vor einem
der Läden, die Zügel um den Eingangspfosten geschlungen.
All dies war auch im Winter in südliches Licht getaucht, das
den Farben unglaubliche Kraft und Klarheit gibt. Mit einem
Mal begriff ich, wo die Bilder ihren Ursprung hatten, mit de-
nen Norman Rockwell jahrzehntelang die Saturday Evening
Post schmückte.

Die deutsche Botschaft befand sich zu jener Zeit noch
nicht in ihrem heutigen, von Egon Eiermann gebauten Gebäude auf der Reservoir Road, sondern in einem alten Miets-
haus in der R-Street. Botschafter war Heinrich Knappstein,
kein Laufbahnbeamter, sondern ein ehemaliger Redakteur der
alten Frankfurter Zeitung, der nach dem Krieg Gründungs-
mitglied der CDU in Hessen gewesen war. Von Adenauer in
den Auswärtigen Dienst berufen, war er zunächst Generalkonsul in Chicago, dann als Botschafter in Madrid und
schließlich mit dem Titel eines Unterstaatssekretärs im Amt.

Knappstein war damals Ende fünfzig, ein etwas schwerer,
weißhaariger Mann von überaus würdiger Erscheinung, der äl-
ter wirkte, als er war. Er war urban, hochgebildet und seiner
beruflichen Herkunft entsprechend ein sehr guter Stilist.
Auch besaß er eine große Sprachbegabung. Englisch wie Spa-
nisch sprach er akzentfrei. Seine Einstellung zum Beruf erinnerte ein wenig an die meines Chefs in Brüssel, Anton Pfeif-
fer. Auch er, am Ende seiner Laufbahn und gesundheitlich
nicht mehr auf der Höhe, kam seinen Pflichten sehr korrekt
nach, war aber kein allzu dynamischer Mensch. Als Vorgesetzter war er liberal und verständnisvoll, in seltenen Fällen
aber auch aufbrausend. Er war bereit, Verantwortung zu dele-

gieren, am langen Zügel zu führen und gute Leistungen anzuerkennen. Unter ihm zu dienen wäre eine ungeteilte Freude gewesen, wenn er einem das Leben nicht gelegentlich dadurch erschwert hätte, dass ihm gesellschaftliche Verpflichtungen eher zuwider waren – eine Abneigung, die sich mit dem Betrieb, wie er in Washington nun einmal herrscht, nur schwer verträgt. Seine leitenden Mitarbeiter hatten das, so gut sie konnten, auszugleichen, an erster Stelle der ständige Vertreter des Botschafters, Georg von Lilienfeld, und der Leiter der Wirtschaftsabteilung, Herbert Freiherr von Stackelberg. Beide waren wie ich Balten, weshalb unsere Behörde im Auswärtigen Amt ironisch die »Baltische Botschaft« genannt wurde.

Die uns aufgenötigte Kopflastigkeit der Politischen Abteilung war wenig bequem. Drei Botschaftsräte mit je zwei Mitarbeitern waren einfach zu viel. Dies galt vor allem in meinem Fall, weil ich mich vom hierarchischen Denken, wie es wenigstens in der Zentrale noch angebracht gewesen sein mochte, nicht freimachen konnte.

In Bonn ist der Referatsleiter der Chef seiner »Arbeitseinheit« und muss es wohl auch sein. Aber auch die größte Botschaft ist kein Ministerium. Die Sachfragen werden weniger vertieft, der Zeitdruck ist geringer, der Umfang der sachlichen Zuständigkeiten bei jedem Einzelnen dafür sehr viel größer. Statt des starren deutschen Referatsschemas bietet sich bei dieser Sachlage das englische System des Teams an, bei dem der »Chef« eher ein älterer Bruder, ein Tutor, ein Aufseher und Helfer ist. Das habe ich damals umso weniger begriffen, als ich mich ja ohnehin schwer gekränkt fühlte und eifersüchtig über das wenige an Autorität wachte, das mir geblieben war.

In der Tat war der Abstieg vom Chef des Präsidialkabinetts in Brüssel zum Leiter eines Kleinreferats in Washington sehr beträchtlich. Und so kindisch meine Aufregung auch war, so zeigte der Vorfall doch auch, wie wenig es das Auswärtige Amt – damals wenigstens – verstand, sich die im internationalen Dienst erworbenen Kenntnisse seiner Beamten zunutze zu machen und anzuerkennen. Auch meinen Nachfolger in Brüssel, Karl-Heinz Narjes, der anschließend Generaldirektor geworden war, wollte man nicht in einer adäquaten Stellung übernehmen. So wurde er stattdessen Wirtschaftsminister in Schleswig-Holstein. Ähnlich erging es meinem zweiten Brüsseler Stellvertreter, Klaus Meyer, der daraufhin einem Ruf als Ministerialdirigent im Bundeskanzleramt folgte. Nicht immer wurde die Frage der Laufbahn unter einem so eingeschränkten Blickwinkel gesehen, aber in der Tendenz wiederholte sich dieses Vorgehen doch immer wieder.

Ich also verhielt mich sehr falsch, obwohl ich eine gute Gelegenheit hatte, mich eines Besseren belehren zu lassen. Denn einer meiner Mitarbeiter, Hans Georg Wieck, den ich schon im Russlandreferat hoch zu schätzen gelernt hatte, wies mich wiederholt in sehr taktvoller Weise darauf hin, welche Vorzüge das Arbeiten im »Team« an einer Botschaft böte. Vergebens, ich wollte auf diesem Ohr nicht hören, oder besser gesagt, ich konnte es damals nicht.

So unbefriedigend ich meine Stellung auch fand, so faszinierend war doch Washington und damit auch die Arbeit an der Botschaft für mich. Es war die Kennedy-Zeit, vielmehr deren Endphase, was man damals freilich nicht wissen konnte. Washington war ein intellektuelles »power-house« und Amerika politisch auf einer Höhe, die es leider nicht hat halten können. Nicht nur die Spitze der Administration war brillant besetzt, auch auf der mittleren Ebene und auf der der Referenten begegnete uns eine Fülle von Talenten. Man hat gesagt, die Administration sei damals ein Ableger von Harvard gewesen.

Mein Arbeitsgebiet umfasste Deutschland, Berlin und die Ost-West-Beziehungen. Daher hatte ich vor allem mit dem »German Desk« zu tun, dem Deutschlandreferat des State Department, und der Unterabteilung für Osteuropa. Hinzu traten die Beamten im Planungsstab und in der Abteilung für »Intelligence and Research« des State Department sowie die zuständigen Mitarbeiter im White-House-Staff und im Pentagon. Der Botschafter wünschte eigentlich, dass ich auch Fragen der europäischen Integration bearbeite. Angesichts meiner Brüsseler Erfahrung erschien ihm das logisch. Gerade aus diesem Grund aber bat ich ihn, davon abzusehen. Als Kabinettchef des Präsidenten der Europäischen Kommission war ich in Washington kein Unbekannter. Nun wollte ich nicht mit den gleichen amerikanischen Freunden über die gleichen Sachfragen mit einer anderen Zunge sprechen als bisher. Knappstein sah das ein und erlaubte mir, außerdienstlichen Kontakt zu einigen »Europäern«, besonders zu Robert Schaetzel, zu halten, um Hallstein aus der Ferne weiterhin beraten zu können.

Chef des State Department war damals Dean Rusk, der insgesamt acht Jahre lang unter Kennedy und Johnson amerikanischer Außenminister gewesen ist. Rusk war in dieser Administration insofern eine Ausnahmeerscheinung, als er nicht eigentlich zu den Intellektuellen des East-Coast-Establishment zählte, die damals den Ton angaben. In dem Washingtoner »magischen Dreieck« des Secretary of State, des Secretary of Defense, damals Robert McNamara, und des National Security Advisor, damals McGeorge Bundy, war er der »Professional«. Weniger brillant als seine beiden Kollegen, sicherten ihm doch seine Erfahrung in der auswärtigen Politik, seine Loyalität und seine Begabung zum Teamwork einen sicheren und geachteten Platz. Für ihn war es selbstverständlich, dass kein anderer als der Präsident die Richtlinien der Politik bestimmte. Er sah sich als dessen Ratgeber, eine Funktion, die er gewissenhaft wahrnahm und eifersüchtig hütete – aber darüber hinaus ging er nicht. Im Kabinett, so sagte man, äußerte er sich nur zurückhaltend, weil er meinte, es gehöre sich, dass er dem Präsidenten seinen Rat unter vier Augen gäbe. »Infighting«, den Machtpoker im inneren Kreis, verschmähte er, und er lag ihm wohl auch nicht. Auch hatte er es in McNamara und McGeorge Bundy mit zwei Kollegen zu tun, die, bei aller Ambition, doch diszipliniert genug waren, interne Machtkämpfe zu vermeiden, wie sie später üblich waren, als Kissinger mit Bill Rogers und Brzezinski mit Cyrus Vance als Außenministern zusammenarbeiten sollten. Von solchen unerquicklichen Reibereien, die übrigens auch die Arbeit der ausländischen Diplomaten erschweren, war zur Zeit von Rusk wenig zu spüren.

Rusk war im Übrigen ein vorsichtiger Mann, was ihn leider nicht hinderte, die Vietnam-Politik Kennedys und die noch unglücklichere Johnsons nicht nur zu unterstützen, sondern aktiv zu fördern. Für ihn war die Verteidigung der Republik (Süd-)Vietnam nicht nur eine Frage amerikanischen Widerstands gegen die weltrevolutionären Pläne Moskaus und den Kommunismus schlechthin, sondern auch eine solche der amerikanischen Glaubwürdigkeit. »Wer würde uns glauben, dass wir bereit sind, Berlin zu verteidigen, wenn wir Vietnam verloren geben?«, meinte er. Knappstein hat ihm darin entschieden widersprochen. Für uns war dieser Vergleich aus nahe liegenden Gründen nicht akzeptabel.

Nach der Berlin-Krise

Doch die Furcht vor der kommunistischen Weltgefahr, aus der damaligen Lage heraus verständlich, war zu stark und ebenso die damit zusammenhängende Fixierung auf das militärische Gleichgewicht und insbesondere auf die nuklearen Waffen. Es war die Zeit, in der Chruschtschow davon sprach, die USA in wenigen Jahren einzuholen und zu überholen, die Zeit der sowjetischen Raketenentwicklung und der sowjetischen Raumfahrt, die Zeit der Kuba- und der Berlin-Krise. Von der inneren Schwäche der Sowjetunion ahnte damals kaum jemand etwas. Moskau erschien mächtig, bedrohlich und auf dem Vormarsch. Dieser Eindruck bestimmte das außenpolitische Geschehen. Auch ich bekam das zu spüren. Mein Referat umfasste, wie schon gesagt, die Ost-West-Beziehungen sowie alle Angelegenheiten, die Deutschland als Ganzes und Berlin betrafen. Die erste operative Aufgabe, vor die ich mich gestellt sah, war daher die so genannte »Eventualfallplanung« für Berlin.

Seit der Berliner Blockade von 1948 zeigte sich die Insellage des freien Teils der Stadt inmitten des Moskauer Herrschaftsbereichs als eine Achillesferse des Westens. Berlin war konventionell nicht zu verteidigen, und so drohte jede Krise um die Stadt in eine Art russisches Roulette auszuarten. Jedenfalls war diese Vorstellung weit verbreitet.

Schon im Dezember 1958 hatte die Sowjetunion ultimativ die Aufhebung des Viermächtestatus gefordert. Bei der Wiener

Begegnung zwischen Kennedy und Chruschtschow im Juni 1961 hatte der sowjetische Autokrat den Abschluss eines Friedensvertrages zwischen der Sowjetunion und der DDR bis zum Jahresende angekündigt. Dadurch hätte die DDR die volle Souveränität über die Zugangswege nach Berlin erhalten, was für die Westmächte unannehmbar war. Als die wachsende Spannung dann zu einer Massenflucht aus der DDR führte, ließ Ulbricht mit Chruschtschows Billigung die Berliner Mauer bauen. Die schwerste Krise seit der Blockade von 1948 brach aus.

Ich hatte die Entwicklung während meiner Brüsseler Jahre verfolgt, ohne selbst operativ beteiligt zu sein. Als alter Russlandreferent fühlte ich mich aber doch bemüßigt, meinem Nachfolger, dem hochbegabten Hans-Albert Reinkemeyer, meine Beurteilung der Lage mitzuteilen, die allerdings, wie sich bald erweisen sollte, grundfalsch war. Sie lief nämlich im Kern auf die These hinaus, man müsse anerkennen, dass Berlin ein unerträglicher Stachel im Fleisch der Sowjets sei und der Westen angesichts der Brisanz der Lage gut daran täte, Zugeständnisse zu machen. Man muss in der Politik – und in der Diplomatie – nicht nur Verstand und Geschick, sondern auch gute Nerven haben und ein Stück Gelassenheit mitbringen. Das schließt übrigens keineswegs aus, dass man zugleich ein sicheres Gespür dafür besitzen sollte, wann Kompromisse notwendig oder nützlich sind.

Als ich nach Washington kam, war die Krise längst entschärft. Im November 1961 hatte Chruschtschow verkündet, nicht mehr auf einer Frist für den Abschluss eines Friedensvertrages mit der DDR zu bestehen. Der Bluff – denn darum hatte es sich letzten Endes ja wohl gehandelt – war also aufgeflogen.

Allein durch Schaden wird man klug. So hatten die drei Westmächte beschlossen, zusammen mit der Bundesrepublik eine Planung für den Fall zu entwickeln, dass die Sowjets erneut versuchen sollten, den alliierten Zugang zur Stadt, deren Lebensfähigkeit oder den Viermächtestatus in Frage zu stellen. Die Bearbeitung dieses delikaten Gegenstands lag in der Botschaft bei meinem Referat und unmittelbar in den Händen von Hans Georg Wieck.

Gesteuert wurden die Arbeiten durch die so genannte Washingtoner Botschaftergruppe. Sie tagte unter Vorsitz des ehemaligen amerikanischen Botschafters in Moskau, Llewellyn Thompson, und bestand im Übrigen aus den Botschaftern Englands, Frankreichs und der Bundesrepublik Deutschland, Sir David Ormsby-Gore (später Lord Harlech), Hervé Alphand und Heinrich Knappstein. Unterhalb dieses erlauchten Gremiums tagten die Botschaftsräte, zu denen ich zählte, die Kärrnerarbeit aber leisteten die Ersten Sekretäre, bei uns Hans Georg Wieck, bei den Engländern der hervorragend begabte John Thomson, Sohn und Enkel von Nobelpreisträgern der Physik. Der übrigen Beteiligten erinnere ich mich nicht.

Wohl aber entsinne ich mich deutlich eines gewissen Grauens, das ich bei diesen Exerzitien empfand. Da es bei den Verhandlungen über den britischen Beitritt zur Europäischen Gemeinschaft ja nicht mehr zur Formulierung von Vertragstexten gekommen war, wurde dies meine erste Begegnung mit der hohen Kunst des Formelkompromisses, dieser Krönung diplomatischer Findigkeit. In dieser Charakterisierung soll übrigens nichts Abschätziges liegen. Vereinbarungen sind der Versuch, mehr oder minder divergierende Ansichten so in Übereinstimmung miteinander zu bringen, dass alle Beteiligten dabei im gemeinsamen Interesse ihren Vorteil finden. Dieser Konsensus aber muss in Worten ausgedrückt werden, die das zugrunde liegende Tauziehen notwendigerweise widerspiegeln. Anders lässt sich Politik in dem weitgehend – wenn auch zunehmend weniger – rechtsfreien Raum der internationalen Beziehungen nicht machen.

Nicht also, dass ich die Notwendigkeit dieser Prozeduren verkannt hätte, aber sie lagen mir im Grunde nicht. Vielleicht bin ich der Anlage nach doch eher Journalist und als Jurist eher Richter als Anwalt. Wenn ich jedenfalls verfolgte, wie Wieck in endlosen Sitzungen um jeden Satz und jedes Komma in einer Unzahl komplexer Geheimpapiere rang und feilschte, dann begann sich mir der Kopf zu drehen, und es ging mir wie Schopenhauer, der bei einer Vorlesung von Hegel an den Rand seines Kolleghefts geschrieben haben soll: »Lösch aus, mein Licht, lösch aus, lösch aus, fahr hin, fahr hin in Nacht und Graus!«

Es gehört eine große Willenskraft, Konzentration und Selbstdisziplin dazu, solche Verhandlungen erfolgreich durchzustehen. Wieck besaß diese Gaben, Gott sei Dank, in hohem Maß. Ich ließ ihm deshalb alle Freiheit.

Von besonderem Interesse für mich waren die Sitzungen der Botschaftergruppe, die in unregelmäßigen Abständen stattfanden. Da war zunächst Llewellyn Thompson, einer der bedeutenden amerikanischen Ostexperten, der sich würdig in die große Tradition der George Kennan, Charles Bohlen und Averell Harriman einreihte. Mich beeindruckten nicht nur seine Kenntnisse, sondern auch sein hohes Maß an kühler, unerschrockener Sachlichkeit. Dieser Mann, ruhig, zurückhaltend und hochintelligent, sah die Sowjets völlig illusionslos, dämonisierte sie aber auch nicht. Obwohl ich doch selbst jahrelang Russlandreferent des Auswärtigen Amts gewesen war, fand ich es immer wieder schwierig, mir bewusst zu machen, dass die Sowjets nicht nur böse Absichten, sondern auch nachvollziehbare Interessen hatten. Allerdings machte es einem die heute kaum mehr vorstellbare Rabulistik und Verlogenheit der Moskauer Politik schwer, beides auseinander zu halten. Doch wie dem auch sei, Thompson – ebenso wie sein »Ziehvater« Harriman – war dazu in der Lage. Sie vergaßen nie, dass ihre russischen Gesprächspartner nicht nur Werkzeuge eines primitiven und rabiaten Systems, sondern auch Menschen waren, die durchaus rational denken konnten.

Von nicht geringerem Interesse waren die Botschafter Englands und Frankreichs. In dem 1959 unter dem Titel »Advise and Consent« erschienenen Bestseller von Allen Drury, einem Klassiker des Washingtoner Establishments, erscheinen wiederholt und immer gemeinsam, wie Dioskuren, der britische und der französische Botschafter. Die Art, wie Drury sie auftreten lässt, spiegelt die sehr besondere Stellung in durchaus realistischer Weise wieder, die sie damals in der Gesellschaft der amerikanischen Hauptstadt innehatten. Ormsby Gore und Alphand erfreuten sich aber auch deshalb eines ganz besonderen Ansehens, weil sie beide – und ihre Frauen – mit den Kennedys persönlich befreundet waren. Privilegien dieser Art hat es meines Wissens seither nicht mehr gegeben.

Die Zeiten, in denen der deutsche Botschafter Speck von Sternburg – Specky – mit seinem Studienfreund Teddy Roosevelt gemeinsam auszureiten pflegte, waren längst vorbei.

Sir David und Alphand waren beide beeindruckend. Der Brite, aus der Politik, nicht aus der Karriere kommend, Urbild eines englischen Aristokraten, lang, schmalgesichtig, brünett, gab sich mit einer ebenso eleganten wie arroganten Lässigkeit. Der Franzose, kleiner, ein wenig gedrungener, weißhaarig, mit sehr guten intellektuellen, vielleicht etwas weichen Zügen, äußerst gepflegt, sprach mit vollendeter pointierter Klarheit. Überhaupt wirkte er wie viele der besten Vertreter seiner Nation perfekt, allerdings auch eitel. Der Beobachter konnte ihm seine Bewunderung nicht versagen. Doch zuweilen fühlte ich mich ein wenig an Disraeli erinnert, der beim Berliner Kongress von 1878, den Fürsten Gortschakow beobachtend, auf ein Stück Papier gekritzelt haben soll: »Pompous, pompo...pom...po.«

In der Sache nahmen die Beratungen des Gremiums eine dramatische Wendung, als es im Herbst 1963 zu Zwischenfällen erst mit englischen, dann auch mit amerikanischen Militärkonvois auf der Autobahn nach Berlin kam. Begründet wurden diese Zwischenfälle von den Russen mit der Forderung, dass das alliierte Militärpersonal sich zählen lassen und dazu absitzen oder zumindest die hintere Ladeklappe der Transporter – die »tailgate« – herunterlassen musste. Die Franzosen waren nicht betroffen, weil sie ihre Militärtransporte allein über die Bahn abwickelten. Das veranlasste die schöne Nicole Alphand zu der Bemerkung: »We French never lower our tailgates.«

Doch in Wahrheit war die Situation alles andere als erheiternd, besonders als Anfang November schließlich ein amerikanischer Konvoi für ganze zwei Tage von sowjetischen Panzern an der Weiterfahrt gehindert wurde. Heute, da manche meinen, die Welt sei seit dem Ende des Sowjetimperiums weniger stabil als zuvor, macht man sich kaum mehr eine Vorstellung von der beinahe unerträglichen Spannung, die solche Zwischenfälle damals erzeugten. Es war ein echtes Pokern, dabei wohl weniger gefährlich, als es für den Nichteingeweihten den Anschein haben musste. Inzwischen weiß man – und die CIA muss es schon damals gewusst haben –, dass Amerika der Sowjetunion zur Zeit der Kuba-Krise im Oktober 1962 atomar um ein Vielfaches überlegen war. Chruschtschow konnte es sich gar nicht leisten, seine mehrfach wiederholten Bluffs wahr zu machen, und dies führte unter anderem ja schließlich auch zu seinem Sturz. Aber erstens war das wahre Ausmaß der Unterlegenheit Moskaus zunächst nur wenigen bekannt, und zweitens galt wohl auch hier die alte Bauernweisheit, dass es nicht genügt, wenn der Herr weiß, dass sein Hund nicht beißt. Man muss sicher sein, dass auch der Hund es weiß.

So tagte denn die Botschaftergruppe in einer Atmosphäre großer Spannung. Die Krise wurde am Ende beigelegt, indem die Russen es aufgaben zu bluffen, während die Amerikaner, Briten und Franzosen Modalitäten bekannt gaben, unter denen sie bereit waren, ihre Konvois kontrollieren zu lassen.

Die Arbeiten am »Contingency Planning« waren also nicht umsonst gewesen. Sie halfen dem Westen, vor allem den Amerikanern, die Krise durch strikt kontrollierten und begrenzten Druck zu bewältigen. Dem Gegner wurde die Entschlossenheit Amerikas verdeutlicht, notfalls bis zum Äußersten zu gehen; zugleich wurde sorgfältig darauf geachtet, ihm einen Ausweg zu lassen, ihm mit anderen Worten die Alternative zwischen einem möglichen Atomkrieg und entehrender Kapitulation zu ersparen.

Man muss das Ende der Berlin-Krise wohl vor dem Hintergrund einer umfassenderen Entwicklung sehen, die an die kubanische Raketenkrise, die »Cuban Missile Crisis« vom Oktober 1962, anknüpft. Ob die Welt damals wirklich am Abgrund einer atomaren Katastrophe gestanden hat, mögen die Historiker untersuchen. Den Zeitgenossen jedenfalls, auch John F. Kennedy und seinem Bruder, erschien es so. Und der amerikanische Präsident war gewillt, daraus die Schlussfolgerung zu ziehen. Ähnliches galt offenbar für die Führung in Moskau. Jedenfalls sollte sich in Washington 1963 und 1964 mehr und mehr die Auffassung durchsetzen, dass mit den Krisen um Kuba und Berlin eine offensive Phase der sowjetischen Politik ihren Abschluss gefunden habe. Hinzu trat auf amerikanischer Seite ein immer deutlicheres Bewusstsein von der eigenen militärischen und wirtschaftlichen Überlegenheit.

Der Präsident kündigte den neuen Kurs in einer dramatischen Rede vor der American University am 10. Juni 1963 an. Ich entsinne mich dieser Rede, einer der großen des vorigen Jahrhunderts, noch lebhaft. Zwar war ich nicht anwesend, doch verfolgte ich das Ereignis am Fernsehschirm in der Botschaft. Der Präsident, charismatischer wirkend denn je, sagte im Wesentlichen, dass es darauf ankäme, mit dem sowjetischen Gegenspieler Felder gemeinsame Interessen ausfindig zu machen und danach zu trachten, sie mit dem Ziel einer besseren Zusammenarbeit auszuweiten: »To make the world safe for diversity.« Mir war damals natürlich nicht bewusst, dass diese Rede einer historischen Wasserscheide gleichkam. Tatsächlich beginnt mit ihr, was später »Entspannungspolitik« genannt worden ist, die einzig mögliche Politik unter Großmächten im nuklearen Zeitalter. Immerhin begriff ich, dass es sich um eine Aussage von großer Bedeutung handelte. Hier wurde die Entwicklung eingeleitet, die schon zwei Monate später zur Unterzeichnung des partiellen Atomteststoppvertrages, 1968 zum Atomwaffensperrvertrag oder Nichtverbreitungsvertrag und schließlich zu den amerikanisch-sowjetischen Verhandlungen über die Begrenzung strategischer Nuklearwaffen führen sollte. Vielleicht hätte diese Entwicklung noch fruchtbarer werden können, wenn Amerika nicht in den Vietnam-Krieg hineingeschlittert wäre.

Schatten der Vergangenheit

Ziemlich zu Beginn meiner Washingtoner Zeit fragte mich der berühmte Kolumnist Walter Lippmann, ob er mich zur Mitgliedschaft im Metropolitan Club vorschlagen solle.

Lippmann galt damals als der bedeutendste Kolumnist und Kommentator, den der unvergleichliche amerikanische Journalismus hervorgebracht hat. Seine Kolumnen, die zweimal wöchentlich erschienen, waren für das politische Washington viele Jahre lang Orakel und politisches Gespräch. Mindestens einmal hätte er Außenminister werden können. Präsidenten suchten seinen Rat und verkehrten in seinem Haus. Als Persönlichkeit war er ein beeindruckender Mann sehr eigener Art, verschlossen und höchst sensibel. Er stilisierte sich gleichsam selbst zum Inbegriff des so genannten »Pundits«, des Weisen, zu dessen Füßen man sitzt und lauscht. Polnisch-jüdischer Herkunft, stand er uns Deutschen kritisch gegenüber. Dabei hatte er als junger Mann zu denjenigen in der amerikanischen Delegation gehört, die den Versailler Vertrag für zu hart und politisch unweise hielten.

Meine Frau kannte Walter und Helen Lippmann und war, als sie noch in der Botschaft als Legationsrätin tätig war, öfters sehr freundschaftlich von ihnen eingeladen worden. Nach unserer Heirat wurde das Wohlwollen auf mich ausgedehnt, und als die Lippmanns Brüssel besuchten – das muss 1962 gewesen sein –, baten wir sie zum Tee, was sie auch annahmen. Dazu hatten wir Hallstein eingeladen, denn man soll berühmten Gästen ja etwas bieten. Das allerdings war, wie sich herausstellen sollte, keine gute Idee, denn Lippmann bewunderte de Gaulle, liebte England, hielt wenig von der europäischen Integration und mochte Hallstein auch persönlich gar nicht, was dieser erwiderte. So verlief die Unterhaltung gelinde gesagt schleppend, und den Gastgebern trat mehrmals der Schweiß auf die Stirn.

Dies war übrigens meine erste persönliche Begegnung mit dem großen Mann. Auch physisch wirkte Lippmann bedeutend. Er war über mittelgroß, hatte eine breite Stirn, betonte Backenknochen und weit auseinander stehende Augen, die scharf blickten und etwas hervortraten.

In Washington setzte die Bekanntschaft sich fort. Die Lippmanns baten uns zum Mittagessen und regelmäßig zu ihrem traditionellen weihnachtlichen Mint-Yulip, einem Empfang, bei dem ein mit Minze gewürztes Getränk gereicht wird, dessen Hauptbestandteil Whisky ist. Auch zu Walters Geburtstagsempfang waren wir regelmäßig eingeladen.

Im Hause Lippmann, einem stilvollen Ziegelbau gegenüber der Washington Cathedral, verkehren zu dürfen galt als hohe Auszeichnung, um die auch führende amerikanische Politiker bemüht waren. Nur wenige Botschafter waren zugelassen, der Brite und der Franzose natürlich, der Schwede Jarring, der Schweizer Zehnder, der Russe Dobrynin.

Die Anfrage wegen des Metropolitan Club war nicht so einfach. Dieser Herrenclub im englischen Stil war und ist das Feinste, was Washington zu bieten hat. Alles, was Rang und Namen hat oder Geld – Politiker, Anwälte, Journalisten, Banker –, ist Mitglied oder bewirbt sich darum. Die Warteliste ist sozusagen einige Jahre lang, wenn auch für Diplomaten eine Ausnahme gilt. In aller Regel aber bewarben sich nur Botschafter um die Mitgliedschaft, nicht aber Mitarbeiter. Das eben machte die Frage so delikat.

Ich war nichtsdestotrotz Feuer und Flamme. Dass der Club damals weder Schwarze noch Frauen als Mitglieder aufnahm, störte mich, zu meiner Schande sei's gesagt, überhaupt nicht. Erst Jahre später, als ich, soeben in Washington Botschafter geworden, meine Mitgliedschaft erneuern wollte, wurde mir ein Licht aufgesteckt. Bundeskanzler Brandt, der bei seinem Besuch in Washington Anfang Mai 1973 im Gästehaus des Präsidenten, dem Blair-House, abgestiegen war, plauderte dort mit einigen deutschen Korrespondenten. Aus irgendeinem Grunde erwähnte einer der Anwesenden den benachbart gelegenen Metropolitan Club. »Ja«, meinte Brandt, »da werden Schwarze ja nicht aufgenommen. Und stellen Sie sich vor, ausgerechnet ein deutscher Botschafter ist dort vor einigen Jahren Mitglied gewesen.« Nun, ich schämte mich, offen gesagt, immer noch nicht. Aber von der Erneuerung meiner Mitgliedschaft nahm ich dann doch Abstand. Man soll es ja nicht zu weit treiben.

Doch 1963 hielt mich nichts zurück. So ging ich also zum Botschafter, um ihn von Lippmanns Angebot in Kenntnis zu setzen und ihn, wie es sich gehörte, zu fragen, ob ich es annehmen dürfe. Das mag die heutige Generation vielleicht erstaunen, aber damals jedenfalls gehörte es sich so. Eine solche Gelegenheit, die sich in erster Linie dem Beruf verdankte – ohne den ich bestenfalls jahrelang hätte warten müssen –, war eben keine Privatsache.

Aus ebendiesem Grunde reagierte der an sich großzügige Knappstein auf meine Frage zögernd und nicht ohne Empfindlichkeit. Am Ende aber ließ er sich davon überzeugen, dass es inopportun wäre, Lippmann eine Absage zu erteilen. Das hierarchische Argument hätte dieser als lächerlich empfunden. So wie er auch »Sprachregelungen« vom Tisch wischte. Wer im Gespräch mit ihm bei den Floskeln amtlicher Verlautbarungen Zuflucht suchte, hatte verspielt.

Vielleicht ist dies der Ort, einige Anmerkungen zu diesem wirklich heiklen und wichtigen Thema zu machen. Darf der Diplomat über die Sprachregelungen seiner Weisungen hinausgehen, darf er seine persönliche Meinung äußern, darf er sich gar in Widerspruch zu seiner Regierung setzen? Die Frage stellt sich natürlich nur dort, wo es um den zwanglosen Meinungsaustausch geht, nicht wenn es gilt, Weisungen auszuführen oder zu verhandeln.

Natürlich wird jeder Amtschef zunächst geneigt sein, die Frage zu verneinen. Von ihm aus gesehen eine sehr natürliche Reaktion: »Nebenluft« ist unerwünscht. Doch ganz so einfach liegen die Dinge tatsächlich nicht. Vertreter, die nichts anderes von sich zu geben wissen als ihre »Sprachregelungen«, verlieren sehr bald jedes Interesse für ihre Gesprächspartner und damit ihren Wert. Das gilt besonders dann, wenn nicht mit der fugenlosen Glätte argumentiert wird, die für die britische Diplomatie kennzeichnend ist, sondern darüber hinaus eifernd und selbstgerecht, wie das im höchsten Maße für die sowjetische, aber – in sehr viel geringerem Umfang – auch für die französische der Ära de Gaulle galt. Man ist in allen diesen Fällen eher gelangweilt und irritiert, weil man schon im Voraus weiß, was nun kommen wird.

Ich selbst bin nach Möglichkeit ein wenig anders vorgegangen und habe – eher wie ein Advokat – gesagt, dies oder jenes sei die Meinung meiner Regierung, dies seien ihre Argumente, man beweise mir doch, dass man bessere Gegenargumente habe. Auf solche bin ich dann eingegangen und habe gesucht, sie zu entkräften. Vermieden habe ich es, meine Argumente als Glaubenssätze erscheinen zu lassen. Ebenso aber bin ich mit »persönlichen« Meinungen eher zurückhaltend gewesen. »Was Sie interessieren sollte«, so habe ich meinen Gesprächspartnern immer wieder gesagt, »ist es, die Meinung meiner Regierung kennen und deren Gründe verstehen zu lernen. Meine persönliche Meinung ist doch ohne Interesse für Sie, denn sie ist ja eben nicht die Position meines Landes.« Doch auch diese Verhaltensregeln muss man flexibel handhaben, wenn man gut im Geschäft sein will. Ohne ein gewisses Maß an Flexibilität und innerer Freiheit ist kein fruchtbarer Dialog möglich, kann man vom Gesprächspartner auch nicht lernen, was man von ihm lernen will.

Ich wurde also Mitglied im Metropolitan Club und habe mich an dieser ehrwürdigen Institution ein Leben lang gefreut. Der Club, in der unmittelbaren Nachbarschaft des Weißen Hauses gelegen, pflegte den englischen Stil, der den Amerikanern der alten Oberschicht teuer ist. Leder und dunkle Hölzer, billardgrünes Tuch, weiche Teppichböden, goldgeprägte Buchrücken, schöne alte Porträts und Gemälde, gedämpftes Licht, würdige Herren, tadellos gekleidet, oft graumeliert oder weiß, fast immer schlank, selten mit Glatze. Und wenn man lange genug in Washington war, dann kannte man am Ende jedes zweite Mitglied. Übrigens waren die Preise moderat – die Küche allerdings auch. Aber es gab hier den »Gibson«, dieses unvergleichliche Getränk, das mich all die Jahre begleitet hat – ein Gin/Martini mit einer kleinen Essigzwiebel darin.

Während meiner ersten Washingtoner Zeit von 1963 bis 1968 traf ich gelegentlich auch mit meinem Sponsor Walter Lippmann zum Mittagessen im Club zusammen. Besonders eines dieser Treffen, das 1965 – während der Krise des »leeren Stuhls« in der Europäischen Gemeinschaft – stattgefunden haben dürfte, entsinne ich mich sehr deutlich. Ich fragte Lippmann, weshalb er von de Gaulle eine so hohe Meinung habe, obwohl doch weder die Europapolitik noch die Allianzpolitik des Generals den Beifall Amerikas fänden. Er bewundere de Gaulle vor allem deshalb, versetzte Lippmann, weil dieser seinem Land den schwersten Dienst erwiesen habe, der denkbar sei, nämlich den, es rechtzeitig aus einer verlorenen Schlacht herausgeführt zu haben. Gemeint war Algier. Amerika aber stand gerade an der Schwelle eines Engagements in Vietnam, das Lippmann entschieden ablehnte. Seit zwanzig Jahren, so sagte er, habe dieses Land sich um die ganze Welt gekümmert und seine eigenen inneren Angelegenheiten darüber vernachlässigt. Das werde einen hohen Preis fordern.

Übrigens beruhte Lippmanns Kritik an der Vietnampolitik von Präsident Johnson nicht auf moralischen Urteilen, wie sie, besonders nach 1964, als die Dinge aus dem Ruder liefen, in der amerikanischen Intelligenz hervortraten. Eine Verharmlosung der kommunistischen Gefahr oder gar ein Schönreden der Vietkong war ihm fremd. Seine Bedenken waren geopolitischer Art. Von Beginn an war er der Überzeugung, dass sich die Seemacht Amerika nie darauf einlassen dürfe, in den Treibsand eines asiatischen Landkriegs zu geraten.

Während all unserer Jahre in Amerika habe ich mich immer wieder gefragt, wie Amerikaner jüdischer Herkunft es über sich bringen konnten, uns – jedenfalls äußerlich – ohne Vorbehalte zu begegnen. Gewiss, damals, Anfang der sechziger Jahre, in der Hochzeit des Kalten Krieges, war die Erinnerung an die Ermordung der europäischen Juden durch das nationalsozialistische Deutschland noch keineswegs so omnipräsent, so lebendig, wie das heute der Fall ist. Der Ausdruck Holocaust kam erst Ende der siebziger Jahre in den allgemeinen Gebrauch. Bahnbrechend wirkte dabei die amerikanische Fernsehserie von 1979, die das furchtbare Geschehen in mehreren Fortsetzungen erzählerisch darstellte und eine der höchsten Einschaltquoten in der Geschichte des amerikanischen Fernsehens erzielte.

Natürlich war man sich im Umgang mit den einzelnen jüdischen Freunden des persönlichen Hintergrunds und des familiären Schicksals bewusst. Der Komplex als Ganzes, als das am tiefsten einschneidende Geschehen der deutschen Geschichte, war im Bewusstsein der Deutschen und der nichtjüdischen Amerikaner aber nicht annähernd so präsent wie heute. Dennoch: Einem Deutschen meines Alters hätte jeder amerikanische Jude die Bemerkung entgegenhalten können, die Menachem Begin im Hinblick auf Helmut Schmidt anlässlich einer öffentlichen Kontroverse – und in diesem Fall zu Unrecht – etwa so formuliert hat: »Ich weiß ja nicht einmal, was dieser Mann während des Krieges gemacht hat.«

Nur selten habe ich eine ähnliche Reaktion in Amerika erlebt, nur einmal vielleicht in den siebziger Jahren bei dem berühmten Schriftsteller Herman Wouk, der dann aber besonders freundlich reagierte, als meine Frau ihm ihr Buch »Nacht über dem Tal« schickte. Doch wo immer solche Zweifel spürbar wurden, war dies in aller Regel bei Juden osteuropäischer Herkunft der Fall, kaum dagegen bei Juden, die aus Deutschland stammten. Diese zeigten sich vielmehr besonders großzügig, und das hat mich mit bleibendem Dank erfüllt und mich gelegentlich beschämt.

In Washington gehörten jüdische Emigranten bald zu unseren besten Freunden und Bekannten. Da waren Helmut Sonnenfeldt und seine Frau Margery, ein hervorragender junger Ostexperte im State Department, der später engster Mitarbeiter Kissingers werden sollte. Da waren der brillante Washingtoner Korrespondent der New York Times, Max Frankel, und seine hübsche Frau Toby. Er wurde später der Herausgeber der New York Times, also einer der ersten Journalisten Amerikas. Auch Charles Hertzfeld aus Wien gehörte zu unserem Bekanntenkreis, damals ein leitender Beamter des Pentagon, später ein bedeutender Industrieller, wie auch der Ostwissenschaftler Professor Kurt London, der hochbegabte David Mark vom State Department, der Europa-Experte Meyer Rashish, der ebenso kluge wie witzige Frederic S. Wyle, damals ein junger Aufsteiger im Pentagon, heute ein großer Anwalt in San Francisco, und last but not least Thomas L. Farmer, der uns ein ganz treuer Freund geworden ist.

Die unsagbare Tragik, die die Familien all dieser Frauen und Männer durchlitten hatten, nahm gelegentlich Formen einer makabren Ironie an. Als ich Wyle einmal sehr naiv fragte, wofür das S. in seinem Namen stünde, antwortete er – zu meiner Verlegenheit –, sein Vater habe ihm die Namen Friedrich Siegfried gegeben, so deutsch habe er empfunden. Und ich glaube, dass es Helmut Sonnenfeldt war, der uns erzählte, sein Vater oder Großvater habe sich als Bürger in dem kleinen brandenburgischen Städtchen, in dem sie lebten, eines solchen Ansehens erfreut, dass die Gemeinde vorschlug, ihn auf dem protestantischen Friedhof bestatten zu lassen, obwohl er mosaischen Glaubens war. Es war auch Sonnenfeldt, der uns folgende Begebenheit erzählte: In den siebziger Jahren fuhr er mit seinen Söhnen in seine alte Vaterstadt in der DDR. Als sie vor dem Haus standen, das der Familie einst gehört hatte, wurde der Besucher von einer alten Frau, die gegenüber an einem Fenster stand, mit seinem Namen angeredet. Woher sie wisse, wer er sei, fragte Sonnenfeldt. »Ach«, war die Antwort, »Sie sehen Ihrem Vater doch so ähnlich!«

Der schreckliche Dank, den diese deutschen Bürger ernteten, hat ihre Töchter und Söhne, die dies als Kinder noch miterleben mussten, nicht gehindert, uns freundschaftlich zu begegnen. Ich erinnere mich noch sehr lebhaft eines Abends in unserem Hause. Wir hatten zum Abendessen eingeladen. Wie das so geht, hatte dieser oder jener Gast abgesagt, wir hatten nachgeladen, und am Ende wollte es der Zufall, dass alle unsere Gäste bis auf einen deutschen Kapitän zur See und seine Frau jüdische Emigranten aus Deutschland waren. Als die Herren nach Tisch auf der Veranda zusammensaßen – es war Sommer –, blickte sich Charly Hertzfeld in der Runde um und sagte dann lachend: »Da wir schon unter uns sind, warum erzählt nicht jeder, wie ihm zumute war, als er das erste Mal wieder nach Deutschland kam?« Nacheinander berichteten sie dann alle, welche Furcht sie vor dem Überqueren der deutschen Grenze gehabt hatten. Wir Deutsche fanden keine Worte mehr.

Dass die Herren nach dem Essen unter sich waren, bedarf für den heutigen Leser übrigens einiger Bemerkungen zum gesellschaftlichen Verkehr, wie wir ihn damals in Washington kennen lernten und auch selbst pflegten. Das soeben geschilderte Abendessen war natürlich nur eines von ungezählten, die wir zwischen 1963 und 1968 in unserem Hause gaben. Ich fürchte, meiner armen Frau, die ja zwei kleine Kinder zu versorgen hatte, damit viel zugemutet zu haben. Auch kann man sich fragen, ob ich nicht Wichtigkeit und Nutzen dieses gesellschaftlichen Betriebs überschätzt habe. Heute neige ich dazu, diese Frage zu bejahen, damals sah ich es anders. Wahrscheinlich liegt die Wahrheit in der Mitte.

Im Bereich der multilateralen Diplomatie, die sich immer mehr ausweitet, verliert die gesellschaftliche Seite ohne Frage an Bedeutung. Auch darin kommt zum Ausdruck, dass sich der Stil der multilateralen Politik dem der inneren anzunähern beginnt. Aber bilateral, unter Diplomaten und mehr noch mit den Vertretern des Gastlandes, mit denen man nicht im institutionalisierten, multilateralen Rahmen vertraut wird, ist es doch anders. Hier kann man den gesellschaftlichen Verkehr zum besseren Kennenlernen, zur Herstellung des Vertrauens nicht entbehren.

Dieser Verkehr allerdings sollte möglichst wenig förmlich sein, möglichst »zwanglos«, um diesen im Deutschen so aufschlussreichen Ausdruck zu benutzen. Das aber war unser Verkehr gerade nicht, und wie ich bekennen muss, lag das an mir. Ich beugte mich der damals in Washington auch unter nachgeordneten Diplomaten noch herrschenden Konvention und bestand darauf, »black tie« einzuladen, das heißt im Smoking und im langen Kleid. Diese Sitte stammte natürlich aus England und wurde von den Amerikanern des East-Coast-Establishments und deren Schülern umso strenger eingehalten. Bezeichnenderweise aber waren es gerade die geschickten britischen Diplomaten, deren jüngere Vertreter von der Übung abzuweichen begannen, was der Zwanglosigkeit in der Geselligkeit sehr zugute kam.

Ebenfalls entsprach dem damaligen Stil, der noch ein Erbe des viktorianischen Zeitalters war, die vorher angedeutete Sitte, Damen und Herren nach dem Abendessen zu trennen. Auch sie stammte natürlich aus England und war dazu bestimmt, den Herren die Gelegenheit zu geben, ihre Zigarre zu rauchen und ihren Port zu trinken. Dementsprechend sollte die Trennung auch nicht länger währen als eine Zigarrenlänge, nicht mehr als zwanzig bis höchstens dreißig Minuten. Von den Damen wurde angenommen, dass sie in dieser Zeit anderweitig beschäftigt seien: »powdering their noses«, was immer darunter zu verstehen ist. Tatsächlich aber wurde der Anlass zur Gelegenheit für politische Fachsimpelei unter den Herren, und in einer Stadt politischer Obsessionen wie Washington bedeutete dies, dass aus den dreißig Minuten eine

Stunde und auch mehr werden konnte. Am Ende erschien dann nur zu oft eine gequälte Hausfrau in der Tür, um der Frustration ihrer Geschlechtsgenossinnen mehr oder minder temperamentvoll Ausdruck zu geben.

Volle Gleichberechtigung war also noch längst nicht erreicht. Eine Lektion erhielt aber ein amerikanischer Gastgeber in New York bei der Einladung des ersten weiblichen UNO-Botschafters, einer Inderin. Als sie gebeten wurde, sich mit den Damen zurückzuziehen, machte sie auf dem Absatz kehrt und verließ das Haus.

Zehn Jahre später, zu jener Zeit, als ich Botschafter war, gehörte diese Trennung schon der Vergangenheit an. Nur in dem sehr eleganten Haus von Averell Harriman wurde sie noch gepflegt. Doch dessen charmante, kluge und ambitiöse Frau Pamela – Pam, wie sie genannt wurde – war in ihrer ersten Ehe schließlich auch die Schwiegertochter von Winston Churchill gewesen – und wo sie war, war der Mittelpunkt.

Die Unsitte der Trennung hatte für uns immerhin das eine für sich, dass die Zahl der Herren dann klein genug war, um nach Tisch einen geschlossenen Diskussionskreis zu bilden. Und die Diskussionen jener Jahre waren oft wirklich faszinierend. Das politische Washington zur Zeit von Kennedy, aber auch von Johnson, war von hinreißender Intellektualität. Vor allem hatte der Verteidigungsminister Robert McNamara, zuvor der Chef der Ford-Motor-Company, einen Kreis junger Überflieger um sich versammelt, die »wiz kids« – die Wunderkinder –, wie sie genannt wurden. Aber auch im State Department, im Weißen Haus, in den Stäben der Senatoren und in den Medien wimmelte es von hochbegabten, ehrgeizigen Männern – die Stunde der Frauen war noch nicht gekommen – aus Harvard oder anderen Universitäten der Ivy League (der sieben privaten Spitzenuniversitäten), von der Rand-Corporation oder anderen Think-Tanks. Vielleicht neige ich in der Rückschau dazu, die Brillanz des Kennedy-Establishments zu überschätzen. Möglicherweise gibt es heute nicht weniger »wiz kids« als damals. Aber für mich war alles neu, gewissermaßen taufrisch, intellektuell ungeheuer anregend. Und, wie ein Orientale Worte für Taten nehmend, betrieb ich den Diskurs mit Passion und ungeheurem Ernst.

Dabei zeichnete sich das außenpolitische Washington – und das gilt wohl bis heute – in hohem Maß durch das aus, was man den »one track mind« nennt und was man am ehesten mit Eingleisigkeit übersetzen kann. Ein einziges Thema dominierte jeweils alle Unterhaltungen. Als wir kamen, war es Berlin, danach wurde es die MLF, jene unselige multilaterale Atomflotte, deren Geschick es war, versenkt zu werden, ohne dass eine einziger Schuss gefallen wäre; dann wieder war de Gaulle an der Reihe, als er der NATO die Tür wies, und schließlich der Vertrag über die Nichtverbreitung von Kernwaffen. Jedes dieser Themen wurde leidenschaftlich diskutiert, bis es einem buchstäblich zu den Ohren herauskam.

Das Ende einer Ära

Am 20. November 1963 wurde in der Klinik der George Washington University unser Sohn Georg geboren. Zwei Tage danach, am Freitag, dem 22. November 1963, wurde John F. Kennedy in Dallas im Bundesstaat Texas von Lee Harvey Oswald ermordet.

Botschafter Knappstein gab an diesem Tag ein Mittagessen in seiner Residenz in der Foxhall Road. Geladen waren nur Herren aus dem State Department und von der Botschaft; es war eine Art Freundschaftsmahl. Mitten beim Essen, es mag um Viertel vor zwei gewesen sein, wurde der Botschafter ans Telefon gerufen. Nach einigen Minuten kam er zurück, wachsbleich im Gesicht: »Gentlemen«, sagte er, »the President has been shot and he is in critical condition.« Wir waren wie vom Donner gerührt. Die amerikanischen Herren hatten ihre Wagen auf 14.30 Uhr bestellt, ich erbot mich, sie sofort ins State Department zurückzufahren. Es wurde eine schweigende Fahrt, die sich in mein Gedächtnis eingegraben hat. Als ich anschließend zu meiner Frau und unserem neugeborenen Sohn in die Klinik kam, weinten wir beide – wie auch die ganze Klinik weinte.

Es ist heute kaum noch vorstellbar, was Kennedy meiner Generation bedeutet hat, sowohl in Amerika als auch in Europa. In Deutschland waren ihm die Herzen zugeflogen. Sein Besuch in der Bundesrepublik und Berlin war zu einem strahlenden Erfolg geworden, der sogar den Triumphzug in den Schatten stellte, den de Gaulle ein Jahr zuvor durch Deutschland gemacht hatte. Auch für Abermillionen Nichtamerikaner war Kennedy zu »ihrem« Präsidenten geworden. Die Hoffnung einer ganzen Generation auf eine lichte, sichere Zukunft hing an seiner Person. Es ist bezeichnend, dass auch mein damals zehnjähriger Sohn in Bonn, Christian, geweint hat, als er von Kennedys Tod hörte. Meiner Erinnerung nach hing in seinem Zimmer noch lange ein Bild des Ermordeten.

Nachfolger Kennedys wurde automatisch der Vizepräsident Lyndon B. Johnson, langjähriger demokratischer Mehrheitsführer im Senat – »un politique achevé«, wie die Franzosen sagen würden –, der danach die traditionell frustrierende Position des amerikanischen Vizepräsidenten bekleidet hatte, die hohen Rang mit politischer Machtlosigkeit verbindet.

Wie das in solchen Fällen gewöhnlich passiert, wurde versichert, es werde sich nichts ändern. Tatsächlich änderte sich Schritt um Schritt so ziemlich alles.

Zunächst aber wurde die Beerdigung des amerikanischen Präsidenten zu einem Weltereignis. Von deutscher Seite nahmen Bundespräsident Heinrich Lübke, Bundeskanzler Ludwig Erhard – der Adenauer am 17. 10. 1963 nachgefolgt war – und Außenminister Gerhard Schröder teil. Aus mir unbekannten Gründen hatte man Willy Brandt, den Regierenden Bürgermeister von Berlin, nicht in die deutsche Delegation aufnehmen wollen. Das war umso unverständlicher, als der Aufenthalt in Berlin ja nur einen Monat zuvor zum Höhepunkt des Deutschlandbesuchs von Kennedy geworden war und die geteilte »Frontstadt« sich in Amerika eines enormen Prestiges erfreute. Ich fürchte, hinter dieser Unterlassung steckte der so häufige parteipolitische Hickhack in besonders kleinkarierter Form. Doch wie dem auch sei, die Amerikaner lösten das Problem für uns, indem sie Brandt in die besondere Kategorie der »distinguished foreign guests« einreihten.

Mir fiel es zu, Willy Brandt am Flugplatz abzuholen. Es war das erste Mal, dass ich diesem Mann, den ich für einen sehr bedeutenden deutschen Staatsmann halte, persönlich begegnete. Mein Eindruck aber war zwiespältig. Brandt, der in seinem Leben anscheinend Phasen wechselnder Stimmungslagen hatte, war, wie mir schien, nicht in guter Verfassung. Er zeigte ein deutliches Übergewicht, und Gerüchte gingen um, dass er eine Schwäche für Rotwein habe. Erst später habe ich sein wahres Format kennen gelernt.

Mit dem gleichen Flugzeug wie Brandt traf auch Beatrix, die Kronprinzessin der Niederlande, ein, begleitet von Außenminister Luns und einem kleinen, schwarz gekleideten Mann, den ich in der Dunkelheit nicht gleich erkannte und der an mir vorbei dem Flughafengebäude zueilte. Er trug einen Koffer und war ohne jede Begleitung. Auch hatte sich offensichtlich niemand zu seinem Empfang eingefunden. Jemand, der neben mir stand, sagte: »Haben Sie nicht gesehen, dass Jean Monnet gerade vorbeigegangen ist?« Er war es tatsächlich, einer der außergewöhnlichsten Männer seiner Zeit, auch in seiner Bescheidenheit.

Übrigens steht mir auch eine andere persönliche Begegnung dieser Tage höchst lebendig vor Augen. Der Gesandte Lilienfeld und ich warteten in der Halle des Shoreham Hotels beim Lift auf den Bundespräsidenten. Dem Lift aber entstieg der »Löwe von Juda«, der Kaiser Haile Selassi von Äthiopien. Der Monarch war in den vollen Regalia als Marschall der äthiopischen Armee. Mit unnachahmlicher Würde und dem leicht gestelzten Gang, dem »Löwengang«, der dem Herrscher vorbehalten ist, schritt der zierliche bärtige Herr mit den feinen amharischen Zügen langsam an uns vorüber. Man konnte sich des starken Eindrucks dieser wirklich herrscherlichen Persönlichkeit nicht entziehen. Die kurze Begegnung weckte in mir die Erinnerungen an die dreißiger Jahre. Noch im Baltikum waren wir 1935 Zeugen des italienischen Überfalls auf Abessinien geworden, wie Äthiopien damals genannt wurde. Mit heißen Köpfen hatten wir das Geschehen damals verfolgt. Wir alle standen für die tapferen Verteidiger, die organisatorisch und in der Bewaffnung hoffnungslos unterlegen waren.

In den Wochenschauen hatten wir sehen können, mit welcher Würde Haile Selassi im Plenum des Genfer Völkerbundes für sein Land stritt, während die faschistische italienische Journaille auf der Pressetribüne johlte.

Später sind ihm seine Unbeweglichkeit und wohl auch sein Clan zum Verhängnis geworden und haben zu seinem Sturz geführt. Darüber aber sollte man nicht vergessen, welch eine große Haltung und wie viel Mut er in schweren Stunden gezeigt hat.

Lyndon B. Johnson und die Geisterflotte

Die Aufteilung der Zuständigkeiten in der Politischen Abteilung der Botschaft war, wie schon gesagt, insofern nicht sehr zweckmäßig, als sie die Ost-West-Beziehungen von den Fragen der Sicherheit trennte. Die Referatsleiter, mein Freund Horst Blomeyer-Bartenstein und ich, vertraten uns aber gegenseitig. Diesem Umstand verdanke ich meine erste Begegnung mit dem neuen Präsidenten, die Anfang Februar 1965 stattfand. Lyndon B. Johnson entsprach einer Bitte von Botschafter Knappstein, ihn zu empfangen. Grund war die Übergabe eines Briefes von Bundeskanzler Erhard, der Johnson über ein Gespräch mit General de Gaulle unterrichten wollte. Tatsächlich aber verfolgte der Präsident dabei seinerseits die Absicht, das Thema »MLF« (multilateral force) zur Sprache zu bringen. Da Blomeyer im Urlaub war, begleitete ich den Botschafter als »notetaker«.

Mit der Absicht des Präsidenten hatte es folgende Bewandtnis. Seit Jahren schon hatte es innerhalb der Atlantischen Allianz eine fortdauernde Auseinandersetzung über Fragen der Verteidigung gegeben. General de Gaulle machte bei seinem Amtsantritt 1958 klar, dass er an der ursprünglich von Guy Mollet konzipierten französischen Atomstreitmacht, der Force de Frappe, festhalten und sie, wenn nötig, auch unabhängig von den USA aufbauen wollte. Auch England hielt seine eigene Nuklearrüstung aufrecht, allerdings technisch und hinsichtlich der Zielplanung in enger Verbindung mit den USA. Beide Entwicklungen wurden in Washington ungern gesehen, nicht zuletzt auch deshalb, weil man befürchtete, die Bundesrepublik könnte sich diskriminiert fühlen und am Ende eigene nukleare Ambitionen entwickeln. So kam es schon 1960 zum ersten Plan einer multilateralen Atomstreitmacht der Atlantischen Allianz, dessen geistiger Vater derselbe Robert Bowie war, den ich als Begleiter von Walter Hallstein 1962 in Harvard kennen gelernt hatte. Abgesehen von der CDU in Deutschland, zeigten die Europäer jedoch nur geringe Begeisterung. So zog sich die Planung dahin, ohne recht Gestalt zu gewinnen.

Anfang 1963 sollte sich das ändern. Dass die britischen Beitrittsverhandlungen zur EWG am Veto von de Gaulle scheiterten und es zugleich zum Abschluss des deutsch-französischen Vertrags, des so genannten Élysée-Vertrags, kam, wirkte in Washington alarmierend. Man witterte, zu Unrecht, eine deutsch-französische Konspiration, sah die atlantische Partnerschaft, die so genannte »dumb-bell-partnership«, in Gefahr und wusste nicht, »wohin mit England«, das man aus der »special relationship« entlassen und in der Europäischen Gemeinschaft hatte unterbringen wollen.

Der »Europäer« und »Atlantiker« in Washington bemächtigte sich heiliger Zorn, und dieser gab dem Projekt der multilateralen Atomstreitmacht mächtigen Auftrieb. Der frühere Unterstaatssekretär Livingston Merchant wurde von Kennedy zum Sonderbeauftragten für die MLF-Verhandlungen ernannt, unter der Aufsicht des stellvertretenden Außenministers George Ball und assistiert vom Deputy Assistant Secretary of State for European Affairs, Robert Schaetzel, und dessen Leuten. Eine Rolle in diesem Kreis spielten auch Botschafter Gerard Smith, der später als amerikanischer Unterhändler in den Verhandlungen mit der Sowjetunion über strategische Nuklearwaffen bekannt werden sollte, und der Stellvertretende Direktor des Planungsstabes im State Department, der hochintelligente Henry Owen.

Doch auch jetzt zeigte sich auf europäischer Seite nur sehr gedämpfter Enthusiasmus, wenn man – wiederum – von der CDU/CSU in Bonn absah. Das durfte auch nicht weiter wundernehmen, denn das Projekt war schon technisch abstrus. Politisch aber stellte es sich als eine echte Quadratur des Kreises dar. Es richtete sich nicht so sehr gegen den potentiellen Gegner im Osten, als vielmehr gegen die Autonomie der beiden mit Amerika verbündeten europäischen Nuklearmächte Frankreich und England.

Ursprünglich sollte die MLF aus amerikanischen Unterseebooten bestehen, ausgerüstet mit Polaris-Raketen als Nuklearträgern. Da man aber eine national gemischte Besatzung anvisierte und zu befürchten war, dass der Kongress dies auf amerikanischen Unterseebooten nicht akzeptieren würde, verfiel man auf den Gedanken, Überwasserschiffe vorzusehen, nämlich umgerüstete Handelsschiffe. Von denen, so wurde argumentiert, seien weltweit stets etwa 3000 unterwegs auf den Weltmeeren. Würde man 25 davon mit nuklearen Trägerraketen ausstatten, so würde es den Sowjets nicht möglich sein herauszufinden, von welchen Schiffen die atomare Bedrohung ausging. Zu dieser, im elektronischen Zeitalter erstaunlich anmutenden Vorstellung gesellte sich das Problem der Kontrolle. Einerseits sollten alle das Gefühl haben mitzuentscheiden, andererseits sollte ebenso klar sein, dass es der amerikanische Präsident sei, der die Waffen letztlich freigeben müsste. Eine andere Regelung hätten die USA keinesfalls akzeptiert. Die übrigen Teilnehmer hätten allenfalls ein Vetorecht bekommen. Man hätte also ein nukleares Waffensystem geschaffen, regiert von einer Art polnischem Reichstag.

Natürlich reagierten Paris und London mit entschiedener Ablehnung, wobei jede der beiden Mächte durchaus den ihr eigenen Stil wahrte. Das Frankreich de Gaulles lehnte jede Mitwirkung auch nur an den Beratungen kategorisch ab und setzte Ende 1964 schließlich Bonn mit der Drohung unter Druck, den Élysée-Vertrag, ja sogar die europäische Einigung zu suspendieren. Der Vorstand der CDU bezeichnete das Projekt daraufhin als nicht vordringlich und ließ es fallen wie eine heiße Kartoffel, die es ja auch war.

England wiederum beteiligte sich an den Planungen von Beginn an, versuchte sie aber mittels des Alternativprojekts der »Atlantic Nuclear Force« (ANF) zu unterlaufen, wie es dies ja auch bei Gründung der Europäischen Wirtschaftsgemeinschaft mit dem Vorschlag einer großen Freihandelszone getan hatte. Die kleineren Alliierten hielten sich bedeckt und ließen Bonn vorpreschen, eine Rolle, die wir Deutschen anscheinend gern übernehmen. Nur zu oft schmeichelt uns der Gedanke, »Vorreiter« zu sein.

Als ich die Nachfolge meines Kollegen Blomeyer bei dessen Versetzung antrat, fiel die MLF in mein Ressort. Ich übernahm also eine Aufgabe, der ich von Anfang an äußerst skeptisch gegenüberstand. Aber kann man etwas nach außen vertreten, von dessen Untauglichkeit man überzeugt ist?

Diese Frage dürfte so alt sein wie der diplomatische Dienst, und sie ist in abstracto schwer zu beantworten. In der Theorie gibt es eine klare Scheidelinie. Solange sich die Gewissensfrage nicht stellt, oder anders ausgedrückt, solange man sich nicht aus Gründen der moralischen Überzeugung versagen muss, führt man Weisungen aus, auch wenn man sie für falsch hält. Man kann remonstrieren und soll es auch. Aber wenn dann entschieden ist, heißt es: Roma locuta, causa finita.

Nur, wo beginnt eine Frage zu einer solchen des Gewissens zu werden? Das muss letzten Endes jeder mit sich selbst ausmachen. Dabei aber ist zweierlei zu bedenken: Erstens ist bloße Rechthaberei auch im Auswärtigen Dienst keine Tugend. Man mag glauben, Recht zu haben, doch die Lebenserfahrung lehrt, dass man sich darin oft täuscht. Das sollte man nie vergessen. Zweitens ist die moralische Latte in einer parlamentarischen Demokratie mit freier Presse hoch anzusetzen. Als Regel wird wohl gelten dürfen, dass die Entscheidungen einer demokratisch legitimierten und kontrollierten Regierung auch ohne Gewissensnot akzeptiert und ausgeführt werden können. Nur ausnahmsweise wird anderes gelten, so wie etwa zur Zeit der Anerkennung der »DDR«, als mindestens zwei Kollegen in einen inneren Konflikt gerieten. Der eine nahm seinen Abschied, der andere ließ sich als Botschafter an den Vatikan versetzen.

Ich also hielt die MLF für technisch nicht machbar und für politisch schädlich, aber eine Gewissensfrage war sie für mich nicht. Mochten die politisch Verantwortlichen nach bestem Wissen entscheiden und für die Folgen geradestehen. Das war eine Frage, die legitimerweise in ihrem Ermessen lag und dort auch bleiben konnte.

Meine Skepsis wurde im Übrigen auch von vielen Deutschen geteilt. Ich entsinne mich noch, dass eine große Instruktionsrunde zelebriert wurde, als Willy Brandt zur Beerdigung von Kennedy nach Washington kam. Unter dem Vorsitz von Merchant redeten Schaetzel und Owen, assistiert von zwei Kapitänen zur See, zwei Stunden lang auf Brandt ein. Doch vergebens. Beim Fortgehen wandte sich Brandt mir noch in der Tür zu: Überzeugt, meinte er, sei er nicht.

Nichts konnte den Enthusiasmus der Washingtoner »Europeans« entmutigen. Mit seltener Ausschließlichkeit, die aber für Amerikaner nicht untypisch ist, setzten sie ihr missionarisches Werk fort. Leider gelang es ihnen auch, den unvergleichlichen Jean Monnet für dieses unglückliche Projekt zu gewinnen. So engagierte sich dieser hochverdiente Mann für einen Plan, der keines seiner Ziele erreichen und nur Zwietracht in die Allianz tragen konnte. Zwei so verschiedene Männer wie Monnet und der deutsche Außenminister Schröder haben sich hier durch das Phänomen de Gaulle in die Irre führen lassen. Der eine, indem er zuließ, dass seine europäische und atlantische Politik durch seinen Gegensatz zu de Gaulle mitbestimmt und dadurch verbogen wurde, der andere, indem er glaubte, sich gegen französische Hegemoniebestrebungen wehren zu müssen, die doch in Wahrheit irreal waren und nur in der monumentalen Gestalt des alten Generals eine vergängliche Basis fanden.

Mit dem Präsidentenwechsel in Washington aber trat – allen gegenteiligen Versicherungen zum Trotz – ein Wandel ein. Wie fast immer in solchen Fällen vollzog er sich graduell, zunächst fast unmerklich. Solche Wandlungen vorherzusehen ist Sache der politischen Lebenserfahrung, sie präzise wahrzunehmen erfordert eine scharfe Beobachtungsgabe und vor allem einen offenen Geist. Der neue Präsident, Lyndon B. Johnson, dieser doch recht widersprüchliche Mann, war ganz anders als Kennedy. Für ihn, den angesehenen und erfolgreichen früheren Mehrheitsführer im Senat, hatte die Innenpolitik Priorität. Der mit allen Wassern gewaschene Meister parlamentarischer Taktik war zugleich ein Idealist und Visionär. Sein erstes Ziel war es, die von Kennedy eingeleitete, im Kongress jedoch inzwischen blockierte Dissegregationsgesetzgebung zum Abschluss zu bringen und damit der Rassendiskriminierung in Amerika wenigstens rechtlich ein Ende zu machen. Danach aber setzte er zur zweiten großen sozialpolitischen Reform der amerikanischen Geschichte an: dem »New Deal« Roosevelts sollte die »Great Society« Johnsons folgen.

Außenpolitisch dagegen war Johnson unerfahrener, zugleich aber auch pragmatischer als sein Vorgänger. Von der Hassliebe Kennedys zu de Gaulle fand sich bei Johnson keine Spur. Der Konfrontationskurs wurde abgebrochen. Die »dumb-bell partnership« wurde nicht aufgegeben, aber doch niedriger gehängt, die »spezial relationship« mit England nicht mehr in Frage gestellt, sondern auf sich beruhen gelassen. Die »Europäer«, die sich nicht selten ein wenig als Zeloten gebärdet hatten, verloren an Einfluss. So konnte ein so widersprüchliches, politisch kontroverses, technisch fragwürdiges, die Allianz spaltendes Projekt wie die MLF auch nicht nach dem Sinn dieses Präsidenten sein. Zumindest entsprach es nicht dem Temperament des Mannes, ein Projekt, das nicht primär amerikanischen nationalen Interessen diente, in der Allianz durchzusetzen.

Das war die Ausgangslage, in der das für mich denkwürdige Gespräch am 11. Februar 1965 stattfand. Ich war das dritte Mal im Weißen Haus, das zweite Mal im so genannten Oval Office, dem Arbeitszimmer des amerikanischen Präsidenten. Ganz anders als die pompösen, aber seelenlosen Riesenräume moderner Machtzentren, wirkt es mit seiner geschwungenen Fensterwand, die auf den so genannten Rosengarten hinausführt, fast wie ein Gartenzimmer. Die Möbel sind im »colonial style« gehalten, der im Weißen Haus vorherrscht. Man betritt gleichsam das Arbeitszimmer eines wohlhabenden virginischen Plantagenbesitzers. Der Raum ist hell und anmutig, der Boden mit einem schwedisch-blauen Teppich bespannt, auf dem gelbe Sterne prangen.

Am Kopfende der beiden Sofas, dem Kamin zugewandt und mit dem Rücken zur Fensterwand, stand immer noch der berühmte Schaukelstuhl, den Kennedy seines Rückenleidens wegen benutzte. Warum Johnson ihn behalten hatte, weiß ich nicht. Vielleicht sollte auch dies den – täuschenden – Eindruck der Kontinuität unterstreichen. Der Ehrengast saß bei diesem Arrangement auf dem Sofa rechts vom Schaukelstuhl, neben ihm seine Mitarbeiter, ihm gegenüber die des Präsidenten.

Lyndon Baynes Johnson, LBJ, wie er genannt wurde, kam uns beim Eintreten entgegen, ein sehr großer Mann, fast wie de Gaulle, auch mit einem ähnlichen Händedruck, der eher weich, wenngleich nicht schlaff war. Darin allerdings erschöpften sich die Ähnlichkeiten. Während der General den Besucher gleichsam aus großer Höhe »wahrnahm«, blickte Johnson ihn sehr direkt, ruhig und aufmerksam an, betrachtend, weniger durchdringend als Kennedy. Dessen Charisma fehlte ihm, seine nicht minder große Wirkung war von anderer Art. Was mir vor allem auffiel, war die außerordentliche persönliche Intensität, mit der Johnson auf seinen Gesprächspartner einredete, leise, wichtige Punkte wiederholend und durch Gesten unterstreichend. Er unterwarf den Botschafter seinem berüchtigten »treatment«, einer nicht so sehr intellektuellen wie durch die Überzeugungskraft der Persönlichkeit wirkenden Überredungskunst. Ich begriff, warum Johnson als nahezu unwiderstehlich galt, wenn er seine Insistenz und sein offenkundiges schauspielerisches Talent voll ins Spiel brachte. Dabei war dieser eigentlich ungeduldige Mann doch durchaus bereit, seinem Besucher mit – wahrscheinlich gespielter – Geduld zuzuhören. Insgesamt auch hier geballte Energie, aber anders als bei Kennedy hinter weniger klaren, gleichsam abgerundeten, etwas verwischten Konturen – Texas anstatt Neuengland.

Dass aber Johnson meinen Botschafter dem »treatment« unterzog, hatte gute Gründe. Durch die Innenpolitik und den Vietnam-Konflikt absorbiert, hatte der Präsident sich um die MLF, die zu wachsenden Spannungen in der Allianz führte, nicht recht gekümmert. Inzwischen aber hatten die Väter dieses Plans – anscheinend etwas verspätet – im Senat vorgefühlt und dabei feststellen müssen, dass das Projekt dort auch in der Version einer Überwasserflotte auf sehr geringe Begeisterung stieß. Das musste auf einen parlamentarischen »Profi« ersten Ranges, wie Johnson es war, alarmierend wirken. Deshalb wollte er Klarheit schaffen, und dies natürlich vor allem gegenüber den Deutschen. Sie standen ja im Ruf, als einzige auf Verwirklichung des MLF zu drängen, während alle anderen sie ablehnten oder sich eher bedeckt hielten. Ob dem Präsidenten dabei bewusst war, dass es sich dabei im Grund nur um wenige Deutsche handelte, weiß ich nicht.

Ich werde nie vergessen, wie Johnson sich Knappstein zuwandte, ihn aus nächster Nähe fixierte und ihm mit erhobenem Finger sagte, ja ihm regelrecht einschärfte, dass Amerika den Alliierten die MLF nicht aufzwingen werde. Er habe, so sagte der Präsident, dreißig Unterstaatssekretäre – anwesend war nur einer –, die in Washington umherliefen und die Alliierten bedrängten. Damit werde er jetzt Schluss machen.

Ich war beeindruckt. So auch der Botschafter. Am nächsten Morgen stand die Geschichte fast wörtlich in der Washington Post. Vermutet wurde, dass die Indiskretion von uns herrührte. Das mag so gewesen sein. Von mir stammte sie allerdings nicht. Jedenfalls wurden wir von den einschlägigen »Unterstaatssekretären« eine Weile scheel angesehen.

Nach dieser Manifestation war die MLF natürlich tot. Ob man das in Bonn aber begriffen hat, bleibt mir höchst ungewiss. Noch im November des Jahres kam Kurt Birrenbach nach Washington, um einen Rettungsversuch zu machen, an den er freilich selbst nicht mehr so ganz zu glauben schien.

Das entscheidende Gespräch, das Birrenbach in seinem Buch »Meine Sondermissionen« eingehend dargestellt hat, fand im Arbeitszimmer von Dean Rusk im State Departement am 8. November 1965 statt. Mein Kollege Erich Strätling und ich hatten es tags zuvor in einem vierstündigen Gespräch mit Birrenbach taktisch vorbereitet. An Einzelheiten entsinne ich mich nicht mehr, doch in der Sache ging es um den Versuch, eine deutsche Position plausibel zu machen, die in sich widersprüchlich und realitätsfremd war und von fast niemandem außerhalb der Bundesrepublik und auch in Bonn nur von wenigen geteilt wurde. Dass es gelang, daraus einen einigermaßen kohärenten Sachvortrag zu machen, dessen sich Birrenbach dann am nächsten Tage *con brio* entledigte, war eine beachtliche intellektuelle Gemeinschaftsleistung.

Die Unterredung am nächsten Nachmittag war vor allem deshalb interessant, weil daran nicht nur Dean Rusk, sondern auch der National Security Advisor, MacGeorge Bundy, Verteidigungsminister Robert McNamara und der Deputy Secretary of State, George Ball, teilnahmen. Birrenbachs vorzügliches Plädoyer hat am Ausgang der Begegnung nichts ändern können.

Gelöst wurde das Problem der deutschen Beteiligung an der Nuklearstrategie der Allianz schließlich durch eine ingeniöse Idee von McNamara: Mit der »Nuklearen Planungsgruppe« (NPG) wurde ein Gremium geschaffen, in dem die einschlägigen Fragen gemeinsam erörtert werden konnten.

Die nukleare Frage war in jener Zeit zu einer Art Obsession geworden, die ich – bei aller Skepsis gegenüber dem Projekt der MLF – im Prinzip teilte. Aus guten und nahe liegenden Gründen versuchten die Amerikaner seit Kennedy, spätestens seit der Kubakrise, die nukleare Schwelle möglichst hoch anzusetzen. Eine Strategie der »massiven Vergeltung« oder des »Stolperdrahts«, bei der jeder sowjetische Übergriff an der Zonengrenze den großen Nuklearschlag auslösen musste oder zumindest konnte, schien ihnen zunehmend unverantwortbar, ja unmoralisch. Überlegungen, die Strategie der massiven Vergeltung durch eine solche der flexiblen Antwort zu ersetzen, wie McNamara sie anstellte, lösten aber Ängste in der Bundesrepublik aus. Man befürchtete, sich auf den nuklearen Schutz durch Amerika nicht mehr voll verlassen zu können. Deswegen strebte man eine dem NATO-Oberbefehlshaber direkt zugeteilte Atomstreitmacht an, über deren Einsatz man mitbestimmen könnte. Aus meiner heutigen Sicht haben wir damals sowohl die amerikanische Entschlossenheit, Europa zu verteidigen, als auch die von der amerikanischen nuklearen Überlegenheit ausgehende Abschreckungswirkung unterschätzt. Vor allem aber war es eine

Illusion zu glauben, dass Amerika sich je gegen seinen eigenen Willen in einen Atomkrieg hineinziehen lassen würde. Entweder es hatte den politischen Willen, seine Interessen in Europa auch um den Preis eines Nuklearkriegs zu verteidigen, oder es hatte ihn nicht. Eine solche Verteidigung, die Europa sich selbst nicht wünschen durfte, durch zweifelhafte Waffensysteme gleichsam erzwingen zu wollen, war unrealistisch. Es verhielt sich – spiegelbildlich – ähnlich wie in der Berlin-Krise, als de Gaulle dafür eintrat festzubleiben. Wenn die Russen bereit seien, einen Krieg zu riskieren, um eine für den Westen unannehmbare Berlin-Regelung zu erzwingen, so argumentierte er, dann würden sie das auf jeden Fall tun, und wir könnten sie nicht daran hindern. Wollten sie das nicht, dann könnten wir festbleiben und schlechte Kompromisse verweigern, ohne dass es zum Krieg kommen werde.

Johnson bin ich danach nur noch einmal begegnet, aber nicht im kleinsten Kreis. Er hinterließ mir den Eindruck einer wenig anziehenden, aber machtvollen Persönlichkeit. Hart und schlau, war er zugleich, so sagten Eingeweihte, innerlich unsicher, überempfindlich, misstrauisch und hochgradig abhängig von der öffentlichen Meinung. Sein großzügiges Sozialreformprogramm hätte ihn einen bedeutenden Präsidenten werden lassen, wenn nicht außenpolitische Unerfahrenheit und die damalige Obsession mit der kommunistischen Gefahr dazu geführt hätten, dass er sich im Vietnam-Krieg hoffnungslos, wie im Treibsand, verfing. Dabei beging er einen Fehler, der Politikern, die sich allzu sehr von der öffentlichen Meinung abhängig machen, leicht unterläuft. Er redete sich und der Nation ein, der Krieg sei zum Nulltarif zu führen. Die Folge war eine inflationäre Entwicklung, mit der Amerika jahrelang schwer zu kämpfen hatte.

Andererseits hat Johnson, wohl mit Rücksicht auf die mögliche Reaktion Moskaus und Pekings, es nicht gewagt, den Krieg entschieden nach Nord-Vietnam vorzutragen und dem Gegner die Versorgung damit abzuschneiden. So zog der Krieg sich vor Ort und auf den Fernsehschirmen der amerikanischen Familien endlos hin, und Johnson selbst wurde eines seiner politischen Opfer. Doch das alles sah man damals, Anfang 1965, noch nicht. Nur wenige waren hellsichtig genug wie Walter Lippmann und George Ball, der in der Administration ein einsamer Rufer blieb.

In Bonn hielt man inzwischen an der MLF, zumindest als Option, fest. Treibende Kraft dabei war neben dem Verteidigungsminister, Kai Uwe von Hassel, der Bundesaußenminister Gerhard Schröder.

Er war der erste meiner Minister, mit dem ich in nähere Berührung kam. Bundeskanzler Adenauer, der, als er gleichzeitig auch Außenminister war, im Palais Schaumburg residierte, war zu fern. Brentano, der ihm folgte, war räumlich näher, doch hat ein Referatsleiter in der Zentrale nicht allzu oft die Gelegenheit, seinem Minister von Angesicht zu Angesicht gegenüberzutreten. Anders im Ausland: Dort ist der Abstand geringer, besonders an einem Ort wie Washington, den der deutsche Außenminister damals drei bis vier Mal im Jahr für mehrere Tage zu besuchen pflegte. So konnte ich mir von Gerhard Schröder ein recht gutes Bild machen, oder vielmehr, ich konnte es eigentlich nicht, denn nach meinem Eindruck gehörte Schröder zu den eher verschlossenen Menschen, die sich nur schwer öffnen. Er war ein angenehmer Vorgesetzter, der sich nie im Ton vergriff. Zugleich aber wirkte er ausgesprochen kühl und distanziert. Auch hatte ich oft das Gefühl, »gewogen« zu werden, wenn er mich anschaute. Ich war deshalb in seiner Gegenwart, anders als bei Hallstein, befangen und unsicher. Vielleicht entsprang das eher einer Einbildung. Aber Vorstellungen sind für uns Wirklichkeit.

Politisch sah ich Schröder als Patrioten, als national gesinnten Mann, allerdings von einem aufgeklärten Nationalgefühl. Die Verabsolutierung der nationalen Idee bei de Gaulle lehnte er ab, und gegen französische Vormachtansprüche setzte er sich zur Wehr. Das trug ihm, wohl zu Unrecht, den Vorwurf ein, anti-französisch zu sein. Anglophilie aber wurde ihm wohl zu Recht nachgesagt. Wie klug Schröder das nationale Interesse zu definieren wusste, zeigte er anlässlich einer Rede, die er am 28. Juni 1963 in Düsseldorf hielt und die ich oft als ein Beispiel einer dem späten 20. Jahrhundert angemessenen staatsmännischen Weisheit zitiert habe. Schröder sagte damals:

»Wir müssen den USA ebenso unentbehrlich bleiben wie sie uns, und zwar auf allen Gebieten: politisch, wirtschaftlich und militärisch. Auch das erreichen wir nur, wenn wir Europa einigen und stärken. Wir müssen dafür sorgen, dass sich unsere lebenswichtigen Interessen mit denen der USA decken. Darin sehe ich das wichtigste Ziel unserer Politik.«

Besser kann man jene nicht belehren, die glauben, das nationale Interesse sei ex definitione auch ein partikulares. Heute, nach dem vorläufigen Ende des Ost-West-Gegensatzes in Europa, könnte man Schröders Diktum fortschreiben, indem man den USA die Europäische Union hinzusetzt.

Es geht um Geld

Zu den Evergreens der deutsch-amerikanischen Beziehungen – und Irritationen – zählte damals der so genannte Devisenausgleich, auch »offset« genannt. Die Verschlechterung ihrer Zahlungsbilanz Ende der fünfziger Jahre hatte die USA veranlasst, von Bonn einen Ausgleich für die Ausgaben zu fordern, die ihr durch die Stationierung amerikanischer Truppen in der Bundesrepublik entstanden. Zur Erfüllung dieser Forderung wurden 1961 so genannte Devisenausgleichsabkommen geschlossen, durch die sich die Bundesrepublik verpflichtete, für fast drei Milliarden DM jährlich Rüstungskäufe in den USA zu tätigen, um die amerikanische Zahlungsbilanz zu entlasten. Doch 1966 geriet die Bundesrepublik in Haushaltsschwierigkeiten. Auch war der Devisenausgleich unpopulär, was der Regierung Erhard, einer Koalition von CDU/CSU und FDP, umso unwillkommener sein musste, als der Koalitionspartner ohnedies ein unsicherer Kantonist war. Auf amerikanischer Seite hatte der Vietnam-Krieg die Zahlungsbilanzschwierigkeiten verschärft; gleichzeitig brachte der demokratische Mehrheitsführer im Senat Michael (Mike) Mansfield seinen berühmt gewordenen Resolutionsentwurf ein, der sich grundsätzlich für eine Truppenverminderung in Europa aussprach und der einen Zusammenhang zwischen der amerikanischen Truppenstärke in Deutschland und unseren Leistungen herstellte.

Damit gelangte eine höchst brisante Frage auf die Tagesordnung. Weniges konnte deutsche Politiker in jener Zeit so in Schrecken versetzen wie eine drohende Verminderung der amerikanischen Truppen in Europa. Die Überzeugung von der konventionellen Überlegenheit der Sowjetunion und von deren potentieller Aggressivität saß damals zu tief in den Köpfen und Herzen. Es handelte sich dabei nicht um blinden Antikommunismus, wie er später, im Zeitalter der Entspannung, so in Verruf geraten sollte. Vielmehr hatte Moskau alles getan, um solchen Befürchtungen Nahrung zu geben. Die Berliner Blockade lag nur achtzehn Jahre zurück, der Korea-Krieg erst fünfzehn, die Niederschlagung des Aufstandes in Budapest 1956 war noch in frischer Erinnerung, mehr noch der Bau der Berliner Mauer von 1961, die Kuba-Krise von 1962, die Zwischenfälle auf der Autobahn nach Berlin 1965. All das waren keine Einbildungen, sondern reale Vorgänge, die im Atomzeitalter notwendigerweise Furcht und Schrecken auslösen mussten.

Es war bei diesem Stand der Dinge nur natürlich, dass die Fragen der amerikanischen Präsenz und des Devisenausgleichs im Mittelpunkt der Gespräche mit Präsident Johnson stehen sollten, zu denen Bundeskanzler Erhard Ende September 1966 in Washington erwartet wurde.

Drei Wochen vor dem Besuch wurde ich von Professor Francis Bator in das so genannte »Executive Building« (Verwaltungsgebäude) des Weißen Hauses gebeten. Bator, ein Nationalökonom aus Harvard, gehörte dem Stab des Weißen Hauses an, und zwar als Wirtschaftsfachmann beim Sicherheitsberater des Präsidenten. Das war seit März 1966, als Nachfolger von McGeorge Bundy, Walter Rostow.

Ich hatte mich mit dem zierlichen, äußerst gescheiten Ökonomen ungarischer Abstammung angefreundet. Zwar gehörten wirtschaftliche Fragen an sich nicht zu meinem Verantwortungsbereich, wohl aber die Verbindung zum Stab des Sicherheitsberaters. Dort gut eingeführt zu sein und über Kontakte zu verfügen ist für eine Botschaft in Washington lebenswichtig, mehr noch als in Bonn ein Draht zum Bundeskanzleramt. Vergleichen lässt sich das nur mit Paris, wo das

Elysée in der Außenpolitik eine ähnlich entscheidende Rolle spielt wie das Weiße Haus in Washington.

Bator eröffnete mir, dass man Gerüchte aus Bonn höre, wonach uns für das nächste Offset-Abkommen ein namhafter Betrag im Haushalt fehle. Ich kann mich der Summe, die er nannte, nicht mehr entsinnen, doch war sie auch nach damaligen amerikanischen Maßstäben beträchtlich, etwa eine Milliarde US-Dollar, damals etwa vier Milliarden DM. Falls diese Gerüchte zutreffen sollten, so Bator, wäre es besser, wenn wir dies der amerikanischen Seite rechtzeitig mitteilten. Sie wäre dann in der Lage, den Präsidenten auf das Kommende vorzubereiten. Sollte eine entsprechende Mitteilung des Kanzlers den Präsidenten dagegen unvorbereitet treffen, könne das die Gespräche erheblich belasten.

Wer Washington kennt, weiß, welche Bedeutung einer solchen Intervention zukommt. Ich fühlte mich deshalb als Träger wichtiger Nachrichten. Mit von Stolz geschwellter Brust eilte ich also in die Botschaft zurück, um Bericht zu erstatten. Einem ehrgeizigen Diplomaten mittleren Ranges und Alters musste dieser Vorfall geradezu als ein Traumszenario erscheinen. Aufgrund der Verbindungen, die er sich geschaffen hatte, und des Vertrauens, das er genoss, war ihm eine vertrauliche Mitteilung von großer Tragweite gemacht worden. Deren umgehende Weitergabe lag im wichtigen Interesse des eigenen Landes.

Mein Botschafter zeichnete den Drahtbericht ab, der unter »citissime nachts«, der höchsten Dringlichkeitsstufe, abgefertigt wurde, und da es sich ja um einen ad personam ausgeführten amerikanischen Schritt handelte, wurde darin nicht nur Bators Name, sondern auch der meine genannt.

Im Allgemeinen blieben die Namen der Urheber von Berichten damals unerwähnt. Der Botschafter unterschrieb, das reichte. Dieses wenig faire System ist inzwischen geändert worden. Heute werden die Autoren der Berichte kenntlich gemacht. Auch die Quellen wurden damals im Allgemeinen nicht genannt. Wir hatten zu dieser Zurückhaltung auch Anlass, denn zu Hause fand sich immer wieder jemand, der Berichte von uns ausdrücklich und gegen alle Regeln der Kunst zum Gegenstand von Gesprächen mit der amerikanischen Botschaft in Bonn machte.

Mein Bericht war also abgegangen, und ich sah der Reaktion darauf freudig-gespannt entgegen. Denn ich ging davon aus, dass Bonn für die Unterrichtung dankbar sein und der gegebenen Empfehlung Rechnung tragen würde.

Stattdessen wurde ich von dem Staatssekretär des Auswärtigen Amts, von Karl Carstens höchstpersönlich, scharf zurechtgewiesen. Ich möge Gespräche über Gegenstände, die außerhalb meiner Kompetenz und jenseits meiner Reichweite lägen, unterlassen. Der Herr Bundeskanzler wisse aufgrund seines freundschaftlichen persönlichen Verhältnisses zu Präsident Johnson selbst am besten, wie so delikate Fragen zu behandeln seien.

Ich war einigermaßen verblüfft und hatte dazu das ungute Gefühl, es mit meinem Staatssekretär endgültig verdorben zu haben. Denn schon einmal, kurz nach meiner Versetzung nach Washington, hatte er mich zurechtgewiesen. Damals geschah es wegen der Weitergabe einer Information an den Deutschlanddirektor des State Department. Carstens hatte mich eigens ins Zimmer des Botschafters kommen lassen, um mich unter vier Augen hart zu tadeln. Ich hätte mir diesen Mangel an Diskretion, so meinte er, wohl bei der Brüsseler Kommission als einer multilateralen Behörde angewöhnt. Auch damals schon hatten die Vorwürfe mich mehr betroffen gemacht, als dass sie mich überzeugten.

Meine persönlichen Befürchtungen, um dies vorwegzunehmen, erwiesen sich jedoch als unbegründet. Ich hatte den noblen Charakter von Carstens unterschätzt. Er hat mir das, was er – nicht ich – als Fehler ansah, nicht nachgetragen, und ich habe mich, als ich selbst Staatsekretär des Auswärtigen Amts war, noch des Wohlwollens des damaligen Bundespräsidenten erfreuen dürfen.

Es geschah also von Bonn aus nichts, jedenfalls nichts, was wir hätten wahrnehmen können, und so nahte der 26. September heran, der Ankunftstag des Bundeskanzlers. An sich hatte Carstens nicht so Unrecht: Johnson, dieser empfindliche und misstrauische Mann, der Kritik nur schlecht vertragen und Verletzungen nie vergessen konnte, hatte für den grundanständigen, loyalen und ehrlichen Erhard tatsächlich ein ausgesprochenes Faible. Persönliche Sympathien und Abneigungen aber spielen in der Politik allen gegenteiligen Behauptungen zum Trotz eine gewichtige Rolle. Doch sind ihr Grenzen gezogen, und es gehört zur Kunst der Politik und der Diplomatie, den gegebenen Spielraum richtig abzuschätzen.

Dieser Besuch aber stand ungeachtet aller Freundschaft mit dem Präsidenten unter einem schlechten Stern. Bundeskanzler Erhard wurde von den Bundesministern Schröder, von Hassel und Westrick begleitet. Schon über dieser Zusammensetzung lag ein Hauch des Makabren. In der Bonner Koalition kriselte es. Die FDP machte Miene, sie aufzukündigen. In der CDU machte sich zunehmend Unzufriedenheit mit der Führung von Regierung und Partei durch Erhard breit. Hinzu traten die persönlichen Umstände der Minister von Hassel und Westrick. Vom ersten wurde angenommen, dass seine Tage als Verteidigungsminister auf jeden Fall gezählt seien, nachdem es zwischen ihm und Teilen der Bundeswehrführung zu einer Vertrauenskrise gekommen war. Ludger Westrick aber hatte seinen Rücktritt als Chef des Bundeskanzleramts schon vor der Reise erklärt. Dieser langjährige Vertraute von Ludwig Erhard war von Hause aus Beamter gewesen und als solcher zuerst Staatssekretär im Wirtschaftsministerium und danach im Kanzleramt. Erhard hatte ihn dann zum Bundesminister gemacht, weil er ihn andernfalls wegen Erreichens der Altersgrenze verloren hätte. Schröder saß fest im Sattel, denn er durfte damit rechnen, so oder so auch der nächsten Regierung anzugehören.

Schon der Auftakt des Besuchs gestaltete sich wenig vielversprechend. Es war damals üblich, dass den Gesprächen eines Bundeskanzlers mit dem amerikanischen Präsidenten eine Sitzung im State Department vorgeschaltet war. Vermutlich diente diese Vorkehrung dem Zweck, den Präsidenten über die Interessen und Wünsche seines deutschen Besuchers zu unterrichten, ehe er selbst mit diesem zusammentraf.

Die Runde begann also mit einem einstündigen Delegationsgespräch bei Dean Rusk, der von einer Anzahl leitender Herren des State Department flankiert war. Doch schon nach einer halben Stunde stand der amerikanische Außenminister zu unserer Verwunderung auf. Er müsse zum Präsidenten, erklärte er und verließ den Raum. Nun glich die Stellung des amerikanischen Präsidenten damals ja der eines wirklich regierenden Monarchen, und so quittierte Erhard den Auszug des Außenministers nur mit leichtem Erstaunen.

Den Vorsitz auf amerikanischer Seite übernahm nunmehr Eugene Rostow, Undersecretary for Political Affairs, also die Nummer drei des State Department. Zwar war auch er ein Professor wie Ludwig Erhard, doch passten die beiden Männer wenig zueinander. Rostow, ehemaliger Dekan der juristischen Fakultät in Yale oder Princeton, war ein ausgesprochener Ostküstenintellektueller, dazu außenpolitisch hochkonservativ, ein Kalter Krieger, wie man heute sagen würde. So schleppte sich das Gespräch einigermaßen mühsam dahin, bis nach etwa zehn Minuten auch Rostow erklärte, dass er gehen müsse, was er denn auch »without further ado« tat.

In der deutschen Delegation schauten wir uns ratlos an. Da erhob sich am rechten Flügel der amerikanischen Delegation ein Herr, nahm auf dem Stuhl von Dean Rusk Platz und schickte sich offenkundig an, den Vorsitz auf amerikanischer Seite zu übernehmen. Es war kein anderer als George McGhee, der damalige Botschafter der USA in Bonn. Das war nun selbst dem gutmütigen Erhard zu viel. Immer noch höflich, aber doch sichtlich verstimmt, machte er der Sitzung ein Ende.

Anschließend fuhr man ins Weiße Haus, wo die Delegationen sich im Kabinettssaal versammelten. Auf amerikanischer Seite waren unter anderem Vizepräsident Humphrey, Außenminister Rusk, Verteidigungsminister McNamara und der neue Sicherheitsberater des Präsidenten, Walt Rostow, anwesend. Am Ende des Tisches saß auf der deutschen Seite auch ich. Der Ablauf war aber etwas anders als von uns erwartet. Johnson entführte den Kanzler zunächst allein ins Oval Office, zu einem kurzen Vorgespräch, wie wir dachten. Daraus aber wurden etwa anderthalb Stunden. Als der Präsident und der Kanzler den Kabinettssaal wieder betraten, war sofort spürbar, dass dicke Luft herrschte. Beide Herren wirkten ernst, der Präsident verstimmt, der Kanzler bedrückt. Wie wir nach der Sitzung erfuhren, hatte sich die Voraussage von Bator als richtig erwiesen.

Den Abend verbrachte die Delegation in dem Haus des Gesandten von Lilienfeld, 2400 Foxhall Road, einem von hohen Bäumen und Rasenflächen umgebenen virginischen Landhaus. Es war eine gespenstische Szene, denn in Washington weilte in diesen Tagen aus Anlass einer Tagung von Weltbank und Weltwährungsfonds auch der Bundesbankpräsident Karl Blessing. Ihn suchten Hassel und Westrick in stundenlangen Gesprächen zu überreden, das fehlende Geld irgendwie herbeizuschaffen. Blessing aber lehnte das mit dem Hinweis auf das Bundesbankgesetz immer wieder ab.

Sehr deutlich steht mir dabei heute noch die eigentümliche Haltung vor Augen, die Schröder und Erhard einnahmen. Der Außenminister verhielt sich so, als sei ihm der ganze Vorgang zuwider und ginge ihn im Grunde auch nichts an. Er beteiligte sich an der Unterhaltung kaum. Möglicherweise hatte er den Kanzler schon aufgegeben. In seiner Haltung, so mein Eindruck, lag beinahe so etwas wie Geringschätzung. Der Kanzler selbst aber wirkte apathisch. Er saß zusammengesunken in einem Sessel und nahm kaum am Gespräch teil. Er wirkte resigniert, müde und teilnahmslos.

Vielleicht zeigte sich hier jene merkwürdige Führungsschwäche, die Adenauer bewogen hatte, sich gegen eine Kanzlerschaft von Ludwig Erhard zu wenden. Sie scheint eine Temperamentssache zu sein und kann anscheinend bei manchen Menschen in ganz bestimmten Phasen ihres Lebens auftreten. Zwei der bedeutendsten und verdientesten Politiker unserer Republik, so meine ich, hat sie ihre Kanzlerschaft gekostet: Ludwig Erhard 1966 und Willy Brandt 1974.

Damit aber waren die Nöte des bedauernswerten Kanzlers noch nicht am Ende. Erhard hatte öffentlich wissen lassen, dass wir beabsichtigten, eine Handelsvertretung in Peking zu eröffnen. Das nun war in Washington ein Reizthema. Denn die Chinapolitik der USA war damals noch Äonen von der Öffnung entfernt, die erst Anfang der siebziger Jahre durch Nixon und Kissinger in einem geradezu konspirativen Verfahren durchgesetzt werden konnte. Wie wir in Bonn noch zwölf Jahre zuvor die Sowjetunion als quasi nonexistent behandelt hatten, so hielten die Amerikaner es damals mit Rotchina. Die Selbstblockade war total, obwohl es auf der Höhe des Kalten Krieges doch offenkundig hätte sein müssen, dass es amerikanischem Interesse entsprach, die beiden kommunistischen Großmächte so weit wie möglich auseinanderzuhalten. Aber es galt als Sünde wider den Heiligen Geist, auch nur ein einziges gutes Wort über Peking zu sagen. Als mein Freund Bob Barnett, damals Deputy Assistant Secretary for Economic Affairs im Bureau for Asian Affairs, meinte, dies sei doch immerhin die erste Regierung in der Geschichte Chinas, die Hungersnöte nicht als gottgegeben hinnähme, erschien mir das als Ausdruck ungewöhnlicher Courage.

Zu dieser ideologisch fixierten Haltung trug neben den weltanschaulichen Gegensätzen auch ein Gefühl doppelter Frustration bei. Jahrzehntelang hatte das nationalistische China Tschiang Kai-schecks als Verbündeter und privilegierter Freund, ja fast als eine Kreation Amerikas gegolten. Deshalb kam der Sieg Mao Tse-tungs aus Washingtoner Sicht einer amerikanischen Niederlage gleich. Außerdem aber herrschte der Verdacht, Peking stecke hinter dem Angriff Hanois und des Vietkong auf Südvietnam, und dennoch war dieser Gegner auf keine Weise zu fassen.

Dass nun ausgerechnet der pflegeleichteste europäische Verbündete, die gleichsam als getreuer Vasall betrachtete Bundesrepublik, Beziehungen zu Peking aufnehmen wollte, wirkte in Washington wie ein Affront. Dies muss auch in der Reaktion des Präsidenten nur zu deutlich geworden sein. Jedenfalls sah sich der unglückliche Erhard in seiner abschließenden Pressekonferenz im Carl-Schurz-Auditorium der Botschaft gezwungen, seinen chinesischen Plänen abzuschwören. Noch heute steht mir die verheerende Wirkung vor Augen, die dieser Canossagang auf die anwesenden Vertreter der deutschen Medien hatte. Man hörte damals, der demütigende Verlauf dieses Besuchs sei der Tropfen gewesen, der das Fass zum Überlaufen brachte. Wie dem auch sei, wenige Wochen später war Ludwig Erhard gestürzt.

In der Sache selbst fand auch diese Krise, wie alle anderen Krisen im deutsch-amerikanischen Verhältnis, nach Abklingen der Aufgeregtheiten ihre Lösung. Eine Verhandlungskommission wurde eingesetzt, die unter dem Vorsitz von John McCloy und unter Einschluss Englands eine Regelung suchte und fand. Der störende Zusammenhang zwischen Devisenausgleich und deutschen Rüstungskäufen in den USA wurde gelockert. Künftig waren auch Währungsoperationen der Bundesbank anrechnungsfähig, soweit sie den amerikanischen Devisenfluss neutralisierten. Praktisch bedeutete dies, dass die Bundesbank amerikanische Schatzwechsel kaufte, den USA mit anderen Worten Kredit gewährte. Helmut Schmidt hat dann als Bundeskanzler mit dem Devisenausgleich Schluss gemacht.

Der Nichtverbreitungsvertrag

Doch schon bald gab es zwischen den so ungleichgewichtigen, in sehr unterschiedlicher Weise aufeinander angewiesenen atlantischen Partnern neue Reibungen.

Wie erwähnt, hatten die USA ihren Kurs gegenüber der Sowjetunion nach dem Schock der Kuba-Krise neu bestimmt. Eine Wiederholung der apokalyptischen Gefahr einer nuklearen Konfrontation wollte man möglichst ausschließen. Auch das war ein Grund gewesen, das schlecht durchdachte Projekt des MLF schließlich fallen zu lassen, wobei die Uneinigkeit unter den europäischen Partnern ein willkommenes Alibi geboten hatte.

Zum Programm der amerikanischen Entspannungsbemühungen gehörte als eines der zentralen Themen das der Nichtverbreitung von Kernwaffen. Dieses Ziel stand offenkundig in einem Spannungsverhältnis zu den verschiedenen Plänen für eine atlantische oder europäische Atomstreitkraft, durch welche die NATO oder eine künftige europäische Union zu einer vierten westlichen Nuklearmacht geworden wäre.

Dieses Spannungsverhältnisses war sich Moskau sehr bewusst, und die sowjetische Diplomatie versuchte es mit allen

Mitteln auszunutzen, um den atlantischen Nuklearplänen einen Riegel vorzuschieben. Vor allem ging es Moskau darum, die Bundesrepublik von jeder Teilhabe an nuklearen Waffen und Entscheidungen auszuschließen und ganz allgemein Zwietracht zwischen den beiden westlichen Verbündeten zu säen, die aus der Sicht des Kreml allein wirklich zählten: den Amerikanern und den Deutschen.

Seit ich im August 1965 das Referat meines Freundes Blomeyer mit übernommen hatte, gehörte es zu meinen Aufgaben, die Entwicklung dieses Komplexes in Washington genau zu verfolgen. Das war, soweit es Einzelheiten der amerikanisch-sowjetischen Kontakte betraf, nicht ganz einfach. Die Verhandlungen fanden im Rahmen des Abrüstungsausschusses der Vereinten Nationen statt, der in Genf tagte, und der amerikanische Chefdelegierte William Foster, Unterstaatssekretär und Direktor des ACDA (Arms Control and Disarmament Agency), ließ sich nicht gern in die Karten schauen. Nicht zu Unrecht war er wohl besorgt, sich durch alliierte Befürchtungen und Bedenken allzu sehr in seiner Bewegungsfreiheit eingeschränkt zu sehen.

So kam es immer wieder zu unliebsamen Überraschungen. Die Amerikaner hatten schon im August 1965 einen ersten Vertragsentwurf vorgelegt, der mit den Alliierten abgestimmt war, von den Sowjets aber strikt abgelehnt wurde. Darauf produzierten Foster und seine Leute im März 1966 einen zweiten Entwurf, der den Sowjets entgegenkam, in Bonn aber Bedenken hervorrief. Überraschungen ähnlicher Art setzten sich fort, bis der neue Bundeskanzler Kurt Georg Kiesinger Ende Februar 1967 öffentlich beklagte, dass die USA Bonn nur unzureichend über die Verhandlungen konsultierten und unterrichteten.

Die Hauptbedenken der Bundesregierung bezogen sich auf die mögliche Blockierung einer künftigen nuklear bewaffneten europäischen Föderation und auf mögliche Beschränkungen der Nichtkernwaffenstaaten in der Forschung, Entwicklung und Produktion von nuklearen Technologien zu friedlichen Zwecken. Diese Befürchtungen waren an sich weder unverständlich noch unbegründet. Alles kam darauf an, wie man sie geltend machte.

Abrüstungsbeauftragter der Bundesregierung und zugleich deren Delegationsleiter beim Abrüstungsausschuss der Vereinten Nationen in Genf war seit Juli 1965 mein alter Freund Swidbert Schnippenkötter. Er nahm den Kampf für die deutschen Interessen, wie er sie sah, mit der ihm eigenen Intelligenz, minutiösen Gründlichkeit und unermüdlichen Zähigkeit auf. Dabei waren wir aber nahezu isoliert. Das Frankreich de Gaulles nahm seine schon traditionelle Haltung ein und tat so, als ginge Paris das vitale Problem der Nichtverbreitung überhaupt nichts an. England engagierte sich an der Seite Amerikas sofort für die Nichtverbreitung und wirkte dementsprechend mit, war aber selbst als Nuklearmacht lediglich von den Lieferbeschränkungen gegenüber Nichtnuklearstaaten betroffen und insofern aus dem Schneider. Die italienische Diplomatie, pragmatischer, vorsichtiger und weniger aufgeregt als die unsere, hielt sich zurück. Ebenso verhielten sich kleinere Gemeinschaftspartner wie Holland und Belgien. Auch Japan taktierte eher vorsichtig, während die großen Schwellenmächte wie Indien und Brasilien, die politisch und militärisch weniger exponiert waren als Deutschland, von Anfang an erkennen ließen, dass sie dem Vertrag ohnehin nicht beitreten würden.

Dass wir unsererseits um den Beitritt nicht herumkommen würden, wenn es erst zu einer Einigung unter den großen Mächten käme, konnte von Anfang an nicht bezweifelt werden. Die Frage war nur, bis zu welchem Grad es uns gelingen würde, unsere vitalen Interessen zu wahren.

Für mich waren es aufregende Monate. Die Idee der Nichtverbreitung leuchtete mir ein. Es lag auf der Hand, dass die Entwicklung unter Kontrolle genommen werden musste. Auch war mir klar, dass für die durch den Krieg in Vietnam zunehmend bedrängte Administration nicht nur das Prinzip der Nichtverbreitung, sondern insbesondere auch die Verständigung mit Moskau große Priorität besaß.

Die deutschen Bedenken aber gingen mir, obwohl im Prinzip berechtigt, im Einzelnen zu weit. Schnippenkötter verstand es – und das ist sein bleibendes Verdienst –, die unartikulierten Bonner Befürchtungen in eine verhandlungsfähige Vertragssprache umzusetzen. Zeitweise ließ ich mich von seiner magistralen Taktik nicht nur beeindrucken, sondern auch überzeugen. Am Ende aber erschien mir sein Vorgehen als zu perfektionistisch. Überdies war man in Bonn den USA gegenüber übertrieben misstrauisch, und dieses Misstrauen beruhte nach meiner Überzeugung auf einer Fehleinschätzung.

Kurz vor der Bildung der Großen Koalition in Bonn unter Kurt Georg Kiesinger und Willy Brandt als Außenminister und Vizekanzler hatte Lyndon B. Johnson in einer viel beachteten Rede am 7. Oktober 1966 eine Neubestimmung der amerikanischen Ost- und Europa-Politik vorgenommen. Es handelte sich, ähnlich wie bei der Rede von John F. Kennedy vom 10. Juni 1963, um die Markierung einer »kopernikanischen« Wende in der amerikanischen Politik. Die bisherige Linie, Fortschritte in der Entspannung von solchen in der Frage der deutschen Wiedervereinigung abhängig zu machen oder doch mit ihnen zu verknüpfen, wurde aufgegeben. Stattdessen sollte künftig die Entspannung vorgehen und ihrerseits ein Klima fördern, in dem Fortschritte in der deutschen Frage möglich werden könnten. Damit war ein Wandel der amerikanischen Politik, der sich praktisch schon Schritt um Schritt vollzogen hatte, auch öffentlich bekräftigt. Doch lag darin keine Preisgabe vitaler deutscher Interessen. Sie wurden weiterhin anerkannt und unterstützt. Nur wurde ein Hebel aus der Hand gelegt, mittels dessen, wie die Erfahrung gelehrt hatte, ohnehin nichts voranbewegt werden konnte.

Ähnliches galt für die Nichtverbreitung. Die USA, für die ihre Position in Europa von überragendem Interesse war, konnten keinesfalls die Absicht haben, sich über wichtige Belange ihrer Verbündeten einfach hinwegzusetzen. Das enthob uns nicht der Notwendigkeit, unsere Interessen selbst zu interpretieren und zu vertreten. Doch hätten wir es ohne Perfektionismus tun können und vor allem der Neigung nicht nachgeben dürfen, unseren Verbündeten und Freunden den »procès d'intention« zu machen. In diesen Fehler sind wir, als der schwächere und abhängigere der beiden Partner, leider immer wieder verfallen. Gerade der Schwache fühlt sich immer wieder versucht, Misstrauen zu empfinden, kann es sich aber schlecht leisten, das offen zu zeigen.

Da die Sachbearbeitung in der Botschaft bei mir lag, war ich Schnippenkötters Sprachrohr vor Ort. Wieder und wieder gingen endlose Drahtweisungen ein, in denen Fragen aufgelistet waren, die Antwort erheischten, Formulierungsvorschläge, die zu unterbreiten waren, Argumentationen, die es darzulegen und zu vertreten galt. Kurzum, wir nahmen indirekt an den amerikanisch-sowjetischen Verhandlungen teil.

Mein gewöhnlicher Gesprächspartner war der außenpolitische Abteilungsleiter des ACDA, Sam de Palma, ein freundlicher, brünetter Herr mit scharf geschnittenen, intelligenten Zügen. Mit einer wahren Lammsgeduld stand er mir Rede und Antwort, gelegentlich wurde es aber doch spürbar, dass wir begannen, unseren Partnern auf die Nerven zu gehen. Eines Tages, als ich mich wieder zu de Palma begab, ließ mich der stellvertretende Direktor des ACDA, Adrian (Butch) Fisher, in sein Büro rufen. Indem er mich durch dicke Brillengläser scharf anblickte, fragte mich dieser gewiefte Anwalt, ob ich nicht einige Tage wegbleiben könne, sein Apparat sei durch die Bearbeitung unserer Anliegen regelrecht verstopft.

Dies wurde immerhin noch freundlich vorgebracht. Bei einem Mittagessen aber im State Department, das, soweit ich mich erinnere, aus Anlass eines Besuchs von Schnippenkötter stattfand, saß ich Bill Foster selbst schräg gegenüber. Ich muss eine Bemerkung über unsere Interessen gemacht haben, die ihn irritierte. Unversehens verhärteten sich seine Züge: »Vergessen Sie nicht, mein Herr«, sagte er, »dass mein Land in diesem Jahrhundert zweimal gegen das Ihre hat Krieg führen müssen.«

Ich entsinne mich dieser Worte deshalb so genau, weil ich dergleichen in zwölf Jahren in Washington sonst nie erlebt habe. Das amerikanische Establishment, darin echt angelsächsisch, äußert sich eigentlich nie in scharfen Tönen. Wenn es sich zu dieser Deutlichkeit entschließt, gehen die Gefühle tief.

Schnippenkötter hatte ich meine Bedenken nicht verschwiegen. Doch war es schwer, mit ihm zu argumentieren, und letztlich konnten wir einander nicht verstehen. Mir warf er vor, ich sei bereit, alles »den Bach hinuntergehen« zu lassen. Ich wiederum erwiderte, dass er mir zwar in jeder Einzelheit beweisen könne, Recht zu haben, ich aber dennoch überzeugt sei, dass er sich im Ganzen falsch verhielte. Wir hatten, so fürchte ich, beide teilweise Recht. Mir liegen harte Bandagen nicht, Schnippenkötter aber mangelte es gelegentlich an Sensibilität und an der Bereitschaft, das Wesentliche vom weniger Wesentlichen zu scheiden.

Die Bundesregierung hat den Nichtverbreitungsvertrag am Ende mit mancherlei Bedenken unterschrieben, zu einer Zeit, in der ich nicht mehr in Washington war. An der friedlichen Entwicklung und Verwendung der Nukleartechnologie hat er uns nicht gehindert, und eine europäische Atomstreitmacht war immer eine Illusion und wird es auch bleiben.

Ähnlich wie Hans Georg Wieck im Falle der Berlin-Planung konnte ich mich auch in der Frage der Nichtverbreitung auf einen ausnehmend befähigten Mitarbeiter stützen, nämlich auf Helmut Alexy. Dennoch ließ ich mich bei den Besprechungen in der ACDA gelegentlich nicht von ihm begleiten, sondern von der Ostreferentin Renate Bärensprung. Ich erwähne dieses Detail eines besonderen Grundes wegen. Schnippenkötter forderte eine äußerst genaue Berichterstattung über die Gespräche, und als einzige Angehörige der politischen Abteilung unserer Botschaft war Frau Bärensprung der Stenographie mächtig. Eigentlich sonderbar: Während seines ganzen Lebens hat der Beamte des Auswärtigen Dienstes nachzuschreiben, Stenographie aber wird vom Attaché nicht gefordert.

Freunde

Berlin-Planung, MLF und Nichtverbreitungsvertrag – das waren die großen operativen Aufgaben, vor die ich mich in den fünf Jahren von 1963 bis 1968 gestellt sah. Das Übrige war Routine: ständige Beobachtung der amerikanischen Allianz-, Sicherheits-, Abrüstungs- und Ostpolitik.

Ein weites, ein interessantes Feld. Es war mein erster politischer Auslandsposten im Dienst unseres Landes, und ich stürzte mich mit Enthusiasmus kopfüber in die Arbeit. Unzählige dienstliche und gesellschaftliche Kontakte wurden geknüpft, nicht nur mit den amerikanischen Beamten im State Department, Pentagon und Weißen Haus, sondern auch mit Kollegen aus befreundeten Botschaften und nicht zuletzt mit amerikanischen Journalisten und deutschen sowie anderen ausländischen Korrespondenten. Der schon erwähnte Max Frankel gehörte ebenso zu unseren Freunden wie der unvergessliche Korrespondent der Neuen Zürcher Zeitung, Werner Imhoff, und der Vertreter des Figaro, Vicomte de Segonzac. Unter den deutschen Korrespondenten stachen Jan Reifenberg, Herbert von Borch von der »Süddeutschen«, Heinz Barth von der »Welt« und Joachim Schwelin von der »Zeit« hervor. Immer wieder muss ich daran denken, was ein amerikanischer Freund mir einmal sagte: »Warum lassen Sie nicht die Korrespondenten für sich arbeiten? Hier in Washington gibt es dreitausend, die Tag und Nacht bemüht sind herauszufinden, was vor sich geht. Verfolgen Sie genau, was sie schreiben, und reden Sie mit ihnen, dann wissen Sie alles.«

Sehr wahr. Dennoch erschien mir das Gespräch mit den amerikanischen und ausländischen Kollegen unverzichtbar, und das war es ja auch. Fast täglich aß ich mit einem von ihnen im Metropolitan Club oder in einem französischen Restaurant namens »Bistro« zu Mittag. Fast täglich folgten Cocktails und Abendessen in befreundeten Häusern. Vor allem die Engländer beeindruckten durch ihr Können: John Killick, der später NATO-Botschafter werden sollte, unser Freund John Thomson, der am Ende seines Berufslebens britischer UNO-Botschafter war, Ken Scott und David Bendall, die wir dann aus den Augen verloren, Denis Greenhill, den ich als Permanent Undersecretary des Foreign Office wiedersehen sollte. Sie repräsentierten einen Dienst, den ich immer für den besten der Welt gehalten habe, sehr diszipliniert, zuweilen vielleicht ein wenig glatt, aber voll Charme, kenntnisreich und unvergleichlich geschickt.

Doch auch anderer Kollegen erinnere ich mich mit Dankbarkeit: des französischen Gesandten Bruno de Leusses, den wir später aus den Augen verloren, Jaques Morizets, der zuletzt Botschafter in Bonn war, Rinaldo Petrignanis, später italienischer Botschafter in Washington, und Kjeld Viebes, später Generalsekretär des norwegischen Außenministeriums. Besonders gern aber denke ich an die gute Zusammenarbeit mit meinem holländischen Kollegen Harry Jorissen. Dieses gute Einvernehmen konnte auch ein kleiner Zwischenfall nicht trüben. Harrys Frau Leila beklagte sich mir gegenüber über die Sparsamkeit der Holländer. »Nehmen Sie es nicht tragisch«, sagte ich, »die Schotten sind noch viel sparsamer.« Leila schaute mich groß an: »Woher wissen Sie, dass ich Schottin bin?«, fragte sie. Ich hatte es nicht gewusst.

Es würde den Rahmen dieser Rückschau sprengen, wenn ich versuchte, all die Persönlichkeiten zu schildern, denen ich im Lauf der Jahre begegnete. Einige aber will ich doch erwähnen, weil sie uns besonders nahe standen und ich dem Umgang mit ihnen viel verdanke.

Da war zunächst Professor Arnold Wolfers, ein Mann, der ein in seiner Besonderheit doch sehr typisches europäisches Schicksal verkörperte. Abkömmling einer Schweizer Juweliersfamilie, hatte er die akademische Laufbahn eingeschlagen und war in Berlin Direktor der Hochschule für Politik geworden. In dieser Eigenschaft war er übrigens der Chef von Theodor Heuss gewesen, der von 1920 bis 1933 als Dozent an der Hochschule wirkte. Auch Wolfers verließ Deutschland, noch ehe er politisch diskriminiert wurde, was trotz seiner Schweizer Staatsangehörigkeit seiner jüdischen Herkunft wegen unweigerlich der Fall gewesen wäre. Er ging nach Amerika und wurde als Professor of International Relations in Yale einer der Begründer der amerikanischen Politikwissenschaft.

Meine Frau kannte ihn schon seit 1959. Als ich ihn dann 1963 gleichfalls kennen lernte, war er bereits in Yale emeritiert und Direktor des Washington Center for Foreign Policy Research an der School for Advanced International Studies der Johns-Hopkins-University. Er und seine Frau Doris, die Tochter des ehemaligen Schweizer Bundespräsidenten Forrer, bewohnten ein typisches Georgetown-Haus, eine Art Puppenhaus, in dem auf engstem Raum die schönsten Gegenstände standen, von der kunstsinnigen Hausfrau zusammengetragen.

Der lange, sehr schlanke Mann, weißhaarig, mit schmalem Kopf, hoher Stirn, langer gebogener Nase und dünnen Lippen, war in seiner zurückhaltenden wortkargen Klugheit ein recht typischer Vertreter des Schweizertums. Es brauchte Zeit, ihm nahezukommen, doch hatte man sein Vertrauen einmal gewonnen, dann war das politische Gespräch mit ihm von höchstem Gewinn. Er war natürlich Amerikaner geworden, sprach mit uns aber immer Deutsch.

Von großer Gewissenhaftigkeit, tat er sich beim Schreiben schwer. Im Sommer pflegten wir eine Woche bei Wolfers' zu verbringen, die in Brooklin-Maine an der Penobscott Bay ein wunderschönes, von Gropius entworfenes avantgardistisches Strandhaus besaßen. Man konnte dann erleben, wie sich Arnold in dieser einzigartig schönen Landschaft mit irgendeinem Buchbeitrag oder Artikel abquälte, zu dem er sich verpflichtet hatte. Auch war er das, was die Amerikaner einen »worrier« nennen, jemand, der sich dauernd über irgendetwas Sorgen macht. Doris, aus härterem Holz geschnitzt und mit Haaren auf den Zähnen, wenn es sein musste, war ihm da sicher eine gute Stütze. Dazu war sie eine vorbildliche Hausfrau.

Bei den kleinen, eleganten Essen für zehn bis zwölf Gäste, die im Hause Wolfers stattfanden, traf man stets die interessantesten Leute. Nicht selten standen sie der CIA nahe, von der Wolfers wohl als wissenschaftlicher Experte konsultiert wurde. Unter anderem begegneten wir dort erstmals Paul Nitze, der später der Gründervater der SALT-Abkommen wurde.

Ein nicht ganz unähnliches Schicksal hatte unser Freund Hans B. Meyer, den wir HB nannten. Auch er muss 1963 schon Mitte oder Ende sechzig gewesen sein. Er war Jude und hatte in Berlin gelebt, war noch rechtzeitig entkommen, war Amerikaner geworden und doch sehr deutsch geblieben. Als Korrespondent in Washington vertrat er eine ganze Reihe deutscher Zeitungen, darüber hinaus aber auch die Deutsche Gesellschaft für Auswärtige Politik (DGAP) und die Stiftung Wissenschaft und Politik in Ebenhausen.

HB war ein reizender Mensch. Nicht ganz mittelgroß, mit einer großen gebogenen Nase und intelligentem Blick, sprach er leicht stotternd und wie Bismarck mit einer eher hohen Stimme. Sein Sinn für Komik war ebenso ausgeprägt wie sein politischer Verstand. Er verfügte über einige hervorragende Informationsquellen und hatte ein untrügliches Gefühl dafür, was man drucken, was man der DGAP mitteilen und was man nur im Gespräch verwenden konnte. Er genoss daher nicht nur Sympathie, sondern auch Vertrauen, und seine Freunde redeten sehr offen mit ihm. Stundenlang gingen wir am Wochenende an der Canal Road, dem Treidelpfad am Potomac, entlang, begleitet von seinem unmöglichen großen Hund, bei dem man, solange er sich nicht bewegte, nicht wusste, wo vorn und wo hinten war. Jahre später wurde ihm das Bundesverdienstkreuz verliehen. Ich dachte zuerst, er würde die Annahme ablehnen. Stattdessen entdeckte ich Tränen in seinen Augen, als ich ihm den Orden anlegte.

HBs Berichte an die DGAP und an die Stiftung in Ebenhausen, die er mir zu lesen gab, waren Meisterstücke. Sie zeichneten sich zwar nicht durch eleganten Stil aus, waren aber in der Gesprächsverwertung und der analytischen Durchdringung des Stoffs vorbildlich. Allerdings litt HB, wie viele, unter anderem so erlauchte Geister wie Henry Kissinger, an der nuklearen Obsession. Die Präokkupation seiner Gesprächspartner reflektierend, erging er sich in langen Ausführungen über Nuklearstrategie und nukleare Waffentechnik.

Vielleicht ist das heute nur noch schwer nachvollziehbar, aber damals entsprach es einer politischen Realität und dem entsprechenden Lebensgefühl. Zwar war Moskau nach den missglückten Kraftproben in Berlin und Kuba auf Entspannungskurs gegangen, doch war die Durchgangsphase der »friedlichen Koexistenz« nach der herrschenden Orthodoxie von einem verschärften internationalen Klassenkampf begleitet. An dessen Ende sollte, um eine Wendung Chruschtschows zu gebrauchen, mit dem Kapitalismus auch dessen Wertesystem, die individuelle Freiheit, der politische Pluralismus und die liberale Marktwirtschaft, »begraben« werden. Angesichts dessen erschien die nukleare Konfrontation als eine zwar entfernte, aber nie auszuschließende Möglichkeit. Dessen war man sich in der amerikanischen politischen Klasse anscheinend deutlicher bewusst als in Europa. Während man dort aber an der selbstmörderischen Strategie des massiven Gegenschlags festhielt, vollzog McNamara den Übergang zur »flexiblen Antwort«. Dies geschah nicht, wie manche Kritiker und Ideologen meinten, um den Atomkrieg »führbar« zu machen, sondern um Konflikte gegebenenfalls unter Kontrolle halten und überleben zu können.

Auch ich habe mich in jenen Jahren intensiv mit diesen Fragen befasst. Wenn ich mir anschaue, was ich während eines Besuchs bei der damals in diesen Fragen führenden Rand-Corporation im kalifornischen Santa Monica nach Gesprächen mit Experten wie Bernard Brodie, Hans Speier, Henry Rowen, Walter Mendershausen und James Schlesinger notiert habe, bin ich überrascht, wie tief ich damals in diese komplexe Materie eingedrungen war. Dessen bedurfte es auch, denn die Auseinandersetzung über die Nuklearstrategie war zu einem Dauerthema der Atlantischen Allianz geworden, von dem der Streit über die MLF nur einen Teilaspekt darstellte.

Übrigens empfand ich den Besuch in Kalifornien wie eine Offenbarung. War schon der Übergang von Europa an die Ostküste Amerikas wie ein Sprung in eine andere Dimension, so wiederholte sich das beim Flug von Washington nach Los Angeles ein weiteres Mal. Das unendliche Los Angeles erschien mir damals als eine Art Inferno, seine Umgebung aber als ein riesiger paradiesischer Garten.

Bleibende Freundschaften verdanke ich auch der Beschäftigung mit der amerikanischen Europapolitik. Sie befand sich in der Zeit nach Kennedy insgesamt in einem Wandel. Der auf diesem Feld unerfahrene und unsichere neue Präsident war einerseits bestrebt, die Konfrontation mit de Gaulle abzubauen – mehr durch »Benign Neglect« als durch »Reconciliation« –, zog es aber vor, auch das »Grand Design«, die aus der Zeit seines Vorgängers stammende Konzeption einer »dumbbell-partnership« zwischen den Vereinigten Staaten und einem Vereinigten Europa, zu relativieren. Schließlich blieb ihm ja auch nichts anderes übrig. Wie bereits erwähnt, hatte der französische Staatschef 1965 eine schwere Krise in der Europäischen Gemeinschaft hervorgerufen. Dann ließ er 1966 den Austritt seines Landes aus der Militärstruktur des Bündnisses und die Ausweisung der NATO aus Frankreich folgen. Monatelang sprach Washington von nichts anderem als von de Gaulle. Letzten Endes aber bewahrten die führenden Köpfe der Administration kaltes Blut. Sie waren weise genug, die Herausforderung durch den großen, aber im Alter schon vorgerückten Widersacher hinzunehmen, ohne es zum Bruch mit ihrem ältesten Verbündeten Frankreich kommen zu lassen. Dennoch konnte nicht ausbleiben, dass Monnet und seine Washingtoner Anhänger über dieser Entwicklung langsam an Einfluss verloren. Der Rücktritt von George Ball als Stellvertretender Außenminister Mitte 1966 war dafür ein Indiz.

Alle diese Geschehnisse verfolgte ich schon deshalb mit besonderer Aufmerksamkeit, weil ich auch meinen alten Chef Hallstein darüber auf dem Laufenden hielt. Ich tat das mit Wissen und Billigung meines großzügigen Botschafters, obgleich ich für Fragen der europäischen Einigung und des amerikanischen Verhältnisses zur EWG gar nicht zuständig war.

So konnte ich mich als sachlich nicht zuständiger Beobachter auf das Zuhören beschränken und das Gehörte dann an Hallstein oder meinen Nachfolger, Karl-Heinz Narjes, weitergeben. Das bot sich vor allem deshalb an, weil die Europäische Wirtschaftsgemeinschaft damals in Washington nur durch ein kleines amerikanisch besetztes Presseinformationsbüro vertreten war. Lediglich die damals von der EWG noch getrennte Atomgemeinschaft – Euratom – war dort durch den vorzüglichen Curt Heidenreich als amtlichen Vertreter repräsentiert. Heute verfügt die EU in der amerikanischen Hauptstadt über eine hochrangige permanente »Delegation«, die etwa siebzig Mitarbeiter stark ist.

Ich berichtete also nach Brüssel in zahlreichen Briefen, deren Länge die Empfänger in gelinde Verzweiflung versetzt haben muss. Sonderbar eigentlich, wie wenig Unterweisung ein neuer Mitarbeiter im Auswärtigen Dienst erhält. Minister oder Personen vergleichbaren Ranges lesen ja aus guten Gründen ungern Texte, die über zwei Seiten lang sind; doch was können versierte Korrespondenten auf zwei Seiten nicht alles sagen!

Mein ständiger Gesprächspartner für Gemeinschaftsfragen und bald mein Freund war J. Robert Schaetzel, der damalige zuständige Unterabteilungsleiter in der Europa-Abteilung des State Department. Der hochgewachsene schmalgesichtige Mann mit Lachfalten um die Augen, die hinter Brillengläsern scharf hervorschauten, und der langen geraden Nase war eine wahre Säule der amerikanischen Europapolitik, der er sein ganzes Leben gewidmet hat. Von hervorragender Intelligenz und großer Arbeitskraft, war er zugleich ein leidenschaftlicher, kritischer Geist. Ein Schüler und Bewunderer von Jean Monnet, doch, wie schon gesagt, nicht ganz so weise wie der Meister, gehörte er zu den Vorkämpfern des »Grand Design« und zugleich zu dem Menschentyp, der wie Adenauer stets zu sagen pflegte, dass die Situation noch nie so ernst gewesen sei wie gerade jetzt. Nur dass der alte Kanzler das wohl nicht gar zu tragisch genommen haben dürfte, während es den »worriern« ernst damit war.

Abschied von Washington

Ende 1967 oder Anfang 1968 fuhr ich nach Bonn. Ich weiß nicht, ob ich den Chef der Personalabteilung bei dieser Gelegenheit auf eigenen Wunsch aufsuchte oder ob ich einbestellt wurde. Jedenfalls eröffnete mir Dr. Federer, dass Außenminister Brandt mir die Leitung der Unterabteilung IA der Ersten Politischen Abteilung anvertrauen wolle. Ich war selig. Einmal bedeutete das die Beförderung zum Ministerialdirigenten – den Generalstern sozusagen. Nicht zuletzt aber konnte ich mir keine schönere Aufgabe vorstellen. Denn neben den Länderreferaten für Westeuropa und das Mittelmeer umfasste diese Unterabteilung damals die Arbeitseinheiten für europäische Integration und technologische Zusammenarbeit.

Stolzgeschwellt und glücklich verließ ich die Personalabteilung, um mich über die so genannte Seufzerbrücke – den wintergartenähnlichen Gang, der in Bonn das erste Obergeschoss des Amts mit dem Ministerbau verband – in das Büro der Staatssekretäre zu begeben. Auf der Brücke begegnete mir

Rolf Lahr, den ich von unseren Verhandlungen in Moskau her ja gut kannte. »Gut, dass ich Sie treffe«, meinte er. »Sie wissen, dass ich als Botschafter nach Rom gehe. Ich möchte, dass Sie schon vorher als mein zweiter Mann, also mein ständiger Vertreter, dorthin versetzt werden. Und dann bin ich ja Junggeselle, und Ihre Frau könnte mir helfen, die Honneurs in meinem Hause zu machen.«

Diese letzte Eröffnung empfand ich als eigenartig. Außerdem war Rom mitnichten eine Beförderungsstelle. Diesen Einwand aber wischte Lahr mit leichter Hand hinweg. Den Minister werde er schon umstimmen, und meiner Beförderung wegen brauchte ich mir doch keine Sorgen zu machen, die sei mir früher oder später ja doch sicher. Ich blieb jedoch dabei, die Unterabteilung übernehmen zu wollen. So meinte Lahr schließlich etwas beleidigt, dass er meinem Fortkommen natürlich nicht im Wege stehen wolle. Dabei blieb es.

Unsere Rückkehr nach Bonn war für den 1. April 1968 angeordnet. So konnten wir zum Jahresbeginn noch einen letzten Urlaub auf Captiva verbringen. Die Halbinsel Sanibel-Island mit ihrer Fortsetzung Captiva an der Golfküste von Florida war damals noch ein kaum entdecktes Paradies. Vor allem galt das für Captiva, eine ganz schmale, mit lichtem Wald bestandene Landzunge, auf der es außer einem Golfhotel ganz an der Spitze nur die Twin-Water-Inn gab, die, wie der Name sagt, von einem Ufer zum anderen reichte und aus einer Ansammlung komfortabler, schilfgedeckter Blockhütten bestand. Stundenlang konnte man hier schwimmen. Und welche Freude war es, dem eleganten Gleitflug der grauen Pelikane zuzuschauen, die sich plötzlich wie Pfeile auf die Wasserfläche stürzten, um mit der Beute im Schnabel schweren Flügelschlages wieder aufzusteigen. Oder man wanderte am Ufer entlang, von spielenden Delphinen begleitet.

Leider wurden diese geruhsamen Ferien durch einen unerfreulichen Vorfall unterbrochen. Eines Tages rief der Botschafter an, um mir hörbar verärgert mitzuteilen, dass einer seiner vertraulichen Berichte in einer deutschen Zeitung wörtlich abgedruckt worden sei. Es handelte sich um einen Bericht, dessen Autor ich war. Ob ich mir denken könne, wie das zugegangen sei, wollte Knappstein wissen. Ich konnte nicht. Natürlich ist die undichte Stelle auch in diesem Falle nie gefunden worden.

Die Veröffentlichung dieses so genannten Knappstein-Berichts entwickelte sich zu einem kleinen Skandal ohne große Folgen. Vor unserer Abreise in den Urlaub hatte ich einen zusammenfassenden Bericht über den Stand der deutsch-amerikanischen Beziehungen verfasst, die, wie ich meinte, zu einiger Besorgnis Anlass gaben. Nun treten Irritationen in diesem Verhältnis ja periodisch auf, wie es bei einer so engen und komplexen Interessenverflechtung auch nicht anders sein kann. Damals aber neigte ich noch dazu, solchen Abschwüngen zu viel Gewicht beizumessen. Vielleicht habe ich also ein wenig dramatisiert und damit eine der schwersten Sünden im diplomatischen Geschäft begangen. Vor allem aber hatte ich den Fehler gemacht, einige meiner Quellen zu nennen. Anders als der Journalist soll der diplomatische Berichterstatter das eigentlich auch tun, weil der Empfänger das, was er liest, nur dann recht bewerten kann, wenn man ihm erläutert, woher es kommt. Dazu aber gehört natürlich, dass man sich der Diskretion an der Heimatfront sicher sein muss, was damals oft nicht der Fall war. Kurzum, die Gesprächspartner zeigten eine erhebliche Verstimmung, die indes nicht anhielt. Mehr als sonst gilt in der Diplomatie der Satz: »Auch dieses wird vorübergehen.« Allerdings ist auch nirgends die hohe Kunst so wichtig, rechtzeitig zu erkennen, was nicht vorübergehen wird.

Zu erwähnen bleibt der letzte Abend in Washington, der 31. März 1968. Wir verbrachten ihn bei unseren Freunden Martin und Elizabeth Herz. In der Stadt waren in den schwarzen Vierteln schwere Krawalle ausgebrochen, der Himmel spiegelte den roten Feuerschein wider. Das Fernsehen unterbrach plötzlich seine Nachrichtensendung, um eine Botschaft des Präsidenten anzukündigen. Was Lyndon Johnson verkündigte, war die Einstellung des Bombardements auf Nordvietnam und sein Verzicht auf eine weitere Kandidatur. Eine Ära ging zu Ende – auch für uns.

Bonn – 1968 bis 1973

Der französische Partner

Meine Erinnerungen an das erste Jahr als Unterabteilungsleiter
West in der Politischen Abteilung des Auswärtigen Amts sind
seltsam blass. Das mag zum einen an der Funktion des Unter-
abteilungsleiters gelegen haben, die mir immer ein wenig über-
flüssig vorgekommen ist. Der Referatsleiter waltet in seinem
begrenzten Feld wie ein König, und der jeweilige Abteilungsleiter ist der natürliche Berater des Ministers. Die Unterabteilungsleiter dagegen schweben irgendwo dazwischen, und ich
habe mich oft gefragt, ob man sie nicht entbehren könnte.
Doch gab es wohl noch einen anderen Grund. Kernstück meines damaligen Bereichs waren die politischen Probleme der
Europäischen Integration. Diese aber stagnierte damals, aus
Gründen, über die noch zu sprechen ist.

Zunächst aber hatten wir ganz andere Sorgen. Es galt eine
Bleibe für unsere Familie zu finden, die mit der Geburt unserer
Tochter Inga 1962 und unseres Sohnes Georg 1963 auf vier
Köpfe angewachsen war. Das gelang ziemlich bald. In der Zeitung las ich eines Morgens, dass ein Haus mit der verhei-
ßungsvollen Adresse »Am Glückshaus 12« zum Verkauf stand.
Wir fuhren hin, und in der Tat sah der originelle Fachwerkbau,
am Schnitzler-Park in Mehlem gelegen, keine hundert Meter
vom Rheinufer entfernt, sehr verlockend aus. Ich ging hinein
und sah mich einem freundlichen Eigentümer gegenüber, der
seinen Preis nannte. Ich war so unbedacht, auch einen zu nennen. »Topp!«, sagte der – und wir hatten ein Haus gekauft.

Mit meinen dienstlichen Funktionen war es zunächst nicht
allzu weit her. Die Regierungszeit de Gaulles neigte sich ihrem
Ende zu, ohne dass man das schon voraussehen konnte.

Gewählt war er bis 1972. Die durch seine Blockade des englischen Beitritts zur europäischen Wirtschaftsgemeinschaft ausgelöste Krise war zwar inzwischen überwunden, aber die ungelöste englische Frage schwelte weiter und trug dazu bei, die Gemeinschaft zu entzweien und zu lähmen. Ausgerechnet de Gaulle, erklärter Gegner aller Supranationalität, blieb bei seinem harten Nein, während die engagierten »Europäer« sich paradoxerweise vehement für den Beitritt Englands einsetzten, von dem man wissen musste, dass es mit der Integration nicht viel im Sinne hatte. Damit nicht genug, brach der große Franzose bald die nächste Krise vom Zaun.

Am 1. Januar 1966 sollte vertragsgemäß das Mehrheitsprinzip im Rat der EWG zur Regel werden. Aber ein halbes Jahr vorher wusste de Gaulle diese Entwicklung zu unterlaufen. Es nutzte ein ungeschicktes Verhalten der Kommission und die Sturheit anderer Mitgliedsstaaten in der Frage der Finanzierung der gemeinsamen Agrarpolitik, um ihnen Kompetenzüberschreitung und Wortbruch vorzuwerfen und eine »Politik des leeren Stuhls« zu verkünden, das heißt eine Politik der Abstinenz in den Gemeinschaftsorganen. Das legte diese praktisch lahm. Erst Anfang 1966 gelang es, die Krise durch den so genannten »Luxemburger Kompromiss« zu beheben, den man besser einen »Luxemburger Dissens« hätte nennen sollen. Die fünf Partner Frankreichs nahmen praktisch hin, dass Paris die Mehrheitsregel außer Kraft setzte. Das Veto im Rat blieb de facto bestehen. Damit war dessen Entscheidungsfähigkeit wesentlich reduziert. Letztlich gelang es erst mit dem Genscher-Colombo-Plan Anfang der achziger Jahre, die Lähmung Schritt um Schritt zu überwinden.

Während die Gemeinschaft stagnierte, liefen die Rituale des deutsch-französischen Vertrages – des Elysée-Vertrages von 1963 – mit der Präzision eines Uhrwerks ab: die halbjährlichen Gipfeltreffen zwischen Charles de Gaulle und Kurt Georg Kiesinger, die vierteljährlichen zwischen den Außenministern Couve de Murville und Schröder und die monatlichen zwischen den Politischen Direktoren Paul Frank und Jacques de Beaumarchais. An diesen, wenn sie in Bonn stattfanden, nahm auch ich teil.

Vor den Gipfeltreffen wusste eine vorzügliche französische Regie Spannung zu erzeugen. Beunruhigende Gerüchte begannen zu uns zu dringen: Der General sei enttäuscht, er sei ungeduldig, mit dem deutsch-französischen Verhältnis stünde es nicht zum Besten, man müsse es mit neuem Leben erfüllen, es müsse etwas geschehen. Ihrem eisernen Grundsatz getreu, »jamais être demandeur«, vermied es die französische Diplomatie wenn möglich, klare Forderungen zu formulieren. Doch verstand sie es, uns ihre Wünsche auf tausend Kanälen durch eine Art Osmose mitzuteilen.

Mich haben diese Stimmungen zunächst beunruhigt. Die deutsch-französische Freundschaft ist – zusammen mit der Europäischen Integration, von der sie sich nicht trennen lässt – die schönste Frucht unserer Nachkriegspolitik. Sie zu pflegen ist eine Sache der Vernunft und sollte auch eine des Herzens sein, dessen große Bedeutung in der Politik von den »Real-Politikern« unterschätzt wird. Doch einfach machen unsere Nachbarn es uns nicht – und wir es ihnen wohl auch nicht. Wie dem auch sei: Ich erinnere mich eines Gesprächs mit einem holländischen Diplomaten, mit dem wir uns in unserer Kritik an der gaullistischen Europapolitik einig waren. »Et pourtant«, sagte der Kollege abschließend, »la France est la mère de nous tous.«

Die französischen Kollegen, denen ich nun wieder begegnete, erinnerten mich an die Brüsseler Tage. Insbesondere der Politische Direktor des Quai d'Orsay, Jacques de Beaumarchais, aber auch Maurice Couve de Murville, Olivier Wormser, François de Laboulaye und Jean François Deniau gehörten zu jenen Vertretern der Pariser Elite, die auf mich wie Kunstwerke wirkten. Sie waren sich ihrer alten raffinierten Zivilisation ebenso bewusst wie ihrer intellektuellen Brillanz. Beaumarchais aber war darüber hinaus ein reizender Mensch und, wie mir schien, persönlich aufgeschlossener als manche seiner Kollegen. Seine feinen, freundlichen Züge waren denen des berühmten Ahnen, Pierre de Beaumarchais, wie aus dem Gesicht geschnitten. Maßgeschneiderte Zweireiher unterstrichen die Eleganz der schlanken Gestalt.

Dieser diskrete, leise Mann sollte mein Freund werden, und es ist ja nicht leicht, Franzosen von Klasse persönlich näher zu kommen. Uns gegenüber schien er keine Vorbehalte zu haben. Dennoch hatte ich immer den Eindruck, dass es sein Traum sei, Botschafter in London zu werden. Falls dem so war, hat sich der Traum erfüllt. Ich begegnete dem viel zu früh Verstorbenen das letzte Mal viele Jahre später bei einem Besuch in London. Es war Sommer, der Diener führte mich in den Empfangssalon der Botschaftsresidenz. Durch ein französisches Fenster konnte ich den Botschafter im Garten umhergehen sehen. Er drehte mir gerade den Rücken zu, und doch spürte ich, dass ich einen glücklichen Mann vor mir hatte. Der Londoner Posten war wie auf ihn zugeschnitten.

Sein deutscher Partner bei den Direktorenkonsultationen, Paul Frank, war mein unmittelbarer Chef. In ihm, den ich bis dahin nicht gekannt hatte, begegnete ich einer echten Begabung unserer Nachkriegsdiplomatie. Der Alemanne zeigte die Tugenden seines Stammes: scharfe Intelligenz, nüchternen Realismus mit einem Schuss Misstrauen und Sinn für Hintersinn, Zielbewusstsein und Grundsatzfestigkeit. Er war ein zäher, wenn nötig harter Unterhändler, und der Zügel, an dem er führte, war gerade lang genug. Jedenfalls für mich. Nicht zuletzt aber verfügte Frank noch über eine andere Qualität, die, damals jedenfalls, seltener war, als sie es hätte sein sollen: Er hatte viele Jahre an unserer Botschaft in Paris verbracht, sprach vorzüglich französisch und kannte unsere begabten und schwierigen Nachbarn gut genug, um zu verstehen, was sie bewegte. So gehörte er zu den wenigen, die nie daran gezweifelt hatten, dass Frankreich das Projekt einer Europäischen Verteidigungsgemeinschaft letztlich ablehnen würde, wie es 1954 dann geschehen ist.

Paul Frank also war der deutsche Politische Direktor, doch leider gab es deren zwei. An sich ist das richtig. Das politische Feld ist einfach zu weit und muss aufgeteilt werden. Es fragt sich bloß, wie. Der Zustand, den ich bei meiner Rückkehr nach Bonn vorfand, ließ darauf schließen, dass starke Persönlichkeiten am Werk gewesen waren, als der Turf abgesteckt wurde. Jedenfalls war kein Optimum herausgekommen, sondern ein »do ut des«. Hatte der eine die Atlantische Allianz, so der andere die Europäische Integration, war der eine für die

Beziehungen zu Washington und Moskau verantwortlich, so der andere für die zu Paris und London, war dem einen das Ost-West-Verhältnis anvertraut, so dem anderen Westeuropa.

Diese Aufteilung brachte es mit sich, dass Paul Frank, als für Frankreich zuständig, bei den deutsch-französischen Direktorenkonsultationen zwar den Vorsitz auf der deutschen Seite führte, dass aber immer, wenn es spannend wurde, sein Kollege Hans Ruete das Wort nahm, um über Ost-West-Fragen, transatlantische Beziehungen oder Abrüstung zu referieren. Dieser modus operandi ging Frank, dessen Befähigung mit angemessenem Ehrgeiz gepaart war, arg auf die Nerven. So hat er ihm, sobald ihm das möglich wurde, ein Ende gesetzt. Davon wird noch zu sprechen sein.

In der Sache fiel mir bei diesen Gesprächen eine gewisse Sterilität auf, ein Eindruck, der sich bestätigen sollte, als ich sie später selbst zu führen hatte. Während im Rat der Europäischen Wirtschaftsgemeinschaft, den ich im Dienst der Kommission zwischen 1958 und 1963 gut kennen gelernt hatte, über konkrete Entscheidungen verhandelt wurde, beschränkten sich die deutsch-französischen politischen Konsultationen im Wesentlichen auf Information und Meinungsaustausch. Das lag zum großen Teil sicher an der Materie selbst. Ich meine aber, dass dabei auch andere Faktoren eine Rolle spielten.

Die Diplomatie galt und gilt weitgehend noch heute als eine nationale »chasse gardée«, bestimmt durch ein nicht selten zu eng definiertes »nationales Interesse«. Dadurch und durch eine entsprechende Neigung zur Sekretierung zeichneten sich vor allem die an sich hoch qualifizierten diplomatischen Dienste Englands und Frankreichs aus. Noch mehr fiel wohl ins Gewicht, dass die europäischen Mächte, einschließlich der soeben genannten, seit 1945 eben keine Großmächte mehr waren. Erst recht galt das natürlich für uns. Ob im Verhältnis zu Moskau oder Peking, ob im Nahen Osten oder Südostasien, ob in Fragen der Nuklearstrategie oder in solchen der Abrüstung, die europäischen Mächte blieben im Allgemeinen Zuschauer oder allenfalls, wie London, »brillante Sekundanten« der Weltmacht USA. Nur wo diese auf ein Mitziehen der Europäer besonderen Wert legen mussten, wie etwa beim Nichtverbreitungsvertrag von Kernwaffen, blieb den Verbündeten ein gewisser – im deutschen Falle stark eingeschränkter – Spielraum. Erst mit der neuen Ostpolitik der Regierung Brandt/Scheel sollte er sich erweitern.

Wie konventionell es damals, an der Wende der sechziger und siebziger Jahre, noch herging, zeigt ein aufschlussreiches Detail: Wenn der deutsche und der französische Politische Direktor einander etwas mitteilen wollten, wählten sie dazu den Weg über die eigene Botschaft im anderen Land. Der Botschafter erhielt entsprechende Instruktionen – zumeist schriftlich –, die er am Quai d'Orsay bzw. im Auswärtigen Amt dann umsetzte. Das war die Spielregel, von der mir Ausnahmen damals nicht bekannt geworden sind. Als ich selbst dann Politischer Direktor war, kam mir dieser Weg eines Tages zu umständlich vor, und ich rief Beaumarchais direkt an. Er klang überrascht, und seine Mitarbeiter haben uns bestätigt, dass er es auch war. War das ein Durchbruch? Mag sein, dass es das zuvor schon dann und wann gegeben hatte. Zur Übung aber wurde es erst damals.

Ein Zwischenspiel

Am 5. März 1969 wurde Gustav Heinemann mit den Stimmen der SPD und der FDP zum Bundespräsidenten gewählt. Wie es sich erweisen sollte, war das eine Richtungswahl, die das bevorstehende Ende der ungeliebten Großen Koalition zwischen CDU und SPD erahnen ließ.

Wenige Tage nach der Wahl nahm ich an einem Essen teil, das Außenminister Brandt in seinem Haus auf dem Venusberg gab. Nach dem Mahl nahm mich Staatsminister Gerhard Jahn beiseite und eröffnete mir, dass Brandt dem designierten Präsidenten vorgeschlagen habe, mir die außenpolitische Abteilung des Präsidialamts anzuvertrauen. Dies Angebot kam überraschend. Brandt kannte mich zwar seit den Washingtoner Jahren persönlich, doch gehörte ich weder der SPD an, noch galt ich als ihr »nahestehend«. Umso mehr musste ich den Vorschlag als Vertrauensbeweis ansehen. Außerdem war er verlockend. Vor gerade einem Jahr war ich zum »Ministerialdirigenten« befördert worden, nun bot man mir eine Stellung als Direktor an.

So groß aber die Verlockung war, so groß auch mein Dilemma. Ich hatte Gustav Heinemann nur einmal persönlich erlebt, bei einer der großen Bundestagsdebatten Anfang der fünfziger Jahre. Es ging um die Frage der deutschen Wiederbewaffnung, und Heinemann hatte die Politik Adenauers in Grund und Boden verurteilt. Sein schneidend scharfer Ton hatte mich damals abgestoßen. Das war mir in sehr lebendiger Erinnerung geblieben. Zum Inhalt seiner Rede aber stand ich in völligem Gegensatz.

Meine Generation, jedenfalls ein großer Teil davon, war durch die Eindrücke der Jahre 1945 bis 1951 geprägt, durch die Brutalität der sowjetischen Besetzung Mitteldeutschlands, die zwangsweise Sowjetisierung, die Unterjochung Ostmitteleuropas, die Blockade Berlins, den Überfall Nordkoreas auf den Süden, hinter dem wir die Regie Stalins glaubten. Wir waren von der Aggressivität der Sowjetunion überzeugt und ebenso von ihrer konventionellen Überlegenheit. Die Frage, wie viele Tage die Rote Armee brauchen würde, um zum Ärmelkanal durchzustoßen, war ein beliebtes Spekulationsobjekt der Medien. Ich entsinne mich, dass ein guter Freund und ich uns Anfang der fünfziger Jahre überlegten, Häuser auf der linken Rheinseite zu mieten und einen Benzinvorrat anzulegen, um notfalls nach Westen entkommen zu können. Und wir waren nicht die Einzigen.

Adenauers Politik, die der festen Verankerung des freien Teils unseres Landes im Westen Priorität gab, erschien uns als die einzig verantwortbare. Eine Wiedervereinigung unter demokratischen Vorzeichen hielten wir damals für undenkbar, und so ging es wohl vielen.

Sicherheit im Westen und durch ihn war aber nur um den Preis eines eigenen deutschen Verteidigungsbeitrags zu haben. Ich habe mich damals sehr bewusst gefragt, ob Deutschland sich im nuklearen Zeitalter überhaupt verteidigen ließe, ohne dabei vernichtet zu werden. Kein künftiger Historiker, so sagte ich mir, würde je eine Politik rechtfertigen können, die einen

Nuklearkrieg in Kauf nahm. Regime vergehen, aber Tote stehen nicht wieder auf. Andererseits widerstrebte mir der Gedanke, Unfreiheit widerstandslos hinzunehmen, zutiefst. Also war ich bereit, der Abschreckung ihre Chance zu geben und das verbleibende Risiko eher zu akzeptieren als völlige Wehrlosigkeit.

Nun waren diese Schlachten 1969 natürlich längst geschlagen. Aber meine Abneigung gegen das, was ich als »linksprotestantische« Politik verstand, war geblieben, und dann gab es noch etwas anderes. Von Gustav Heinemann ist die Antwort in Erinnerung, die er auf die Frage gab, ob er sein Land liebe. »Ich liebe meine Frau«, hatte er erwidert. Diese Antwort ist an sich gar nicht falsch, und zu der Zeit, in der mir das Angebot gemacht wurde, in das Bundespräsidialamt überzuwechseln, war sie auch noch nicht gegeben worden. Aber das, was sich darin ausdrückte, war bekannt, und ich jedenfalls war überzeugt, dass zwischen dem Staatsverständnis des gewählten Bundespräsidenten und dem meinigen ein Widerspruch bestand, der unüberbrückbar war.

So sagte ich Herrn Jahn, dass dem Bundespräsidenten meiner Ansicht nach nicht mit einem Mitarbeiter gedient sei, der in grundsätzlichen Fragen so anders dächte wie er selbst. Damit, so meinte ich, war der Fall erledigt.

Aber einige Tage später ließ der Staatsminister mich zu sich bitten, um mir zu eröffnen, dass der Bundespräsident die Antwort von mir selbst zu hören wünsche. Ich möge mich also auf die »Rosenburg« verfügen (in Bonn-Poppelsdorf), wo der noch amtierende Justizminister Heinemann residierte.

Dies erschien mir als eine arge Zumutung. Ich hatte meine Antwort gegeben, und damit sollte es sein Bewenden haben. Doch mein Einwand, dass es einem Beamten eigentlich nicht zumutbar sei, dem Staatsoberhaupt von Angesicht zu Angesicht einen Korb zu geben, fruchtete nichts. Ich musste auf die Rosenburg.

Dort empfing mich Heinemann nicht unfreundlich, aber mit ernster Miene und hieß mich an einem Tisch ihm gegenüber Platz zu nehmen. Unser Gespräch ging etwa zwanzig Minuten hin und her, ohne dass die Gretchenfrage direkt gestellt worden wäre. Dann sagte Heinemann plötzlich, ich klänge wie ein Mann, der nein sagen wolle, aber nicht könne. Ich käme aus einem Haus, erwiderte ich, in dem ich gelernt hätte, dass man dem Staatsoberhaupt nicht nein sagen dürfe. Das genüge wohl, meinte Heinemann sichtlich verstimmt. Die Audienz war beendet.

Meine grandiose Antwort war übrigens ein Plagiat. Anfang des 19. Jahrhunderts war der Genuese Marchese Filippo Paulucci, ein Freund Alexanders I. von Russland, Generalgouverneur der baltischen Provinzen. Eines Abends saß am Ende seiner festlichen Tafel der Spross eines deutsch-baltischen Geschlechts, dem das Pech widerfuhr, sein Rotweinglas umzustoßen. »Aus was für einem Hause kommen Sie, Herr Assessor?«, rief der heißblütige Italiener über den Tisch. »Aus einem Haus, Exzellenz, in dem jeden Tag frisch aufgedeckt wird«, lautete die Antwort.

Diesem Landsmann hatte ich es gleichtun wollen, und das war mir ja nun auch gelungen. Ein Jahr lang traf ich mit dem Bundespräsidenten wiederholt dienstlich zusammen und wurde merklich kühl behandelt. Dann gab sich das. Gustav Heinemann war moralisch rigoros und ein fairer Mann.

1968

Das Ende der sechziger Jahre brachte Ereignisse, die für Bewegung in der europäischen und deutschen Politik sorgen sollten: die Abdankung de Gaulles am 22. April und der Regierungswechsel in Bonn am 21. Oktober 1969; vor allem aber die »68er-Revolution«.

Die Götterdämmerung des Regimes von Charles de Gaulle, des großen französischen Staatsmanns des 20. Jahrhunderts, hatte sich schon mit den Unruhen angekündigt, die Paris im Mai 1968 erschütterten. Ich selbst bin mit den Turbulenzen von 1968 und der folgenden Jahre mit zwei Ausnahmen nie direkt konfrontiert worden. Politisch-psychologisch aber waren sie auch für mich ein nachhaltiges Erlebnis.

Wie so viele gesellschaftliche Bewegungen in der westlichen Welt nahm auch diese ihren Anfang in Amerika, dessen Universitäten, besonders Berkeley in Kalifornien, 1964 durch eine mächtige Protestwelle erschüttert wurden. Sie richtete sich vor allem gegen den aussichtslosen und grausamen Krieg in Vietnam.

Da wir bis Ende März 1968 in Washington lebten, konnten wir nicht unmittelbar wahrnehmen, wie sich das entsprechende Gewitter auch in Europa zusammenbraute. Nur eines kurzen Augenblicks erinnere ich mich, in dem mir hätte dämmern können, was bevorstand.

Ende 1967 oder Anfang 1968 besuchte uns ein alter Bekannter, ein renommierter deutscher Geisteswissenschaftler, der damals Mitte vierzig gewesen sein mag. Er gab mir ein Taschenbuch von einem gewissen Oskar Negt, dessen Name mir nichts sagte. Wenn ich das läse, sagte unser Gast, wüsste ich, wie er selbst auch dächte. Ich las also und rieb mir die Augen. Die Bundesrepublik, die mir hier entgegentrat, schien mit dem demokratischen, friedlichen Rechtsstaat, den ich kannte und dem ich diente, nicht viel gemein zu haben. Dem politischen Urteil unseres Besuchers habe ich seither nie mehr so recht getraut.

Dann im Mai 1968, wir waren inzwischen nach Bonn zurückgekehrt, brach der Sturm in Paris los. Da die Franzosen leicht entflammbar sind, was deutsche Politiker übrigens oft nicht richtig einschätzen, ging es alsbald hoch her. Einige Tage lang schien es sogar, als werde de Gaulle gestürzt. Doch er überlebte, und die Woge verebbte.

Ich erinnere mich sehr genau, mit welcher Faszination wir die Ereignisse am Fernsehschirm verfolgten. Irgendwie empfand ich diesen stürmischen, gallischen Impetus doch als gutartig, die anschließende deutsche Revolte aber nicht. Schien die Pariser Szene überzuschäumen wie Champagner, hatte sie fast etwas Fröhliches, verkörpert in der Kultfigur von Daniel Cohn-Bendit, so zeigte die deutsche eine Verbissenheit, die sich im Extrem schließlich bis zum Hass jener Leute steigern sollte, die sich RAF nannten.

Wer sich mit der Polizei, wie sie damals war, nie angelegt hat, sollte mit Urteilen über Gewalt und Gegengewalt zurückhaltend sein. In allzu deutlicher Erinnerung aber sind mir zahlreiche Schilderungen von Vorlesungen und Versammlungen, bei denen die Kämpfer für Freiheit und Demokratie ihre Widersacher niederbrüllten oder mit physischer Gewalt am Reden hinderten, sie mit Eiern bewarfen oder auf andere Weise ihrer Menschenwürde zu berauben trachteten. Auch stehen mir die Fernsehbilder vom Gewese in Wohngemeinschaften und Kommunen noch vor Augen, die auf mich gleichsam unausgelüftet und ungewaschen wirkten. Konkret ist mir noch in Erinnerung, wie in den siebziger Jahren der damalige Bundestagspräsident Carstens niedergebrüllt wurde, als er in einer Universität reden wollte, und wie mein alter Freund Conny Ahlers, damals Bundestagsabgeordneter der SPD, deprimiert und frustriert von einer Wahlkampfveranstaltung zurückkehrte. Er war mit den Jusos aneinander geraten. Sie seien so unglaublich grob und unverschämt, klagte er. Dabei war dieser alte Fallschirmjäger gewiss nicht zimperlich.

1980 erlebte ich es dann selbst. Ich war damals schon im Bundeskanzleramt bei Helmut Schmidt. Die Bundeswehr wollte ein Gelöbnis veranstalten, ausgerechnet auf dem Münsterplatz in Bonn und dazu verbunden mit dem überständigen Zeremoniell eines großen Zapfenstreichs.

Der Platz war dunkel, erleuchtet nur durch Fackeln. Bundespräsident Carstens saß in der ersten Reihe der Ehrengäste. Ihm zur Rechten der Bundeskanzler, zur Linken der Verteidigungsminister. Und vor uns standen die Rekruten, Wehrpflichtige, die bereit waren zu dienen und für die dies ein feierlicher Augenblick sein sollte. Doch über eine ganze Stunde lang ging alles in einem buchstäblich ohrenbetäubenden Lärm unter, den die Protestler vollführten.

Carstens und Schmidt bewahrten stoische Ruhe. Ich saß hinter Schmidt und litt Qualen. So verhielt man sich unserem Staat gegenüber, der offensichtlich außerstande war, sich zu wehren. Ich habe in meinem Hause nicht akzeptiert, dass abschätzig über Wehrdienstverweigerer geredet wurde, zumal nachdem zwei Zivildienstuende meine Mutter während ihrer letzten Monate großartig gepflegt hatten. Dies hier aber hatte mit alledem nichts zu tun. Es war einfach widerwärtig und beschämend.

Jahre später bin ich mit der Wut radikaler Jugendlicher ein zweites Mal konfrontiert worden. Am 15. Juni 1983 wurde in Krefeld des Tages gedacht, an dem dreihundert Jahre zuvor das erste Schiff mit deutschen Auswanderern in Amerika gelandet war. Bundespräsident Carstens, Bundeskanzler Kohl und Außenminister Genscher nahmen daran teil, und als Ehrengast war aus den USA der damalige Vizepräsident George Bush angereist.

Der Antiamerikanismus schlug damals in Teilen der Jugend immer noch hohe Wellen. Man hätte Tumulte also eigentlich voraussehen können. Aber ob die Krefelder Polizei das Gewaltpotenzial unterschätzt hatte oder ob sie dem Tumult ohnedies nicht gewachsen gewesen wäre – sie verlor die Kontrolle. Es dauerte rund eine Stunde, ehe die offizielle Wagenkolonne die Tiefgarage des Hotels verlassen konnte, in dem die Ehrengäste abgestiegen waren. Helmut Kohl war weiß vor Zorn, der Oberbürgermeister von Krefeld, Dieter Pützhofen, den Tränen nahe, Karl Carstens und George Bush wahrten eiserne Gelassenheit. Als wir endlich starten konnten, nahm die Kolonne einen anderen als den vorgesehenen Weg, um den Demonstranten zu entgehen.

Mein Wagen führte die Nummer sieben. Er war ungepanzert, und mit mir fuhren meine Frau und, neben dem Fahrer, eine junge Dame vom Protokoll. An einem Punkt der Strecke näherte sich die Kolonne den Demonstranten bis auf Sichtweite. Sie wurden gewahr, dass sie überlistet worden waren, machten kehrt und stürmten auf uns zu. Auf der Höhe meines Wagens erreichten sie die Kolonne. Steine flogen, eine Eisenstange wurde geschwungen. Ich hatte die Damen gebeten, sich möglichst tief zu ducken. Ich selbst blieb aufrecht sitzen, um die Wütenden von meinem Fahrer abzulenken, denn wäre er getroffen worden, hätte die Situation kritisch werden können. Ein Fenster splitterte, eine Tür wurde eingebeult. Wir selbst aber blieben körperlich unversehrt. Doch die wutverzerrten Gesichter haben sich mir eingeprägt.

Später, bei seiner Tischrede, brach der Oberbürgermeister tatsächlich in Tränen aus. In seiner Antwort tröstete Bush ihn. Er habe in Chicago schon Ähnliches erlebt, bemerkte er trocken.

Doch woher kam dieser wilde Protest? Er hatte sicher viele Ursachen, aber für meine Generation lag es nahe, den Grund bei uns, den Vätern, zu suchen. Rückschauend glaube ich nicht, dass es das Schweigen der Väter war, wie oft behauptet worden ist, auch nicht in erster Linie ihre Verstrickung in die Geschehnisse der NS-Zeit. Ich vermute, der Hauptgrund für den großen Zorn war – bewusst oder unbewusst –, dass die Väter es nicht fertig gebracht hatten, Widerstand zu leisten. Söhne können ihren Vätern, glaube ich, so ziemlich alles verzeihen, außer Schwäche.

Die neue Ära

Doch zurück nach Frankreich. Am 28. April 1969 legte de Gaulle sein Amt nieder, wenige Stunden nachdem eine knappe Mehrheit der Wähler ihm in der Frage einer Verwaltungsreform die Gefolgschaft verweigert hatte; ein exemplarischer Abgang eines wirklich großen Staatsmanns. Und alsbald sollte es sich zeigen, dass der am 14. Juni gewählte Nachfolger, Georges Pompidou, gewillt war, den Rückstau in der Europa-Politik Frankreichs aufzulösen. Am 22. Juli lud der neue Außenminister Maurice Schumann die Mitgliedstaaten der EWG im Namen seiner Regierung zu einem Gipfeltreffen ein, das vor Jahresende in Den Haag stattfinden sollte.

Am 28. September fanden die Wahlen zum Deutschen Bundestag statt. Sie veränderten die deutsche politische Landschaft von Grund auf. Zum ersten Mal schied die CDU aus der Regierungsverantwortung aus, und die SPD stellte den Bundeskanzler. Es ist oft gesagt worden, dass es eigentlich nur einer Ungeschicklichkeit von Kurt Georg Kiesinger zu verdanken war, dass die FDP damals nicht mit der CDU, sondern mit der SPD ging. Das mag so sein. Aber historisch gesehen war der Ausgang logisch. Außenpolitisch war die Zeit für diesen Wechsel reif.

Ich war, seit ich dem Auswärtigen Dienst angehörte, immer ein treuer Gefolgsmann von Konrad Adenauer gewesen. Mit seinem Wahlkampfslogan: »Keine Experimente«, dem kürzesten aller Zeiten, stimmte ich überein. Zuallererst galt es, den freien Teil Deutschlands – groß genug, um für das Ganze zu stehen – zu festigen und zu sichern. Das forderte die internationale Lage ebenso wie die tiefe Verunsicherung, in der die Katastrophe des Zweiten Weltkriegs die Nation zurückgelassen hatte. Mit der Eingliederung in die Atlantische Allianz, mit der fortschreitenden Europäischen Integration, mit der Partnerschaft mit Frankreich war dies gelungen.

Doch die Zeit stand nicht still. In Washington hatte ich erlebt, wie Kennedy mit seiner historischen Rede vom 10. Juni 1963 in der American University die politische Wende einleitete, die in die Entspannungspolitik einmündete. Er zog damit die Konsequenzen aus der Kuba-Krise, die als tödliche Gefahr empfunden worden war. Ich hatte dann erlebt, wie Johnson in einer großen außenpolitischen Rede am 7. Oktober 1966 die Prioritäten der westlichen Entspannungspolitik wie dargestellt neu definierte. Als handgreiflichen Beweis der neuen Linie hatte ich das Ringen um den Nichtverbreitungsvertrag aus nächster Nähe miterlebt. Meine Eindrücke in Bonn aber konnten nur bestätigen, dass die bisherigen Positionen der deutschen Politik nicht mehr zu halten waren. Wir liefen Gefahr, abgehängt zu werden und uns als ewige Bremser im Kreis unserer Bündnispartner zu isolieren.

Natürlich war das auch den bisherigen Bundesregierungen – der Regierung Kiesinger und erst recht der Großen Koalition Kiesinger/Brandt – nicht entgangen. Besonders die Außenminister Schröder und Brandt hatten versucht, die erstarrten deutschen Positionen aufzulockern. Aber diese Versuche hatten zu kurz gegriffen. Gebremst wurden sie vor allem durch die in der CDU verbreitete Sorge, die DDR international aufzuwerten, damit die deutsche Teilung zu zementieren und gegen das Wiedervereinigungsgebot des Grundgesetzes zu verstoßen. Auch eine Anerkennung der Oder-Neiße-Grenze vor einer in Freiheit vollzogenen Wiedervereinigung erschien inakzeptabel. Die CDU konnte sich daher nicht dazu verstehen, Moskau mehr anzubieten als einen Gewaltverzicht. Das aber wurde als unzureichend abgelehnt. Man beharrte auf einer völkerrechtlichen Anerkennung der Nachkriegsgrenzen einschließlich der innerdeutschen. Auch der Versuch der Bundesregierung, diplomatische Beziehungen zu den osteuropäischen Ländern gleichsam um die DDR herum herzustellen, scheiterte, oder – genauer gesagt – er gelang nur mit dem Rumänien Ceaucescus, des widerlichsten aller kommunistischen Machthaber.

Ein Kernstück der damaligen Deutschland- und Ostpolitik bildete die so genannte Hallstein-Doktrin. Sie stammte übrigens gar nicht von Hallstein, sondern von Wilhelm Grewe, einem ausgewiesenen Völkerrechtler und bekannten deutschen Diplomaten der Nachkriegszeit. Sie besagte, dass niemand gleichzeitig zu uns und zur DDR diplomatische Beziehungen unterhalten könne. Eine Ausnahme machten wir nur für die Sowjetunion als einer der vier für Deutschland als Ganzes und für Berlin verantwortlichen Mächte. Erkannte dagegen ein Drittland die DDR an, dann galt uns das als unfreundlicher Akt, und wir brachen unsererseits die diplomatischen Beziehungen ab. So waren wir etwa mit Belgrad verfahren. Eine andere Figur dieses Menuetts wurde in Helsinki praktiziert, wo beide deutschen Staaten präsent waren, aber nur auf der Ebene von Handelsvertretungen.

Aus Washington zurückgekehrt, konnte ich nun aus nächster Nähe beobachten, wie nach und nach ein immer größerer Teil unserer diplomatischen Energie und unseres internationalen good will durch diesen Abwehrkampf absorbiert wurde. Die ursprünglich aus guten politischen Gründen entwickelte Doktrin begann ihre Nützlichkeit einzubüßen und zu einer immer schwereren Hypothek zu werden.

Eine besondere Schwachstelle bildete die Weltgesundheitsorganisation, die mit einfacher Mehrheit über Neuaufnahmen entschied. Unsere Mehrheit gegen die Aufnahme der DDR schmolz von Jahr zu Jahr zusammen, und es ließ sich absehen, wann wir »in offener Feldschlacht« geschlagen werden würden.

Ernster noch war das langsame, aber unabwendbare Näherrücken einer »Gesamteuropäischen Sicherheitskonferenz«. Dies Projekt war seit dem Beginn der Ära Breschnew ein Lieblingskind der sowjetischen Diplomatie. Mit gelegentlichen Variationen verfolgte sie dabei zwei Hauptstoßrichtungen: die

Auflösung der »Militärblöcke«, das heißt praktisch der NATO, und die Anerkennung der in Europa bestehenden Grenzen, also der DDR, der Oder-Neiße-Linie und der Annexion der baltischen Staaten.

Die Atlantische Allianz hatte diese Initiative zunächst mit dem Gegenzug pariert, eine Konferenz über gegenseitige und ausgewogene Truppenverminderungen in Europa vorzuschlagen. Doch es ließ sich absehen, dass sie auch dem sowjetischen Konferenzvorschlag früher oder später näher treten würde. Deutschland hatte dabei alles Interesse daran, dass sich diese Konferenz nicht zu einer Art Ersatzfriedenskonferenz mit unkalkulierbaren Folgen auswuchs. Schon am 7. Mai 1969 hatte Außenminister Brandt deshalb in einer viel beachteten Rede deutlich gemacht, dass das innerdeutsche Verhältnis geklärt sein müsse, ehe es eine Sicherheitskonferenz geben könne.

Die neue Regierung, befreit von den verständlichen, aber zunehmend realitätsfernen Hemmungen der Opposition, hatte also allen Grund, ihre ostpolitische Wende ohne Verzögerung ins Werk zu setzen. Zuvor aber sah sie sich in ihrer Europa-Politik herausgefordert.

Willy Brandt hatte als Bundeskanzler die Villa auf dem Venusberg beibehalten, die ihm schon als Außenminister als Wohn- und Gästehaus gedient hatte. Eines Abends waren wir bei ihm zu Gast. Er setzte sich auf einmal neben mich und bemerkte fast beiläufig, ich möchte doch seine Erklärung für die bevorstehende Gipfelkonferenz in Den Haag vorbereiten. Er lege Wert darauf, eine Grundsatzerklärung zur deutschen Europapolitik abzugeben.

Dieser Auftrag freute mich aus zwei Gründen. Erstens, weil es ein Beweis von Vertrauen war. Das verstand sich nicht ganz von selbst. Brandt kannte mich zwar schon von mehreren Besuchen in Washington zwischen 1963 und 1968. Aber ich hatte mich im Falle Heinemann nicht sonderlich beliebt gemacht. In gewisser Weise hatte ich meinen Minister sogar desavouiert. Doch war es typisch für Willy Brandt, Meinungsverschiedenheiten nicht nachzutragen.

Ich habe ihm großen Respekt entgegengebracht. Ähnlich wie Konrad Adenauer, wenn auch in gänzlich anderer Art, beeindruckte er mich als ein sehr besonderer Mann, aber anders als Adenauer war Willy Brandt kein »Monument«, sondern ein in den Wechselfällen des Lebens gereifter, sehr komplexer Charakter. Er kannte Phasen des Abschwungs, wie ich sie Ende 1963 beobachten konnte, als ich ihn zur Beisetzung von John F. Kennedy in Washington am Flughafen abholte. Auch gegen Ende seiner Regierungszeit scheint er durch eine solche Phase gegangen zu sein. In Bonn erzählte man sich, dass er die Zügel schleifen ließ und den Streitereien in seinem Kabinett zusah, ohne einzugreifen. Vielleicht fühlte er sich auch der Bewältigung der ökonomischen Krise nicht gewachsen, die durch den ersten Ölpreisschock ausgelöst worden war. Brandt war ganz homo politicus; Finanz- und Wirtschaftspolitik lagen ihm eher fern.

Dann wiederum konnte er zur Hochform auflaufen, wie ich es auch selbst mehrfach erleben sollte: So war es während der Berlin-Krise 1961, beim Gipfeltreffen der EWG Ende 1969, überhaupt während der ersten Jahre der Kanzlerschaft, nicht zuletzt dann bei der Verteidigung der Ostverträge im Deutschen Bundestag.

Als Chef war Brandt ruhig und geduldig, tolerant und aufnahmebereit. Die oft umfangreichen Unterlagen, die man ihm für internationale Begegnungen vorbereitete, pflegte er sorgsam zu studieren. Selbst sprach er zumeist wenig, war eher in sich gekehrt. Eine Neigung zur Selbstdarstellung habe ich bei ihm nie wahrgenommen. Er hatte einen ausgeprägten Sinn für Humor und erzählte gern Witze – nicht immer hasenreine. Doch der eher läppische Ton, in dem Bonner Politiker sich gern anflachsten, lag ihm fern.

Willy Brandt war verletzbar, aber ich habe ihn nie aus der Rolle fallen sehen, geschweige denn »Brüllszenen« erlebt. Bei meinen zahlreichen dienstlichen Begegnungen mit ihm bin ich nur einmal gerüffelt worden. Es muss in der zweiten Hälfte des Jahres 1973 gewesen sein. Brandt war einer privaten Einladung in die USA gefolgt. Aber natürlich war es undenkbar, dass der deutsche Bundeskanzler nach Amerika kam, ohne im Weißen Haus empfangen zu werden. Von dort aber kam trotz all meines Drängens kein Termin, und so musste ich mit leeren

Händen nach New York fliegen, um den Kanzler auf dem Kennedy-Airport in Empfang zu nehmen. Die erste Frage, die er stellte, war natürlich die nach dem Termin beim Präsidenten. Ich musste bekennen, noch keinen zu haben. Die deutschen Korrespondenten, die uns umstanden, und Brandts Gefolge spitzten die Ohren. Und spürbar verärgert, aber ohne die Stimme zu erheben, sagte Brandt: »Wozu habe ich einen Botschafter in Washington, wenn er es nicht einmal fertig bringt, einen Termin im Weißen Haus zu bekommen?« Nun, im Laufe des Nachmittags wurde mir der Termin vom Weißen Haus durchgegeben – der falsche übrigens. Wie es sich zeigen sollte, war es der Termin, den man für den Präsidenten der Europäischen Kommission, François Xavier Ortoli, reserviert hatte. Doch der Fehler wurde korrigiert, und alles kam schließlich ins Lot. Am Ende des Tages aß Brandt dann mit seiner engsten Umgebung in einem chinesischen Restaurant zu Abend. Zum Abschluss gab es die üblichen cookies mit Sinnsprüchen darin. Meiner lautete: »There is no larger room in the world than the room for improvement.« Ich gab ihn Brandt, der lachte. Er konnte vergessen – wenn man ihn nicht persönlich gekränkt hatte.

Doch zurück zu meinem Auftrag: der Vorbereitung der Grundsatzerklärung für den europäischen Gipfel. Vor allem freute mich dabei, dass der Bundeskanzler erkennbar zur Europäischen Einigung stand. Er hat seine neue Ostpolitik auf dem Fundament der Westintegration aufgebaut, das Adenauer, sein großer Vorgänger, gelegt hatte. Davon hat er sich kein Jota abhandeln lassen. Das machte es zu einer wahren Freude, für diesen Mann zu arbeiten, vor allem aber war es für mich die Voraussetzung, die Verantwortung zu übernehmen, die mir bald darauf angetragen werden sollte.

In all meinen Berufsjahren habe ich an keiner Rede mit so viel Enthusiasmus gearbeitet wie an der Grundsatzerklärung von Willy Brandt für den Haag. Die Jahre im Dienst der Brüsseler Kommission waren für mich wie eine Offenbarung gewesen und sind es geblieben. Die Vorstellung, dass dieser alte, an Geschichte und Geist so reiche Kontinent nach Jahrhunderten von Spannungen, Rivalitäten und Kriegen zur Einheit finden sollte, begeisterte mich. Und nun war ich aufgerufen, an einem historischen Wendepunkt einen Beitrag zu leisten.

Zwischen Englands Drängen auf Beitritt und de Gaulles Versuchen, sie ihrer supranationalen Elemente zu entkleiden, war die Gemeinschaft jahrelang zermürbt worden. Ihr einziges substanzielles Gipfeltreffen hatte im Sommer 1961 in Bonn stattgefunden und jenen »Fouchet-Plan« hervorgebracht, an dem die Integration beinahe gescheitert wäre. Nun endlich wollte man einen neuen Anfang wagen. Zugleich galt es deutlich zu machen, dass die neue Ostpolitik der Regierung Brandt/Scheel keine Abkehr von der Politik der Europäischen Integration bedeutete.

Wie viel von meinem Entwurf nach endlosen »Abstimmungen« schließlich übrig blieb, weiß ich nicht mehr, vermutlich herzlich wenig. Dafür sorgte schon Katharina Focke, die beim Bundeskanzler ihres Amtes als Europa-Beauftragte waltete, eine ebenso intelligente wie willensstarke Dame und nicht weniger engagiert als ich selbst. Doch war es mir immerhin gelungen, einen Ausdruck zu prägen. Brandt sprach von der Gemeinschaft als von einer »exemplarischen Ordnung«. Das war meine Antwort an all jene – von Moskau bis London –, die nicht müde wurden, vor »Blockbildung« zu warnen. Es hat mich in meinem langen Berufsleben immer wieder erstaunt, wie leicht es unseren Gegnern oft wurde, Schlagworte zu ersinnen, sie negativ zu besetzen und als Keule zu verwenden. Der »große Lauschangriff« ist eines der besten Beispiele.

Vom Ablauf der Konferenz steht mir noch ein Abendessen im schönen Rittersaal des »Binnenhofs« vor Augen. Wir saßen an runden Tischen, und Königin Juliana ging von einem zum anderen, um sich jeweils kurz niederzulassen. Es war untersagt, bei ihrem Nahen aufzustehen. Auch erinnere ich mich daran, dass die Europäische Kommission erst zum zweiten Sitzungstag zugelassen war. Noch war die Gemeinschaft nicht aus dem Schatten des großen Charles de Gaulle herausgetreten!

Mit dem damals erstmals entwickelten Projekt einer Wirtschafts- und Währungsunion ist der Haager Gipfel am Ende gescheitert. Die Zeit war nicht reif, und bald sollte der erste

Ölpreisschock die Landschaft von Grund auf verändern. Doch wurde der Weg zu Beitrittsverhandlungen mit England, Irland, Dänemark und Norwegen frei gemacht und die Lähmung der Gemeinschaft damit immerhin teilweise behoben. Nicht zuletzt aber wurde der Grundstein zur »Europäischen Politischen Zusammenarbeit« gelegt. Bald sollte dieses Projekt auch mich persönlich herausfordern und in seinen Bann ziehen.

Politischer Direktor

Am 30. Juni 1970 trat Georg Ferdinand Duckwitz, der Staatssekretär des Auswärtigen Amts, in den Ruhestand. Zu seinem Nachfolger bestellte Außenminister Scheel Paul Frank. Dessen Nachfolger als Politischer Direktor sollte ich werden.

Irgendwie fügte es sich dabei – oder wurde gefügt –, dass gleichzeitig auch der andere Politische Direktor auf einen Botschafterposten überwechselte. So konnte Frank sich seinen Herzenswunsch gleichsam posthum erfüllen und beide Politischen Abteilungen in einer Hand vereinigen – der meinen. Einen verlockenderen Auftrag konnte sich niemand denken. Auch meine späteren Erfahrungen haben mir bestätigt, dass die Aufgabe des Politischen Direktors die schönste ist, die der Auswärtige Dienst zu vergeben hat. Gleichwohl zögerte ich, diesen Auftrag anzunehmen. Denn zunächst hatte ich noch Fragen zur neuen Ostpolitik.

Vor einer Entscheidung wollte ich deshalb zunächst die umfangreichen Berichte über die Verhandlungen einsehen, die Egon Bahr seit Jahresbeginn mit dem sowjetischen Außenminister Andrej Gromyko geführt hatte. Brandt und Scheel hatten keine Zeit verloren. Schon Ende 1969 waren Sondierungsgespräche mit dem sowjetischen Außenminister Andrej Gromyko eingeleitet worden. Beauftragt damit war zunächst unser Botschafter in Moskau, Helmut Allardt. Vielleicht war das ein Fehler, der mit der Qualifikation des gestandenen Diplomaten gar nichts zu tun hatte. Aber Gespräche auf dieser Ebene über Fragen von so vitaler Bedeutung für uns und von so großem Interesse für die Sowjetunion konnte nur jemand führen, der als enger Vertrauter des Bundeskanzlers bekannt und mit entsprechenden Vollmachten ausgestattet war. So wurde Allardt nach zwei Gesprächsrunden durch den Staatssekretär im Bundeskanzleramt, Egon Bahr, abgelöst, eine Kränkung, die man dem alten Diplomaten wohl hätte ersparen können. Leider war Allardt nicht der Mann, dergleichen kommentarlos wegzustecken.

Mit Egon Bahr nun trat ein Mann auf die Bühne, der alle Voraussetzungen für diese schwierigen und gefahrvollen Gespräche in sich vereinigte. Zu Brandt stand er seit ihren gemeinsamen Berliner Jahren in einem engen Vertrauensverhältnis. Als Planungschef des Auswärtigen Amts während der Jahre der Großen Koalition hatte er mit einem ausgesuchten Mitarbeiterstab umfangreiche konzeptionelle Vorarbeiten leisten können. Intellektuell war er glänzend ausgestattet, und von den Scheuklappen, die so vielen Bonner Politikern damals den Blick für die Wirklichkeit verstellten, war er frei.

Dennoch war meine Unsicherheit neben anderem auch in seiner Person begründet. Ich hielt Egon Bahr für einen Patrioten, der sein Land liebte und dessen Bestes wollte. Rückschauend wundere ich mich über die Unbedenklichkeit, mit der manche seiner Gegner diesem Mann den »procès d'intention« gemacht haben. Wir sprechen von einer Zeit, in der Tausende von Nuklearsprengköpfen auf deutschem Boden lagerten. Genügte nicht dieser Albtraum, um sich mit aller Kraft um Entspannung zu bemühen? Doch bei allem Verständnis für die Motive von Egon Bahr stand ich doch auch unter dem Eindruck, dass unsere Ansichten in zwei wichtigen Punkten auseinandergingen.

Seit meinen Jahren bei der Brüsseler Kommission war ich, wie schon gesagt, ein engagierter Europäer und ein treuer Gefolgsmann von Jean Monnet. Bahr aber schien mir eher den Vorstellungen de Gaulles von der Priorität des nationalen Interesses zuzuneigen. Aber schwerer noch wog das zweite Bedenken. Aufgrund meiner Herkunft und Erfahrung als Deutsch-Balte stand ich den Absichten und Methoden der sowjetischen Politik mit Zurückhaltung, ja Misstrauen gegenüber. Unser Verhältnis war seit 1945 kein symmetrisches mehr.

Russland konnte Deutschland bedrohen, Deutschland Russland jedoch nicht. Das konsequente Bemühen Brandts und nach ihm Schmidts und Kohls, beim Kreml um Vertrauen in die Zuverlässigkeit und Berechenbarkeit unserer Politik zu werben, erschien mir nur zu begründet, aber ich sah keinen Grund, warum wir Moskau Vertrauen entgegenbringen sollten. Zu oft, von der Berliner Blockade 1948 bis zum Prager Frühling 1968, hatten wir Erpressung und Aggression miterlebt oder angesehen. Aber dachte auch Bahr so?

Zu Recht oder Unrecht kam es mir vor, als stünde er in jener Tradition der deutschen Politik, die ungenau, aber plakativ mit Begriffen wie Tauroggen oder Rapallo umschrieben wird. Ich fragte mich also, ob er dem formidablen Partner im Osten nicht mehr traute, als dieser es verdiente. Voraussetzung dafür, mich in den Dienst der neuen Ostpolitik zu stellen, war aber, dass wir uns von der Westintegration, die Adenauer erreicht hatte, kein Jota abhandeln ließen, weder von ihrem »acquis« noch von ihren Zielen.

Natürlich gab es auch andere bedrängende Fragen. Würde unser Vorhaben sich im Einklang mit dem Wiedervereinigungsgebot des Grundgesetzes halten lassen? Dass es je zur Wiedervereinigung kommen würde, habe ich damals nicht geglaubt. Aber Respekt vor dem Grundgesetz hatte ich gelernt, und was immer wir vereinbaren mochten, es durfte nicht in Karlsruhe scheitern. Und schließlich gab es da noch die prekäre Frage der Oder-Neiße-Linie. Ich war immer davon überzeugt, dass sie unwiderruflich sei. Es gab auf der ganzen Welt buchstäblich niemanden, der deutsche Revisionsansprüche unterstützt oder überhaupt nur toleriert hätte. Auch hatte das größte »ethnic cleansing« der Geschichte hier Fakten geschaffen, die nicht mehr rückgängig zu machen waren. Doch von dieser Einsicht bis zur Bereitschaft, zwanzig Prozent des eigenen Bodens, des *patrimoine,* abzuschreiben, war es ein weiter Weg.

Inzwischen war das Ergebnis der Verhandlungen, das so genannte »Bahr-Papier«, der Presse durch eine unglaubliche Indiskretion zugespielt und veröffentlicht worden. Doch war damit ja nur die Außenseite des Geschehens bekannt geworden. Ich aber wollte den Verlauf der Gespräche im Einzelnen kennen lernen und blieb bei meiner Bitte. Scheel war souverän genug zuzustimmen.

So schloss ich mich über ein langes Wochenende mit einem Berg geheimer Akten ein und las und las – und war beeindruckt. Hier war, um ein Wort von Willy Brandt zu zitieren, nichts vergeben worden, was nicht längst verspielt gewesen wäre, und der Gesprächsführung von Bahr konnte man nur Respekt zollen. Fasziniert war ich besonders von dem Geschick, mit dem er es verstanden hatte, eine eigene Schwäche in Stärke umzusetzen. Die zentrale Forderung von Gromyko war nämlich, dass wir die in Europa als Folge des Zweiten Weltkriegs entstandene Lage völkerrechtlich anerkennen sollten, also insbesondere die DDR und die Oder-Neiße-Linie. Dem setzte Bahr ein »non possumus« entgegen, das sich als unüberwindlich erwies. Hier, so argumentierte er, sei unsere Souveränität durch die Siegermächte eingeschränkt. Die sowjetische Forderung richte sich auf Rechte, über die wir nicht verfügten. Es wäre uns gar nicht möglich, hier rechtswirksam zu handeln. Ich glaubte beim Lesen dieser Stelle förmlich zu spüren, wie Gromyko die Luft ausging.

Diese Lektüre half mir bei meiner Entscheidung. Gewiss, man würde im Einzelnen noch prüfen müssen, ob Nachbesserungen aus verfassungsrechtlichen Gründen erforderlich wären. Doch der Geist stimmte. Auf dieser Basis konnte ich die Mitverantwortung übernehmen.

Am 1. Juni 1970 wurde ich Direktor der Vereinigten politischen Abteilungen mit insgesamt achtzehn Referaten. Über Nacht sollte ich unsere Diplomatie in einem Feld koordinieren, das von San Francisco bis Wladiwostok und vom Nordkap bis zum Kap der Guten Hoffnung reichte und dazu die Atlantische Allianz, die Europäische Integration, die Vereinten Nationen und die Abrüstung umfasste. Zwar wurde mir ein »Stellvertretender Direktor« beigeordnet. Doch wie bedient man sich dessen zur Entlastung? Nicht nur das Beispiel des amerikanischen Vizepräsidenten lehrt, dass dies eine Quadratur des Kreises ist.

Auf dem Organisationsplan des Amts nahm die Kumulation meiner Zuständigkeiten abenteuerliche Formen an. Auf ihm waren die Abteilungen unter der Ebene des Ministers und der Staatssekretäre säulenförmig nebeneinander angeordnet. Größere Abteilungen hatten zwei Säulen, kleinere deren eine. Meine aber erstreckte sich nun über mehr als die halbe Breite des Plans, ein Anblick, an dem Kollegen keine Freude haben. Ein Freund aus der amerikanischen Botschaft sagte mir damals: »Berndt, what happened? Who did what to whom?«

Doch ehe ich mich mit den praktischen Folgen dieser Ordnung der Dinge auseinander setzte, musste ich eine Erfahrung machen, an die ich heute noch mit Unbehagen zurückdenke. Mein Ehrgeiz, den ich nicht leugnen kann, ist eher von der passiven Art. Sein Antrieb ist weniger der Wille, mich durchzuboxen, als die Sorge, es nicht gut genug zu machen. Jetzt aber begann ich insgeheim einen Größenwahn zu entwickeln. Wenn ich in meinem Dienstwagen mit eigenem Fahrer durch die Gegend fuhr, bildete ich mir plötzlich ein, ein mächtiger Mann zu sein. Dabei hätte ich wissen müssen, dass es seit den Tagen des Geheimrats von Holstein unseligen Angedenkens keinen »mächtigen« Direktor der Politischen Abteilung mehr gab – und auch nicht mehr geben konnte.

Ich glaube, es ist Gogol, der einer seiner Novellen den Titel gegeben hat »Der Traum eines lächerlichen Menschen«. Wie dem auch sei, der meine verflog bald. Die gestellte Aufgabe erwies sich als unlösbar. Und so verständigte ich mich mit meinem Stellvertreter, Walter Gehlhoff, dass er einen Teil der Abteilung praktisch in eigener Regie führen sollte. Dem hellwachen Paul Frank entging das natürlich nicht. »Sie haben die Abteilung ja schon wieder geteilt«, meinte er vorwurfsvoll. Ich konnte es nicht leugnen. Aber diesmal, so rechtfertigte ich mich, sei auf vernünftige Weise geteilt worden, Gehlhoff habe Afrika, Asien, Lateinamerika und den Nahen Osten übernommen, dazu die Vereinten Nationen. Europa, West wie Ost, Nordamerika, die Europäische Integration, die NATO und die Abrüstung blieben bei mir. Reibungen werde es künftig nicht geben. Und so war es dann auch.

Die erste Aufgabe, die sich mir am 1. Juli stellte, war die Übernahme des Vorsitzes in einem Ausschuss der Politischen

Direktoren der Außenämter der sechs damaligen Mitgliedstaaten der EWG. Der Gipfel in den Haag hatte ja beschlossen, eine engere politische Zusammenarbeit der Regierungen
in die Wege zu leiten. Die Außenminister ihrerseits hatten
den Ausschuss der Direktoren eingesetzt, um einen Bericht
mit Vorschlägen für die Organisation der Zusammenarbeit
und ihre möglichen Themen auszuarbeiten. Er hatte seine Beratungen im März aufgenommen, sollte seinen Bericht bis Juli
vorlegen und tagte unter dem Vorsitz des Generaldirektors der
Politischen Abteilung im belgischen Außenministerium, Vicomte Etienne Davignon. Am 1. Juli ging die Präsidentschaft
von Belgien an uns über, der Bericht aber war noch nicht abgeschlossen, und es war an mir, den Vorsitz zu übernehmen.

Mir schien das aber keine gute Idee zu sein. Als der im
Auswärtigen Amt zuständige Unterabteilungsleiter hatte ich
zwar Gelegenheit gehabt, mich mit der Materie vertraut zu
machen, aber bis auf Beaumarchais kannte ich die Kollegen
aus den anderen Außenämtern kaum. Vor allem aber hielt ich
es für einen Fehler, dem sehr effizienten Davignon die Chance zu nehmen, den Bericht, dem ja einige Bedeutung zukam,
unter seinem Namen herauszubringen. Deshalb schlug ich
Scheel vor, den Vorsitz auf meiner Ebene bis zur Verabschiedung des Berichts bei Davignon zu belassen, natürlich nicht
auf der Ebene der Außenminister. Das war ungewöhnlich,
aber Scheel, ein souveräner Geist, stimmte zu. So wurde der
Bericht zum »Rapport Davignon«, und das war gut so. Ich
aber konnte mich auf das wichtigste Geschäft konzentrieren,
das wir vor uns hatten, auf die Abschlussverhandlungen über
einen deutsch-sowjetischen Vertrag. Sie sollten schon Ende
Juli in Moskau auf Ministerebene stattfinden.

Unter Vorsitz von Walter Scheel traf sich im Bundeskanzleramt ein Kreis enger Mitarbeiter von Brandt und Scheel mit
ausgewiesenen Staats- und Völkerrechtlern zu langen Beratungen, in deren Verlauf geprüft werden sollte, ob Nachbesserungen am »Bahr-Papier« erforderlich wären. Hier konnte ich
Walter Scheel zum ersten Mal aus nächster Nähe beobachten.

Die Rolle, die Scheel in der deutschen Nachkriegspolitik
gespielt hat, ist meiner Meinung nach nicht hinreichend ge-

würdigt worden. Der Jahreswechsel 1969/70 bezeichnet eine kopernikanische Wende in der deutschen Ostpolitik. Sie wird vor allem mit dem Namen Brandt verbunden, und das mit Recht. Aber ohne Scheel wäre sie nicht möglich gewesen. Das war in den Jahren der Großen Koalition sehr deutlich geworden. Die CDU hatte sich aus respektablen Gründen noch nicht dazu durchringen können, die unausweichliche Wende zu vollziehen. Dazu bedurfte es eines Regierungswechsels, für den nur eine Koalition der SPD mit der FDP zur Verfügung stand. Für sie hat Walter Scheel sich entschieden. Das verlangte von ihm großen Mut. Denn er war es, der parteipolitisch das Risiko trug, nicht Brandt.

Monate später sollte ich den Beweis dafür erhalten. Wir waren zu den Abschlussverhandlungen des deutsch-polnischen Vertrags in Warschau. Mitten in diese Verhandlungen, nämlich auf den 6. November 1970, fielen die hessischen Landtagswahlen, die als Testfall für die Überlebensfähigkeit der FDP betrachtet wurden. Sie bestand ihn, mit knapp über zehn Prozent. Scheel hatte an diesem Tag Krakau besucht. Als er abends zurückkehrte, war er zutiefst erleichtert. Er habe lange gewusst, sagte er, dass diese Wende notwendig sei. Aber er habe die große Sorge gehabt, dass der Faden auf dem Weg abreißen könnte. Heute sei bewiesen worden, dass er hielte.

Ich habe mit meinen Chefs Glück gehabt. Von einer eher belanglosen Ausnahme abgesehen, bin ich gut mit ihnen gefahren. Aber die Zusammenarbeit mit Scheel hat mir wirklich Freude gemacht. Er war kein Mann der Akten. Aber sein scharfer Verstand ließ ihn Sachfragen und Menschen blitzschnell erfassen und richtig einschätzen. Er war auch bereit, Rat zu hören, und zwar nicht nur im ersten Jahr seiner Amtsführung. Als Politischer Direktor habe ich mit ihm an zahlreichen internationalen Begegnungen und Verhandlungen teilgenommen. Man konnte ihm kleine Zettel zureichen, auf die zunächst keine erkennbare Reaktion erfolgte. Doch nach einigen Minuten merkte man, ob der Hinweis akzeptiert oder verworfen worden war. Als Unterhändler war Scheel geschmeidig, doch wenn nötig hart, geschickt auf eine zuweilen fast tänzerische Art.

Im Gedächtnis der Öffentlichkeit ist von diesem Mann vor allem das Lied vom »Gelben Wagen« in Erinnerung geblieben, das er mit seiner Tenorstimme zu wohltätigen Zwecken erklingen ließ. Aber das ist nur die eine Seite. Hinter der »rheinischen Frohnatur« verbargen sich auch Distanz und Kühle. Scheel flachste nie, aber scherzte gern. Wer jedoch die Distanz nicht wahrte, tat es zum eigenen Schaden. Nur engsten Vertrauten war ein familiärer Ton gestattet.

Man kann seiner Persönlichkeit nur gerecht werden, wenn man im Auge behält, dass er im Zweiten Weltkrieg Nachtjäger gewesen war. Kein Mann meiner Generation sollte den Krieg glorifizieren. Aber die sich darin bewährt haben, hat er dennoch geprägt. Männern wie Helmut Schmidt und Walter Scheel – oder in ganz anderer Weise Willy Brandt – ist nicht gerecht zu werden, wenn man sich ihre Kriegsjahre nicht vor Augen hält.

Alles, was Walter Scheel an Kraft und Geschick besaß, sollte er im Sommer 1970 brauchen. Denn die Prüfung des Bahr-Papiers ergab, dass eine Anzahl von Nachbesserungen aus verfassungsrechtlichen Gründen unerlässlich war. Im Kern ging es darum, nicht in Widerspruch zum Wiedervereinigungsgebot des Grundgesetzes zu geraten. Praktisch bedeutete das, mehr zu geben, als die Große Koalition Moskau erfolglos angeboten hatte, und den Rahmen des »Gewaltverzichts« dennoch zu wahren. Der Nachbesserungsbedarf gab Anlass zur Sorge. Die Vorverhandlungen waren mit dem sowjetischen Außenminister in Person geführt worden, also auf der höchstmöglichen Ebene. Ihre Ergebnisse aber waren an die Öffentlichkeit gelangt. Damit waren sie für Gromyko zu einer Prestigefrage geworden. Er war jetzt dreizehn Jahre Außenminister, und sein politisches Eigengewicht war in diesen Jahren gewachsen. Aber Mitglied des Politbüros war er damals noch nicht. Jede von uns durchgesetzte Nachbesserung ließ sich am veröffentlichten Text messen und musste als eine Niederlage, zumindest als ein Nachgeben Gromykos erscheinen. Wer immer den Text den Medien zugespielt hatte – und vermutlich meinte, patriotisch zu handeln –, hatte in Wirklichkeit Verrat begangen. Denn es gab keinen Weg zurück, ohne für Deutschland ein diplomatisches Trümmerfeld zu hinterlassen. Man musste »durch«, unter unglaublich erschwerten Vorbedingungen.

Angesichts dieser Umstände konnte man sich fragen, ob es nicht überhaupt ein zu großes Risiko gewesen war, schon die Vorverhandlungen auf der höchsten Ebene zu führen. Doch eine Wahl hatte es wohl nicht gegeben. So wie die Herrschaft der KPdSU in Russland nun einmal strukturiert war, hätten Gespräche von solcher Bedeutung unterhalb dieser Ebene vermutlich zu keinem Ergebnis geführt.

Moskau und Warschau

So zogen Scheel und seine Mannen – außer Bahr und Frank vor allem die Völkerrechtler Jochen Frowein und Dedo von Schenck – am 26. Juli mit schwerem Gepäck nach Moskau. Auch ich war mit von der Partie. Am nächsten Tag, dem 17. Juli, traten wir im Gästehaus des sowjetischen Außenministeriums, der »Spiridonowka«, dem formidablen Andrej Andrejewitsch Gromyko gegenüber.

Ich bin diesem Mann, der insgesamt 28 Jahre lang Außenminister gewesen ist und den Kalten Krieg ebenso verkörpert hat wie die beginnende Entspannung, immer wieder begegnet, damals gleich an zwölf aufeinander folgenden Tagen.

In den frühen sechziger Jahren war eine Anekdote im Umlauf, nach der de Gaulle und Chruschtschow sich über ihre Außenminister unterhalten hätten. »Wenn ich Couve befehle, sich auf einen Eisblock zu setzen«, so de Gaulle, »dann bleibt er darauf sitzen, bis der Block geschmolzen ist.« – »Das ist gar nichts«, erwidert Chruschtschow, »wenn ich Gromyko auf einem Eisblock sitzen lasse, dann schmilzt das Eis nicht einmal.«

Diese Geschichte charakterisiert trefflich die eiserne Konsequenz und Unerbittlichkeit, mit der Gromyko die Politik der sowjetischen Führung vertrat. Er war vielleicht keine besonders beeindruckende Persönlichkeit, aber fraglos ein hochbegabter Mann. Mit seinem charakteristischen schiefen Mund und der knolligen Nase war er hässlich auf eine anziehende Art. Zumeist schaute er sauertöpfisch drein. Gelegentlich aber wandelten sich seine Züge, die beweglich waren wie die eines Clowns, blitzartig, und ein Lächeln erschien darauf, das ihnen unerwarteten Charme verlieh. Er konnte auch scherzen, doch wirkte das eher aufgesetzt, wie eine diplomatische Pflichtübung. Nicht zuletzt dank seiner langjährigen Erfahrung zeigte er sich unerhört routiniert. Beeindruckend waren seine Geistesgegenwart und Schlagfertigkeit, der Wechsel von humorvoller Liebenswürdigkeit zu schneidender Schärfe. Nicht zuletzt hatte ich den Eindruck, dass dieser Mann kein Wort sagte, das er nicht sagen wollte, dass er nichts einräumte, was nicht einzuräumen seine Absicht war, dass er sich nichts vergab. Er beherrschte seine eigene Verhandlungsführung vollkommen.

Wie viele Vertreter der russischen intellektuellen Elite hatte Gromyko ein feines Gefühl für persönliche Würde und von daher viel persönlichen Takt. Zugleich aber verstand er es meisterhaft, seinen Gesprächspartner das Gewicht der Weltmacht spüren zu lassen, die er repräsentierte.

Ein Jahr später, um dies vorwegzunehmen, begann ich ihn und seine Generation besser zu verstehen. Meine Frau und ich begleiteten das Ehepaar Scheel im November 1971 bei einem Besuch in der Sowjetunion. Dabei machte Frau Gromyko die ungewöhnliche Geste, die beiden deutschen Damen in ihre Privatwohnung einzuladen. Als mir meine Frau später die Bescheidenheit des Domizils und die Photographien der Familie schilderte, die zeigten, dass Gromyko als Sohn eines Streckenarbeiters der russischen Bahn in Weißrussland aufgewachsen war, wurde mir schlagartig klar, dass diese Funkionärselite der Revolution buchstäblich alles verdankte. Im Zarenreich, anders als etwa in den USA, hätte sie nie die Chance gehabt, bis an die Spitze von Staat und Gesellschaft aufzusteigen. Natürlich glaubten diese Männer an ihre Revolution. Natürlich hielten sie sie hoch und waren bereit, ihre Errungenschaften mit Zähnen und Klauen zu verteidigen. Und dies erst recht nach dem deutschen Überfall von 1941.

Und natürlich waren sich die Angehörigen dieser Schicht des verständlichen, aber in seiner Emotionalität oft irrationalen Antikommunismus in den Ländern des Westens bewusst und reagierten darauf mit einem abgrundtiefen Misstrauen gegenüber dem »internationalen Klassenfeind«. Es spricht gerade deshalb für die schon erwähnte Qualität amerikanischer Ostexperten der alten Schule – der Kennan, Harriman, Bohlen, Thompson –, dass sie die Gefährlichkeit dieser Gegner erkannten, ohne sie doch zu dämonisieren.

Im persönlichen Bereich war die Generation der Söhne der Revolution – Töchter gab es deren kaum – eher bescheiden. Und in ihrer Mehrheit war sie wohl auch nicht persönlich korrupt – wenngleich, etwa in der Gesundheitsfürsorge, deutlich privilegiert.

Gromyko hat im Verlaufe unserer langwierigen und schwierigen Gespräche alle Register gezogen und uns mitunter auch das volle Gewicht der Weltmacht spüren lassen. Scheel reagierte vor allem in den besonders schwierigen ersten Tagen unerschrocken, flexibel und schlagfertig. Zugleich aber war klar – ich jedenfalls glaubte das ganz deutlich zu spüren –, dass auch der Mut des »Nachtjägers« nicht ausgereicht hätte, die Balance zu halten, wenn er sich nicht sicher gewesen wäre, die westlichen Verbündeten hinter sich zu haben. Dass wir uns in dieser schwierigen Konstellation behaupten konnten, bestätigte mir, dass es zu Adenauers Politik der festen Verankerung unseres Landes im Westen keine verantwortbare Alternative gegeben hatte.

Für die eigentlichen Sachverhandlungen setzten die Minister, guter diplomatischer Übung folgend, eine Arbeitsgruppe ein. Auf deutscher Seite saß ihr Paul Frank vor, auf sowjetischer der Leiter der Deutschlandabteilung im Außenministerium, Valentin Falin.

Falin gehörte zu denen, die ich die »deutsche Familie« nennen würde, sowjetischen Diplomaten, die ihr ganzes Berufsleben lang mit Deutschland befasst waren. Die Praxis, solche »Familien« zu bilden, war eine Stärke der sowjetischen Diplomatie. Sie verfügte damit über Spezialisten, die ihren Gegenstand bis ins Detail kannten, mit der Geschichte der wechselseitigen Beziehungen vertraut waren und dazu die Sprache des Partners beherrschten. Diesen sehr gewichtigen Vorteilen stand allenfalls die Gefahr gegenüber, zu sehr in eingefahrenen Gleisen zu denken. Angesichts der besonderen Struktur des sowjetischen Systems allerdings war es schwer, das sicher zu beurteilen. Jeder einzelne Vertreter der sowjetischen Diplomatie vertrat die ihm vorgegebene Linie mit unerschütterlicher Sturheit. Über eigenen Entscheidungsspielraum verfügten auch die leitenden Funktionäre nicht. Nahm die oberste Führung eine Korrektur vor, dann folgten alle so abrupt wie ein Fischschwarm. Inwieweit andererseits solche Korrekturen auf Vorschlägen der Experten beruhten, ließ sich nie ausmachen.

Zur Zeit unserer Verhandlungen war Falin der Senior der »deutschen Familie«. Der hochgewachsene, schlanke Mann mit dem schmalen bleichen Gesicht, tiefliegenden Augen und einer dunklen Stirnlocke erinnerte mich an eine Gestalt aus den Petersburger Romanen Dostojewskis. Er war hochintelligent und gab sich urban. Dabei blieb er für mich undurchsichtig, und ich wurde mir nie darüber schlüssig, wie er eigentlich zu uns stand. Möglicherweise gehörte er zu jenen Russen, die unsere klassische Literatur zu schätzen wissen, uns emotional aber mit Vorbehalten gegenüberstehen. Die große russische Literatur des 19. Jahrhunderts ist voll von Beispielen einer solchen Einstellung.

Falin und Frank, der sich schlug wie ein Löwe, zeigten sich in dem langen zähen Ringen, das nun folgte, als ebenbürtige Gegner. Am Ende konnten wir die wesentlichen Nachbesserungen durchsetzen, deren es bedurfte, um den verfassungsrechtlichen Rahmen einzuhalten und unser Recht auf Wiedervereinigung und auf unsere Wiedervereinigungspolitik zu wahren. Was wir zustande brachten, war – um mit Paul Frank zu sprechen – ein »qualifizierter Gewaltverzicht auf der Grundlage des Status quo, ein Modus vivendi«.

Das alles ist heute Geschichte. Unauslöschlich in der Erinnerung geblieben aber ist mir eine Bemerkung, die Falin gleich zu Anfang machte. »Die Atmosphäre des Misstrauens ist in diesem Raum so dicht«, sagte er, »dass man sie mit dem Messer schneiden könnte.« So war es in der Tat, und meinem Eindruck nach empfanden es beide Seiten, die deutsche aber noch mehr als die sowjetische. Für mich lag das daran, dass wir uns bewusst waren, die Schwächeren zu sein. Einige Monate später, in Warschau, war es genau umgekehrt.

Moskau hatte sich seit 1957, als ich mich einige Monate dort aufhielt, nicht allzu sehr verändert. Nur schienen mir die Leute auf den Straßen und in den Parks schlanker, schmalgesichtiger. Es war die zweite oder dritte Stadtgeneration. Völlig gleich geblieben war die allgegenwärtige Bespitzelung, eine alte russische Staatstradition, die das sowjetische Regime zur Perfektion entwickelt hatte. Offen miteinander reden konnte man wieder nur in der elektronisch gesicherten Kabine in der Botschaft. Paul Frank entdeckte sogar die Kabel der Abhöranlage im Garten des Gästehauses, in dem wir untergebracht waren. In seinen Erinnerungen schildert er, wie er sich laut darüber beklagt, dass es zum Frühstück keinen Kaviar gibt. Kein dienstbarer Geist ist anwesend. Doch schon nach wenigen Minuten erscheint jemand mit dem Gewünschten. Scheel erzählte Gromyko eines Morgens, dass er am Vorabend bis in die Nacht hinein im Gästehaus Billard gespielt habe. Ja, das habe er gehört, entgegnete Gromyko. In der »Spiridonowka« vergreift Scheel sich in der Tür, und was tönt ihm unverhofft entgegen: seine eigene Stimme!

Noch an unserem letzten Abend spielte dieses Problem eine Rolle. Scheel hatte Gromyko und die Seinen zu einem Abschiedsmahl in das Gästehaus geladen. Bei dieser Gelegenheit wollte er seinem sowjetischen Kollegen gegenüber eine »Berlin-Erklärung« abgeben. Über Berlin zu verhandeln war uns verwehrt, denn das war ein Privileg der »Siegermächte«. Doch gerade um die Wahrung der alliierten Mächte sicher zu stellen und vor allem um klar zu machen, dass der Vertrag im Deutschen Bundestag nicht zur Ratifikation eingebracht würde, ehe den ewigen Spannungen um Berlin durch ein Viermächteabkommen ein Ende gesetzt wurde, war eine solche Erklärung unerlässlich. Sie konnte schon aus Gründen, die in der Logik der Verhandlungen lagen, erst abgegeben werden, nachdem alle anderen Fragen geklärt waren.

Es ließ sich natürlich absehen, dass es nicht leicht sein würde, dem sowjetischen Außenminister eine solche Bedingung schmackhaft zu machen. So versammelte Scheel kurz vor dem Abendessen seine Getreuen um sich, um mit ihnen über das geeignete Szenario für diese heikle Operation zu beraten. Als er begann, seine taktischen Vorstellungen zu entwickeln, wurde ich unruhig. »Sie werden abgehört. Herr Minister«, warf ich ein. Scheel blickte ungerührt auf seine Uhr. »In 45 Minuten ist Gromyko hier«, meinte er. »So schnell arbeiten selbst die Sowjets nicht.«

Gromyko kam und stellte sich – wieder sehr sowjetisch – zunächst taub. Erst als Scheel die Erklärung wiederholte, bequemte sich Gromyko dazu, sie kommentarlos zur Kenntnis zu nehmen.

Ähnlich ging es mit dem »Brief zur deutschen Einheit«. Wir mussten sicher stellen, dass unsere Wiedervereinigungspolitik nicht als vertragswidrig angesehen würde. Dazu sollte der deutsche Außenminister seinem sowjetischen Kollegen einen »Brief zur deutschen Einheit« am Tag der Vertragsunterzeichnung zustellen. Nach zähem Ringen wurde erreicht, dass wir ihn auf der Eingangsstelle im sowjetischen Außenministerium einem nachgeordneten Beamten übergeben konnten, der ihn, und darauf kam es an, widerspruchslos in Empfang nahm.

Während der ganzen Verhandlungen war Egon Bahr immer wieder seine eigenen Wege gegangen und hatte seinen »Draht« zur sowjetischen Leitung, sprich zum Politbüro beziehungsweise dem Generalsekretär, genutzt. Von diesen Fischzügen brachte er nützliche Hinweise mit.

In seinen Erinnerungen beschreibt Bahr diese Verbindung eingehend und macht deutlich, dass sie, vor allem in schwierigen Situationen, oft hilfreich gewesen sei. Ich bin da eher skeptisch, als Berufsdiplomat aber möglicherweise auch voreingenommen. Nicht selten neigen gerade bedeutende Außenpolitiker dazu, die diplomatische »Bürokratie« möglichst zu ecartieren. Das beruht weitgehend auf einem Missverständnis. Eine qualifizierte Berufsdiplomatie ist wie ein gut zugerittenes Pferd, das auf Schenkeldruck reagiert. Klassisches Beispiel dafür ist der hervorragend geschulte, hochprofessionelle britische Auswärtige Dienst. Erst wenn man zulässt, dass Parteipolitik in die Reihen der Diplomaten eindringt, gibt es »Nebenluft«, die bis zur Illoyalität reichen kann – und das Misstrauen erweist sich dann als »selffulfilling prophecy«. Bei einem hermetisch abgeschlossenen und darüber hinaus notorisch verlogenen System, wie das sowjetische es war, haben solche »Drähte« sicher ihren Nutzen. Aber zugleich sind sie immer ein Instrument der Manipulation.

Jahre später, als Botschafter in Washington, unterhielt ich eine nicht häufige, aber regelmäßige Verbindung zu meinem sowjetischen Kollegen Anatolij Dobrynin, der sich zuweilen mit beachtlicher »Offenheit« über Meinungsunterschiede innerhalb der Kremlführung äußerte. Er habe Mühe, seinen amerikanischen Freunden verständlich zu machen, wie schwer es ihm oft sei, realistisch zu berichten. Es gäbe im Kreml eben Tauben und Falken, und die Letzteren würden ihm vorwerfen, er ließe sich von den Amerikanern hinters Licht führen und über den Tisch ziehen.

Ich war von so viel »Offenheit« zunächst beeindruckt. Vertreter solcher Regime haben es ja eigentlich leicht. Sie brauchen nur ein bisschen Entgegenkommen zu zeigen, um ihre Gesprächspartner in freudige Überraschung zu versetzen. Später aber begriff ich, dass ich manipuliert worden war. Die Botschaft war klar: Sag deinen amerikanischen Freunden, dass sie mehr Entgegenkommen zeigen sollen, um den Tauben in Moskau zu helfen. Es ist eine Mixtur aus Manipulation und Wahrheit, die sich oft nur schwer entschlüsseln lässt. Was mir hätte auffallen sollen, war, dass Dobrynin von Meinungsverschiedenheiten redete, ohne je Namen zu nennen.

In einem aber hat Bahr sich meiner Überzeugung nach getäuscht, darin nämlich, dass sein »Draht« am sowjetischen Außenminister vorbei oder über dessen Kopf hinweg ging. Mir erschien das von Anfang an als höchst unwahrscheinlich. Zum einen war der Generalsekretär, Leonid Breschnew, von außenpolitischen Mitarbeitern umgeben, die selbst aus dem Außenministerium stammten. Freilich, wer das Bundeskanzleramt und das Weiße Haus kennt, weiß, dass dies den Versuch, den Außenminister und sein Amt zu umgehen, nicht unbedingt ausschließt. Aber das Gewicht von Gromyko im Parteiapparat nahm stetig zu, während die Gesundheit von Breschnew nachließ. Für mich war es daher schwer vorstellbar, dass man Gromyko umgehen konnte, und vollends undenkbar war dies, nachdem er Anfang der siebziger Jahre erst Kandidat und dann, ab 1973, Vollmitglied des Politbüros geworden war.

Drei Monate später folgten die Abschlussverhandlungen zum deutsch-polnischen Vertrag, zu denen sich wieder Scheel persönlich nach Warschau begab, begleitet von einer Delegation, die ähnlich zusammengesetzt war wie die in Moskau.

Hier handelte es sich um einen Vertrag anderer Qualität als in Moskau. Hier ging es nicht um einen »Modus-vivendi-Vertrag«; mir war vielmehr klar, dass wir de facto einen Grenzvertrag abschließen würden, mit dem der Verlust von einem Fünftel des deutschen Territoriums besiegelt wäre. Die Bedeutung des Ausgleichs mit Polen leuchtete mir damals ein, die volle Bedeutung unseres Verzichts nicht.

Seit dem Tode von August III. von Sachsen-Polen im Jahre 1763 hatte das deutsch-polnische Verhältnis unter einem schlechten Stern gestanden. Die durch ihren Adel ruinierte Republik war kein funktionierendes Gemeinwesen mehr. Obwohl Polen im Siebenjährigen Krieg neutral geblieben war, hatte Friedrich der Große erleben müssen, dass die russischen Heere über polnisches Territorium bis Berlin vorstoßen konnten. So war es wohl nicht ganz unverständlich, dass er der von seinem Bruder Heinrich initiierten ersten polnischen Teilung zustimmte. Sie entfernte die Grenze von Berlin und schlug eine Landbrücke nach Ostpreußen. Ob Friedrich bereit gewesen wäre, den hohen Preis zu zahlen, den sein Nachfolger mit der zweiten und dritten polnischen Teilung in Kauf nahm, ist eine andere Frage. Vielleicht erschien die Herstellung einer gemeinsamen Grenze mit Russland zunächst risikolos. Dafür sorgten die engen dynastischen Bande der Romanows mit deutschen Fürstenhäusern, zumal den Württembergern und dann den Hohenzollern. Doch mit dem Aufkommen des Nationalismus verlor diese Verwandtschaft im Laufe des 19. Jahrhunderts ihre Bindekraft. Nicht umsonst litt Bismarck an seinem »cauchemar des coalitions«, an dessen Ende der Erste Weltkrieg stand.

Zu den wenigen für Deutschland positiven Ergebnissen der Niederlage von 1918 hatte die Wiederherstellung Polens gehört. Der neue Staat war schwach, aber entwicklungsfähig. Er hatte die Dimension einer mittleren Macht, und wirtschaftlich ergänzte er sich hervorragend mit dem Deutschen Reich. Eine Symbiose beider Länder hätte Europa für unabsehbare Zeit gegenüber der bolschewistischen Gefahr abschirmen können.

Und wieder versagte die deutsche Politik. Weimar war zu schwach, um den Verzicht auf Posen und Westpreußen, alte polnische Territorien, innenpolitisch durchzusetzen. Und Hitler war nicht nur ein Verbrecher, sondern auch ein katastrophaler Außenpolitiker. Statt ein festes Bündnis mit Warschau einzugehen, beging er die politische Todsünde der vierten polnischen Teilung und damit der Herstellung einer gemeinsamen Grenze mit der Sowjetunion.

Nach dem Zweiten Weltkrieg erwuchs wieder eine Chance, wenn auch unter radikal verschlechterten Vorzeichen. Immerhin hatten schon der Rapacki-Plan und der so genannte »polnische Oktober« von 1956 gezeigt, dass die Polen sich auch als Satellit Moskaus ein begrenztes Eigengewicht zu erhalten wussten. Dieses Eigengewicht im Rahmen des Warschauer Pakts zu fördern entsprach einem wichtigen deutschen Interesse. Keine anderen Völker in Europa mussten so sehr fürchten, im Falle eines neuerlichen Krieges buchstäblich ausgelöscht zu werden, wie die Deutschen und die Polen. Das habe ich 1970 so gesehen.

Demgegenüber habe ich den Wert unserer Unterschrift unter einen Grenzvertrag mit Polen nicht richtig eingeschätzt, und ich war sicher nicht der Einzige, dem es so ging. Wie ich schon sagte, konnte niemand im Ernst an der Endgültigkeit der Oder-Neiße-Grenze zweifeln. Aber daraus den Schluss zu ziehen, dass unsere Unterschrift nur begrenzten Wert habe, war falsch. Wie weit diese Auffassung damals verbreitet war, wird an einem Artikel deutlich, mit dem Wolfgang Wagner den Warschauer Vertrag im Europa Archiv (23/70) gewürdigt hat. In seiner im Übrigen meisterhaften Analyse meint er, nicht die Grenzfrage sei für Gomulka das entscheidende Motiv für den Vertrag gewesen, sondern der Wunsch, engere Beziehungen zu Westeuropa zu gewinnen. Ich glaube rückschauend, dass dies eine Fehleinschätzung war. Schon das Drängen Moskaus auf eine europäische Sicherheitskonferenz, eine Art Ersatzfriedenskonferenz zur Sanktionierung des durch den Zweiten Weltkrieg entstandenen Status quo, hätte uns belehren sollen, welchen Wert der Osten einem Schlussstrich unter die Grenzfrage beimaß.

All dies erscheint heute als ferne Vergangenheit. Damals aber sollte es eine nicht unerhebliche Rolle spielen. Wir hatten nämlich Polen gegenüber nur eine einzige echte Gegenforderung, und das war die Zulassung der Auswanderung jener noch in Polen lebenden Deutschen, die zu uns kommen wollten. Dem Deutschen Roten Kreuz lagen damals etwa 100 000 Anträge vor. In Wahrheit lag die Zahl der Ausreisewilligen, wie sich später erweisen sollte, um ein Mehrfaches höher. Wir haben in dieser Frage 1970 nur sehr wenig erreicht, und ich frage mich, ob das nicht vor allem daran lag, dass wir das, was wir selbst zu bieten hatten, weit unterschätzten. Die Vorverhandlungen waren auf deutscher Seite vom Staatssekretär des Auswärtigen Amts, von Georg Ferdinand Duckwitz, geführt worden, dem auf polnischer Seite der Stellvertretende Außenminister Josef Winiewicz gegenüberstand, ein kluger, etwas ölig wirkender Herr, der sehr gut Deutsch sprach.

Ähnlich wie die Russen 1957/58 taten sich die Polen mit der so genannten »Familienzusammenführung«, also mit der Frage der ausreisewilligen Deutschen, außerordentlich schwer. Die Gründe waren vielschichtig. Schon 1945/47 hatte man die oberschlesischen Bergarbeiter von der Vertreibung ausgenommen, ja sie an der Auswanderung gehindert. Man brauchte sie aus wirtschaftlichen Gründen. Daran hatte sich nichts geändert. Ferner spielten wohl auch ideologische Gründe eine Rolle. Die kommunistische Partei scheute sich wohl einzugestehen, dass es Menschen gab, die dem Paradies der Arbeiter und Bauern den Rücken kehren wollten.

Vor allem aber weigerte sich die polnische Seite zuzugeben, dass überhaupt ein Minderheitenproblem existierte. Das Polen der Zwischenkriegszeit war ein Vielvölkerstaat gewesen, in dem die Titularnation nur etwa sechzig Prozent der Bewohner stellte. Ungelöste Minderheitenprobleme hatten die Republik geschwächt und schließlich zur erneuten Teilung beigetragen. Die Behauptung, dass das neue Polen ein geschlossener Nationalstaat sei, war offensichtlich eine Frage der Staatsräson. So hatten die Vorverhandlungen trotz der deutschen Zugeständnisse in der entscheidenden Grenzfrage nur magere Ergebnisse in der Frage der Ausreisewilligen erbracht. Die polnische Seite lehnte eine vertragliche Regelung strikt ab und wollte sich allenfalls zu einer einseitigen »Information« über die künftige Behandlung von Ausreiseanträgen verstehen. Auch verweigerte sie jegliche Quantifizierung und zeigte sich schließlich lediglich bereit, von »einigen Zehntausend« zu sprechen, wobei sie zu erkennen gab, dass sie darunter etwa 30 000 verstand.

Das war die Ausgangsposition, von der aus wir die Abschlussverhandlungen in Warschau am 2. November aufnahmen. Die Atmosphäre in Warschau war gänzlich verschieden von der in Moskau. Hier war man nicht am Hof des Großkhans, sondern in einem Land lateinischer Tradition. Auch hier allerdings lag Misstrauen in der Luft, doch mehr auf der polnischen Seite. Die Gewichte waren eben anders verteilt. Und wenn man auch hier, wie in allen Ländern unter sowjetrussischer Oberherrschaft, damit rechnen musste, abgehört zu werden, so fehlte doch das für Moskau charakteristische bedrückende Gefühl der allgegenwärtigen Bespitzelung. Auch der menschliche Umgang war in vielen Fällen unmittelbarer und einfacher. Es ist mir immer schwer gefallen, hinter den sowjetrussischen Funktionären und Verhandlungsgegnern auch den Menschen zu entschlüsseln. Dabei mag zwar auch baltische Voreingenommenheit mitgespielt haben, aber vor allem lag es an der doktrinären Haltung der Vertreter einer Ideologie, die ihre Feindseligkeit nicht verbarg. Das war in Polen weit weniger der Fall. Gewiss gab es ausgeprägte »Apparatschiki«, wie den Verhandlungspartner von Scheel, den Außenminister Stefan Jedrychowski. Doch andere, wie meine eigenen Gesprächspartner, der Leiter der Konsularabteilung im polnischen Außenministerium, Zawadski, und der Stellvertretende Außenminister, Adam Willmann, verhielten sich im persönlichen Gespräch nicht viel anders als westliche Kollegen.

Was mich in Warschau aber besonders beeindruckte, war der unbedingte Wille der Polen, ihre nationale Identität zu wahren. Ausdruck fand dies vor allem in der Restauration der Warschauer Altstadt. Ich glaube, kein zweites Land hat im Krieg so leiden müssen wie Polen, keine Stadt so wie Warschau. Die barocke Altstadt wurde völlig vernichtet. Inzwischen war sie in einer unglaublichen Anstrengung wieder aufgebaut worden, schöner denn je, teils nach Gemälden von Canaletto. Nur ein Volk, das bis zum Äußersten entschlossen war, sich zu behaupten, konnte trotz Niederlage und Fremdherrschaft zu einem solchen Kraftakt fähig sein. Ging man durch die Straßen dieser Altstadt, konnte man einfach nicht glauben, dass hier noch vor zwanzig Jahren nichts anderes gewesen war als ein Trümmerfeld. Das Königsschloss war damals zwar noch nicht wieder aufgebaut, aber als ich Ende 1972 oder Anfang 1973 wieder in Warschau war, hatte man mit der Restauration gerade begonnen. Auf dem Platz vor der Baustelle stand eine Sammelbüchse für Spenden, in die ich alles Geld hineinwarf, das ich bei mir trug. Der beispiellose Mut der Polen begeisterte mich. Wieder Jahre später sah ich im Fernsehen, wie General Wojcech Jaruzelski junge Offiziere vereidigte. Jeder Einzelne ließ sich auf das Knie nieder und empfing eine Art Ritterschlag. Ein Volk, dachte ich, das sich so viel Sinn für die Symbole seiner staatlichen Existenz bewahrt hat, kann der Freiheit nicht verloren sein.

Die Verhandlungen gestalteten sich zäh. Zwar gelang es uns am Ende, die Vorbehalte durchzusetzen, die wir den Viermächterechten und dem Grundgesetz schuldeten. Niemand aber konnte im Ernst einen Zweifel daran haben, dass dieser Vertrag über den bloßen Gewaltverzicht, den Modus vivendi, hinausging. Dies war ein Vertrag, der unter Jahrhunderte deutscher Geschichte in Pommern und Schlesien, in der östlichen Mark und in Ostpreußen den Schlussstrich zog. Notwendig geworden war dieser Verzicht durch das Verbrechen des Zweiten Weltkriegs, politisch möglich geworden war er durch das Verbrechen des gewaltigen »ethnic cleansing«, das der Niederlage von 1945 folgte. Ich persönlich hielt diese Bilanz für ausgeglichen, aber auch hier mag baltische Voreingenommenheit mitgespielt haben. Denn zwar haben auch wir unsere Heimat verloren, aber mit dem Willen des Deutschen Reichs und auf sein Betreiben hin, nicht durch Vertreibung. Wir konnten nur das eigene Land anklagen, niemanden sonst.

So schwierig sich die Verhandlungen gestalteten, so dramatisch endeten sie auch. Die Bundesrepublik hatte am 1. Juli den Vorsitz in der Europäischen Wirtschaftsgemeinschaft für das zweite Halbjahr 1970 übernommen. Seine Pflichten als Ratsvorsitzender zwangen Walter Scheel dazu, einen Schlusspunkt zu setzen – zumal er die erste Außenministerkonferenz der Politischen Zusammenarbeit der EWG-Mitgliedstaaten vorzubereiten hatte, zu der er für den 19. November nach München eingeladen hatte. So kam es am 14. November zu einer langen Nachtsitzung, die mir unvergesslich ist. In einem wahren Furioso, in einem Feuerwerk peitschte Scheel die noch offenen Punkte durch. Jedrychowski, ein stämmiger, ein wenig bäuerlich wirkender Typ, saß da, als wüsste er nicht, wie ihm geschah. Gegen Morgen waren wir fertig. Oder doch nicht?

Besonders schwierig waren die Gespräche über die so genannten humanitären Fragen gewesen, also über die ausreisewilligen Deutschen. Man hatte dafür schließlich eine besondere Arbeitsgruppe eingesetzt, der ich auf deutscher Seite vorsaß. Mein polnischer Partner war der bereits erwähnte Herr Zawadski, ein schon älterer, korpulenter Herr von freundlichem Wesen. Er war Berufsdiplomat und kam, wie mir gesagt wurde, nicht aus der kommunistischen, sondern aus der sozialistischen Partei. Ich hatte den Eindruck, dass er sich ehrlich um eine für uns annehmbare Lösung bemühte. Auch sah er die Dinge wohl, wie sie wirklich waren, mit anderen Worten, es war ihm bewusst, dass es in Polen immer noch eine große deutsche Minderheit gab, von der ein nicht geringer Teil in die Bundesrepublik ausreisen wollte.

Aber natürlich hatte er strikte Weisungen, und so kamen wir nur millimeterweise voran. Man war sich darin einig, dass die technischen Einzelheiten der Ausreisen durch die beiden Rotkreuzgesellschaften geregelt werden sollten. Es galt also zunächst zu erreichen, dass die polnische Seite das Mandat für ihre eigene Rotkreuzgesellschaft weit genug fasste. Das ist denn auch gelungen. Zu einer einvernehmlichen Interpretation des Begriffs »einige Zehntausend« aber waren wir nicht gelangt. Unsererseits verstanden wir darunter gleichsam 99 999, die Polen weiterhin 30 000. Immerhin hatte ich doch einige Hoffnung, dass sich mehr erreichen ließe. Doch dazu brauchte es Zeit, und die hatten wir nicht. Am 14. November musste definitiv Schluss sein. Zawadski und ich bedauerten diesen Zeitdruck. Es war einer der wenigen Fälle, in denen ich mit Walter Scheel nicht einig war. Doch ob wir Fortschritte erzielt hätten, wenn man uns einige Tage mehr Zeit gelassen hätte, ließ sich natürlich nicht sagen – meine eigenen Mitarbeiter waren da eher skeptisch.

Zawadski, anfangs etwas zögerlich, hatte sich nach und nach sehr hilfsbereit gezeigt. Zu Beginn begegnete die polnische Seite unseren Wünschen immer wieder mit Hinweisen auf das furchtbare Unrecht und Leid, das ihr in der Vergangenheit von uns angetan worden war. Dem versagten wir unser Verständnis natürlich nicht. Schließlich äußerte ich aber doch die Befürchtung, dass wir so nicht weiterkommen würden. Wir hätten uns vorgenommen, die zukünftigen gutnachbarlichen Beziehungen zwischen unseren Ländern zu gestalten, und nur wenn wir uns hierauf konzentrierten, würden wir unseren Auftrag erfüllen können. Zawadski ließ erkennen, dass er das akzeptierte, und so konnten wir unsere Gespräche in einer entkrampfteren Atmosphäre fortsetzen.

Zurück in Bonn wollte ich Zawadski ein Zeichen der Würdigung zukommen lassen. Nach der Umsiedlung in das besetzte Polen 1939 und der Flucht 1945 befand sich noch ein einziges ererbtes Stück aus unserem Familienbesitz in meiner Hand, ein getriebener silberner Suppenlöffel mit der Inschrift »Wibke Staaden 1701«. Ich schickte ihn Zawadski und schrieb, dies sei das einzige verbliebene Stück aus dem Osten und dorthin solle es nun zurück. Zawadski antwortete, indem er mir eine schöne, auf Stein gemalte Miniatur einer Madonna schickte, die Kopie eines Gemäldes von 1410.

Tatsächlich sollte die Aussiedlungsaktion, um dies vorwegzunehmen, nicht reibungslos vonstatten gehen. Als der den Polen genehme Plafond in etwa erreicht war, geriet das Verfahren ins Stocken. Daraus erwuchs innenpolitischer Druck. Uns aber war inzwischen – ohne dass man uns das direkt gesagt hätte – deutlich geworden, dass nur finanzielle Leistungen die Blockade überwinden würden.

Vor solchen Situationen hat die deutsche Regierung vor der Wende von 1990 mehrfach gestanden, zumal im Verhältnis zu Rumänien und zur DDR. Merkwürdigerweise haben unsere Regierungen sich damit immer schwer getan. Sie fürchteten den Vorwurf des »Menschenhandels«, eine im Grunde absurde Besorgnis, wenn man sich vergegenwärtigt, dass dieser Vorwurf ja in Wahrheit nur die jeweils andere Seite traf. Aber »Menschenhandel« war einer jener Keulenbegriffe, mit denen die politische Korrektheit damals gern hantierte.

So kam es denn Ende 1972 oder Anfang 1973 dazu, dass ich nach Warschau entsandt wurde, um die »Familienzusammenführung« wieder in Gang zu bringen. Paul Frank rief mich zu sich, um mir einzuschärfen, dass ich keinesfalls finanzielle Zugeständnisse machen oder auch nur andeuten dürfe. Ich wies ihn darauf hin, dass dies einem Himmelfahrtskommando gleichkomme, und da wir beide Offiziere im Zweiten Weltkrieg gewesen waren, wussten wir, wovon die Rede war.

Mit dem Gefühl, auf dem Altar des Vaterlands geopfert zu werden, um nachzuweisen, dass ohne Geld nichts liefe, reiste ich also nach Warschau.

Nach der Ratifizierung der Ostverträge durch den Deutschen Bundestag am 17. Mai 1972 hatten die Bundesrepublik und Polen vereinbart, Botschafter auszutauschen. Erster deutscher Botschafter wurde Hans Ruete, der dazu das prächtige Palais Beauharnais gegen ein mehr als mäßiges Domizil in Warschau eintauschen musste. Anders als kurz danach die Tschechen hatten sich die Polen mit dem Nachweis einer angemessenen Residenz für den deutschen Botschafter schwer getan. Ob das, wie behauptet wurde, mit dem Mangel geeigneter Gebäude zusammenhing oder nicht doch damit, dass die Erinnerung an die unsagbare Brutalität der deutschen Besetzung von 1939 bis 1945 einfach zu frisch war, wage ich nicht zu entscheiden.

Mein Gesprächspartner war diesmal der schon erwähnte Adam Willmann, ein mittelgroßer, schlanker Mann mit graublonden Haaren, von dem ich nicht wusste, dass er Jude war. Unsere Gespräche, im Ton sehr liebenswürdig, blieben in der Sache, wie vorausgesehen, ergebnislos. Doch ein Abendessen, das der Botschafter uns gab, sollte für mich zu einem Erlebnis besonderer Art werden.

Nach Tisch zog ich mich mit Willmann zu einem Gespräch unter vier Augen zurück. Wir hatten eine lange, sehr persönliche Unterhaltung über die deutsch-polnischen Beziehungen. Gegen Ende des Gesprächs erinnerte mich Willmann ohne Schärfe, geschweige denn Aggressivität, an die Realitäten der Vergangenheit. Er habe, so erzählte er, eine Schwester, die das Opfer medizinischer Menschenversuche geworden sei. Seither habe sie sehr zu leiden. Entschädigungsansprüche geltend zu machen, was sie hätte tun können, aber weigere sie sich. Von den Deutschen wolle sie nicht einmal das Geld.

Zum Abschluss meiner Gespräche wurde ich von Außenminister Olszowski empfangen. Ich trug ihm unsere Wünsche zu den so genannten humanitären Fragen vor und machte dabei deutlich, dass wir sie nicht mit anderen Problemen verbinden wollten. Olszowski, dem natürlich klar war, dass ich von Geld redete, hörte schweigend zu. Dann blickte er mir lange bedeutungsvoll in die Augen. Er werde seiner Führung berichten, was er gehört habe, meinte er. Damit waren meine Gespräche beendet und gescheitert.

Im Foyer warteten unsere Fernsehleute. Ich beantwortete ihre Fragen mit dem kurzen Hinweis, dass das Problem noch nicht gelöst sei. Freunde erzählten mir nach meiner Rückkehr, ein Reporter habe anschließend berichtet, ein derart verstimmter Unterhändler sei ihm noch nicht begegnet. Erst 1975, in Helsinki, beim Gipfeltreffen der Konferenz für Sicherheit und Zusammenarbeit in Europa, ist es Helmut Schmidt im Gespräch mit Edward Gierek gelungen, das Problem der Aussiedlung vom Tisch zu bringen – wenn ich mich recht entsinne, gegen eine Zusage von 1,5 Milliarden Mark.

Für mich hatte der Warschauer Vertrag auch ein persönliches Nachspiel. Im Großen und Ganzen haben die deutschen

Heimatvertriebenen ihr Los in vorbildlicher Haltung und mit Würde getragen. Das galt auch im Hinblick auf den Warschauer Vertrag, der den Verlust ihrer Heimat besiegelte. Dennoch saß der Schmerz natürlich tief, darüber darf man sich nicht täuschen. Kurz nach meiner Rückkehr von den Vertragsverhandlungen im November 1970 telefonierte ich mit meinem Vater, der damals achtzig Jahre alt war. »Ich kann mich unter meinen Freunden nicht mehr blicken lassen«, klagte er. »Ich muss mich meines einzigen Sohnes schämen.« Nun, die Wogen haben sich wieder gelegt, aber akzeptiert hat mein Vater meine Gründe wohl bis zuletzt nicht. Noch im Jahr danach, beim Ball der Baltischen Ritterschaften in der Stadthalle von Bad Godesberg, nahm ein alter Herr mich an beiden Armen. »Herr von Staden«, sagte er, »wie konnten Sie das tun? Ich kenne doch Ihren Herrn Vater. So ein anständiger Mann!« Ich entgegnete, dass ich zu jeder Erklärung bereit sei, aber nicht auf dem Ball.

Das Politische Komitee

Das »Comité Politique«, von dem die Rede war, hatte seine Arbeiten Mitte Juli 1970 abgeschlossen und den »Davignon-Bericht« den Außenministern vorgelegt, die ihn am 29. Juli annahmen.

Auch diese Verhandlungen waren nicht ganz einfach gewesen; doch welcher Gegensatz zum Osten! In Brüssel war man unter Kollegen, die bald zu Freunden wurden. Wenige Aufgaben haben mir in meinem Berufsleben so viel Freude gemacht wie die Arbeit in diesem am Ende sehr vertrauten Kreis. Damals, zu Beginn, waren es der Belgier Vicomte Etienne Davignon, der Franzose Jacques de Beaumarchais, Roberto Ducci für Italien, Pierre Wurth für Luxemburg und der Niederländer Baron Diederic van Lynden. Jeder von ihnen war ein ausnehmend qualifizierter Vertreter seines Landes, und alle miteinander waren sie fähig, Vertrauen zu erwecken und zu schenken.

Die Meinungsverschiedenheiten, die wir hatten, gingen fast alle auf ein und dieselbe Wurzel zurück: die Wider-

sprüchlichkeiten der gaullistischen Europa-Politik. Paris hatte
– und hat bis zu einem gewissen Grad bis heute – zwei Seelen
in seiner Brust, wenn es darum geht, »Europa« zu bauen. Keinem Land verdankt die europäische Einigung so viel wie
Frankreich. Ein großer Teil, wenn nicht die Mehrzahl der In-
itiativen zur europäischen Integration geht auf Paris zurück.
Zugleich aber scheut das hoch entwickelte Staatsbewusstsein
der französischen politischen und bürokratischen Eliten vor
Einschränkungen der Souveränität und damit der nationalen
Identität zurück. Deutschland binden, aber die eigene Hand-
lungsfreiheit wahren, aus Europa einen »global player« machen,
aber seine Institutionen schwach halten, ein Gegengewicht zu
den USA bilden, aber die politische Zusammenarbeit streng
von der wirtschaftlichen Integration geschieden halten, die
doch allein Europa politisches Gewicht verlieh – das waren
die wichtigsten dieser Positionen, die ständig Gefahr liefen,
sich gegeneinander aufzuheben. Der Davignon-Bericht gab
davon beredtes Zeugnis, etwa wenn es darin hieß: »Sofern die
Arbeiten der Minister Auswirkungen auf die Tätigkeit der Europäischen Gemeinschaften haben, wird die Kommission zur
Stellungnahme aufgefordert.« Frankreich ließ zunächst auch
nicht zu, dass die Außenminister sich im Rahmen der EPZ
(Europäische Politische Zusammenarbeit) und der EWG am
gleichen Ort trafen. Ich erinnere mich noch einer Ministerta-
gung der EPZ in Kopenhagen, von der die Minister anschließend nach Brüssel fliegen mussten, um sich am Nachmittag
des gleichen Tages im Rat der EWG wiederzubegegnen. Auch
durfte die Kommission an den Sitzungen des Politischen Ko-
mitees ebenso wenig teilnehmen wie an den Tagungen der
Außenminister. Und auch als sich das zu ändern begann, fehlte es nicht an Kleinlichkeiten. So erinnere ich mich, dass der
Vertreter der Kommission eine Weile nicht an den Abendessen teilnehmen durfte, mit denen die Politischen Direktoren
ihre Treffen einzuleiten pflegten. Erst zum Mittagessen des
nächsten Tages war er zugelassen.

Die Geschichte ist über diese Byzantinismen bald hinweg-
gegangen, aber ihre Erwähnung macht vielleicht nachvollziehbar, wie viel Geduld, guten Willen und Nerven die Part-

ner Frankreichs gelegentlich aufbringen mussten. Jacques de Beaumarchais hat es uns damals so leicht gemacht wie möglich. Immer freundlich und liebenswürdig, zeigte er nie jenes Überlegenheitsgefühl, das manche seiner Landsleute bisweilen und vielleicht ganz unbewusst an den Tag legten. Mein persönliches Verhältnis zu ihm war freundschaftlich, man könnte fast sagen herzlich, soweit diese Kategorie auf einen distanzierten Mann wie ihn anwendbar war. Wie oft haben wir uns vor den gemeinsamen Sitzungen im Gespräch zu zweit abgestimmt!

Entsprechend den französischen Verstellungen wurde die Organisation der EPZ sehr locker gehalten. Die Ministertreffen sollten vom Politischen Komitee vorbereitet werden, dem für die laufende Koordination eine Arbeitsgruppe der zuständigen Referenten der sechs Außenministerien zur Verfügung stand, die Gruppe der »Korrespondenten«, »nos honorables correspondants«, wie Beaumarchais sie nannte.

Uns stellte sich sehr bald die Frage, ob die Koordination nicht besser durch ein ständiges Sekretariat wahrzunehmen wäre. Kaum aber hatten wir diesen Gedanken geäußert, da machten unsere französischen Freunde es zur Voraussetzung, dass Paris der Sitz sein müsse. Das wollten wir auf keinen Fall. Ohnedies wurden wir seit den Tagen des »Fouchet-Plans« den Verdacht nie ganz los, dass Frankreich versuchen könnte, den politischen Überbau zu nutzen, um die Gemeinschaftsorgane zu schwächen, vor allem die Kommission. Eingedenk des obersten Gebots der französischen Diplomatie: »Jamais être demandeur«, gab ich den Meinen strikte Weisung, das Wort Sekretariat nicht mehr in den Mund zu nehmen. Es dauerte auch nicht lange, und Freund Jacques begann Anzeichen von Unruhe zu zeigen. »Ich höre von euch nichts mehr über das Sekretariat«, meinte er. Ich erwiderte, wir hätten überlegt, dass es vielleicht zu früh sei. Tatsächlich ist das Sekretariat erst durch die »Einheitliche Europäische Akte« vom 17./28. Februar 1986 begründet worden – mit Sitz in Brüssel.

Am 19. und 20. November 1970 traten die Außenminister der sechs Gemeinschaftsländer in München zu ihrem ersten Treffen im Rahmen der EPZ zusammen. Den Vorsitz führte

Walter Scheel als Außenminister der damaligen Präsidialmacht der Gemeinschaft.

Dieses Treffen darf historisch genannt werden. Seit Gründung der Europäischen Wirtschaftsgemeinschaft am 1. Januar 1958 waren die Außenminister der sechs Gründerstaaten – Belgien, Frankreich, Deutschland, Italien, Luxemburg und die Niederlande – unzählige Male im Rahmen des so genannten Allgemeinen Rats der Gemeinschaft zusammengekommen. Dabei hatten sie sich, nicht zuletzt auf französisches Insistieren, strikt an die Themen gehalten, die vom Vertrag gedeckt waren. Außenpolitik gehörte nicht dazu. Nun, nach fast zwölf Jahren, kamen sie zum ersten Mal zusammen, um über die gemeinsamen Außenbeziehungen zu beraten und, wenn möglich, zu beschließen. Es drückt sich darin aus, wie sehr die »Diplomatie« im Bewusstsein der älteren Generationen, vor allem Frankreichs und Englands, zum Kern der nationalen Souveränität, ja der nationalen Identität gehört. Heute, dreißig Jahre später, gehören solche Treffen zur täglichen Routine. Aber ihren intergouvernementalen Charakter haben sie im Wesentlichen gewahrt. Immerhin, die Beteiligung der Kommission auf allen Ebenen und bei allen Anlässen ist längst zur Selbstverständlichkeit geworden.

Beschlossen wurde in München, dem Politischen Komitee zwei Aufträge zu erteilen: eine gemeinsame Nahosterklärung vorzubereiten und eine gemeinsame Position für die vorbereitenden Verhandlungen über eine Konferenz für Sicherheit und Zusammenarbeit in Europa auszuarbeiten. Das zweite dieser Mandate, so sagte ich Scheel, könnte uns über den point of no return hinausführen, am ersten könnten wir zerbrechen.

Tatsächlich erwies sich die Arbeit am Nahost-Papier als schwierig. Im Kern ging es um die Frage, inwieweit den Palästinensern ein Recht auf Selbstbestimmung zugebilligt werden sollte. Ihre nationale Identität war damals ja noch nicht im Entferntesten so gefestigt wie heute. Frankreich nahm die am weitesten propalästinensische Haltung ein. Das war ursprünglich anders gewesen. Aber de Gaulle hatte den Israelis nicht verziehen, dass sie 1967 die Westbank okkupiert und nicht mehr geräumt hatten. Indem es die Westbank von Jordanien trennte, hätte Israel das Palästinenserproblem eigentlich erst geschaffen. Damit vollzog de Gaulle eine Schwenkung in der Nahostpolitik, die wohl auch den Interessen Frankreichs in Nordafrika und seinen wirtschaftlichen Interessen entsprach.

Am anderen Ende des Spektrums standen die Niederlande, die aus innenpolitischen Gründen mehr Rücksicht auf Israel nehmen wollten. Wir selbst bemühten uns um eine mittlere Position. Einerseits mussten wir unser besonderes Verhältnis zu Israel berücksichtigen. Andererseits hatten wir großes Interesse daran, unser Verhältnis zu den arabischen Staaten wieder zu normalisieren. Zehn von ihnen – also alle außer Libanon, Marokko und Tunesien – hatten 1965 mit uns gebrochen, nachdem wir diplomatische Beziehungen mit Israel aufgenommen hatten.

Nach schwierigen Gesprächen einigten wir uns auf ein umfangreiches Papier, das wir den Ministern rechtzeitig vor ihrer Pariser Tagung am 13. Mai 1971 vorlegen konnten. Es war nur der Beginn eines langen Weges, der mit der »Erklärung von Venedig« der Staats- und Regierungschefs der EWG 1980 einen Abschluss fand. Darin wurde der Grundsatz verankert, dass das palästinensische Volk in die Lage versetzt werden müsse, sein Selbstbestimmungsrecht in einer umfassenden Friedensordnung voll auszuüben.

Dies Ergebnis ist übrigens in doppelter Hinsicht bemerkenswert. Erstens im Hinblick auf den Gedanken an sich, das Selbstbestimmungsrecht als solches anzuerkennen, seine Ausübung aber zu konditionieren. Jahrelang hat Europa gebraucht, um zu diesem Schluss zu kommen, nur um ihn Anfang der neunziger Jahre, als Jugoslawien auseinanderfiel, wieder zu vergessen. Zweitens aber hatte es sich gezeigt, dass die Europäer auch in schwierigen und kontroversen Fragen sehr wohl zu brauchbaren Ergebnissen kommen konnten. Ihr Problem aber war und ist, dass ihnen die Machtmittel fehlen, ihren Standpunkt durchzusetzen. Diesen Mangel teilen sie bis heute praktisch mit allen Staaten der Welt außer den USA.

Dennoch kam es auf dem Pariser Treffen der Außenminister zu einem Drama. Dem von uns vorgelegten Nahostbericht hatten alle Direktoren uneingeschränkt zugestimmt, einschließlich unseres italienischen Kollegen Ducci, eines erfahrenen Vertreters der sehr qualifizierten italienischen Diplomatie. Dessen Minister aber, der charmante, ernste und ein wenig melancholisch wirkende Aldo Moro, der eher den Eindruck von Integrität und Menschlichkeit als den von Stärke oder gar Härte erweckte, erhob leidenschaftlichen Widerspruch, vermutlich aus innenpolitischen Gründen. Er schien ganz außer sich und schlug in seiner Verzweiflung am Ende sogar die Hände vor dem Gesicht zusammen. Eine ähnliche Szene habe ich in einem solchen Kreis nie wieder erlebt. Doch es half ihm alles nichts. Der Vorsitzende, der neue französische Außenminister Maurice Schumann, blieb ungerührt. Die Direktoren hätten alle zugestimmt, wandte er ein, und man müsse sich darauf verlassen können, dass sie nach ihren Weisungen handelten. Es käme nicht in Frage, dass man etwas zunichte machte, was in Monaten erarbeitet worden war. Der arme Ducci wäre am liebsten im Boden versunken. Offenbar hatte Moro das Papier gar nicht gelesen. Das war aber sicher nicht Duccis Schuld.

Auch die Erarbeitung von Positionen für die Vorbereitungskonferenz der KSZE war schwierig. Aber unsere Gespräche verliefen nicht kontrovers. Seit fast zehn Jahren hatte der Kreml mit wechselnder Taktik auf eine gesamteuropäische Sicherheitskonferenz gedrängt. Kurzfristig suchten die Sowjets die Anerkennung des durch den Zweiten Weltkrieg geschaffenen Status quo durch den Westen, langfristig die Ablösung der Militärbündnisse, oder, wie sie sagten, der Militärblöcke, durch ein System kollektiver Sicherheit. Die Verwirklichung des ersten Ziels wäre einem Ersatzfriedensvertrag gleichgekommen und hätte insbesondere die Anerkennung der Oder-Neiße-Grenze und der deutschen Teilung sowie Berlins als »besonderer Einheit«, aber auch die Anerkennung der Annexion der baltischen Staaten eingeschlossen. Die Auflösung der Allianzen aber hätte nur die sicherheitspolitische Lage des Westens belastet, denn Moskau verfügte ersatzweise über ein System bilateraler Militärbündnisse mit den Staaten des Warschauer Pakts.

Dessenungeachtet ließ sich das sowjetische Verhandlungsbegehren nicht ad infinitum negieren. Mit den Ostverträgen und dem Berlin-Abkommen hatten die Bundesregierung und die Westmächte Vorsorge getroffen, dass die geplante Konferenz nicht zu einer Verhandlung über Deutschland werden konnte. Nun galt es eine Strategie zu entwickeln, die das Projekt zu einem Vehikel westlicher Interessen machen konnte. Das ist gelungen, vor allem dadurch, dass der Westen auf der gegenseitigen Öffnung der beiden Gesellschaftssysteme bestand und den Kreml dabei Schritt um Schritt zwang, der heute unvorstellbaren Isolation des kommunistischen Blocks wenigstens verbal abzuschwören. Hier wurde der Boden für die Wende vorbereitet, die sich dann Ende der achtziger Jahre vollzogen hat, und in diesem langwierigen komplizierten Prozess hat die EPZ eine wichtige Rolle gespielt und ihre Leistungsfähigkeit bewiesen.

Nach den Ostverträgen

Neben den monatlichen Sitzungen des Comité Politique liefen die bilateralen deutsch-französischen Konsultationen weiter, auf deutscher Seite unter meinem Vorsitz. Daneben fand alle drei Monate eine deutsch-französische Konsultation über Sicherheitsfragen statt, die auf deutscher Seite wiederum ich zu leiten hatte, während es auf der französischen der stellvertretende Politische Direktor war. Wie es zu dieser merkwürdigen Konstellation gekommen war, die ich schon vorfand, weiß ich nicht mehr. Aber die Erfahrung hatte mich gelehrt, dass man solche Arrangements ohne Not besser nicht ändert. Besonders ergiebig waren diese Exerzitien nicht.

Ich habe über die relative Sterilität der bilateralen Konsultationen oft nachgedacht. Teils lag sie vielleicht daran, dass über das operativ Wichtigste, die eigentlichen Motive der eingenommenen Positionen, ungern geredet wurde. Niemand etwa gesteht gern ein, dass seine Politik gegenüber einer bestimmten Region vor allem den Interessen der eigenen Rüstungsindustrie dient. Großen Nutzen aber hatten die Konsultationen insofern, als sie ein Klima und ein persönliches Vertrauensverhältnis schufen, die es sehr erleichterten, die beiderseitige Haltung im Comité Politique und anderen multilateralen Gremien abzustimmen.

An eines der Treffen mit Jacques de Beaumarchais erinnere ich mich besonders lebhaft, allerdings aus einem Grund, der mit seinem Gegenstand nichts zu tun hatte. Nach Abschluss des Viermächteabkommens über Berlin im September 1971 hatte die Bundesregierung die Ostverträge im Bundestag zur Ratifikation eingebracht. Wie zu erwarten, erwiesen sich die Ausschussberatungen als langwierig und schwierig. Walter Scheel hatte deshalb meinen Stellvertreter Günther van Well, der Walter Gehlhoff im Mai 1971 abgelöst hatte, eigens abgestellt, um die Ausschussberatungen zu begleiten und für Auskünfte zur Verfügung zu stehen. Es war eine glückliche Wahl. Günther van Well, der im Laufe der Jahre mein bester Freund im Auswärtigen Dienst werden sollte, war für die gestellte Aufgabe hervorragend geeignet: kompetent, sachlich, unaufgeregt, nie um Auskunft verlegen. Erst viele Jahre später habe ich mich gefragt, ob es nicht ebendiese Stärken waren, die den Außenminister veranlassten, van Well statt meiner mit dieser schwierigen Mission zu betrauen.

Die von Beginn an schwache Mehrheit der Regierungskoalition schmolz zusehends dahin. Man kann rückschauend nachvollziehen, dass die Opposition sich schwer mit den Ostverträgen tat. Zwar waren unsere Rechtspositionen gewahrt, doch konnte niemand verkennen, dass unter die Grenzfrage praktisch ein Schlussstrich gezogen worden war und dass die internationale Anerkennung der DDR nun unausweichlich würde. Doch mehr als die Wahrung der Rechtspositionen war eben nicht zu erreichen gewesen. Niemand in aller Welt hätte einer Änderung der Oder-Neiße-Grenze zugestimmt, und an Wiedervereinigung durch eine Politik der Stärke mochte auch niemand mehr glauben. Dann bot schon das dialektische Konzept des »Wandels durch Annäherung« eher Aussicht, wenigstens dem weiteren Auseinanderdriften der Nation entgegenzuwirken. Wir hatten letztlich keine Wahl, wenn wir uns nicht von der Entspannungspolitik unserer Verbündeten abkoppeln wollten.

Natürlich war sich auch die Opposition im Klaren darüber, dass eine Ablehnung der Verträge einen schweren außenpolitischen Rückschlag bedeuten würde. Doch plötzlich schien sich eine neue Perspektive zu eröffnen. Nachdem einige Abgeordnete der FDP erklärt hatten, dass sie es nicht verantworten könnten, die Politik der Regierung mitzutragen, sah die Opposition eine Chance, die Regierung über ein Misstrauensvotum zu Fall zu bringen. Sie hätte dann, ohne das Odium einer Ablehnung, die Verträge neu verhandeln können.

So brach denn der Schicksalstag, der 23. April 1972, an. Arithmetisch schien die Lage klar. Die Regierung hatte ihre Mehrheit verloren. An diesem Morgen hielt Walter Scheel im Bundestag eine Rede, die ich nicht vergessen werde. Er war ein routinierter Redner, der als Bundespräsident bedeutende Ansprachen halten konnte, seine Zuhörer jedoch nur selten von den Stühlen riss.

Anders an jenem Morgen. Scheel sprach wie ein Mann, der die Schlacht verloren gibt, aber nicht infolge einer Niederlage, sondern durch Verrat. Er sprach ohne alle die taktischen Rücksichten, die ein Parlamentarier selbst in der schärfsten Auseinandersetzung immer noch zu nehmen pflegt. Es war eine Rede des Zorns, der Enttäuschung, der Empörung. Danach begann die zeitraubende namentliche Abstimmung.

Ich war derweil mit einem Radio ausgerüstet auf dem Wege nach Unkel. Es war der Tag der deutsch-französischen Konsultationen, und ich hatte Beaumarchais und seine Mitarbeiter zum Mittagessen eingeladen. Das taten wir gegenseitig immer, wenn wir einander trafen, und es gehört zu den freundlichsten Erinnerungen an diese Zusammenarbeit. Unsere französischen Freunde hatten es dabei leichter als wir. Ihnen stand ganz Paris zur Verfügung, um uns die Genüsse der französischen Küche vorzuführen. Wir in unserem Bundesdorf hatten es schwerer. Wir suchten auch in der näheren Umgebung nach geeigneten Restaurants, und als eines davon war mir ein Hotel in Unkel genannt worden.

Gegen ein Uhr trafen wir dort ein. Die Abstimmung war noch im Gange. Da so viel davon abhing, verfolgten wir sie mit atemloser Spannung. Unsere französischen Freunde aber ließen auf sich warten. Ich fragte mich schon, ob sie sich verfahren hätten.

Dann verkündete der Bundestagspräsident das Ergebnis. Es verschlug uns allen den Atem. Das Misstrauensvotum war gescheitert, der Opposition hatten zwei Stimmen gefehlt. Wir hörten im Radio die Koalitionäre jubeln. Kaum war das Ergebnis bekannt gegeben, öffnete sich auch schon die Flügeltür des Speisesaals, und herein kam ein lachender Beaumarchais mit seiner Delegation. Er ergriff meine beiden Hände und wünschte mir Glück. Er habe nicht kommen wollen, ehe er gewusst hätte, was er mir sagen könnte.

Ich selbst fühlte mich unendlich erleichtert, nicht irgendeiner parteipolitischen Bindung wegen, sondern im Interesse der deutschen Politik. Übrigens habe ich das große Glück gehabt, mich mit der Politik, die ich zu vertreten hatte, zumeist im Einklang zu befinden. Das galt zuerst für die Politik Adenauers, Deutschland im Westen durch die Freundschaft mit Frankreich und den USA, durch die europäische Integration und vor allem durch die Mitgliedschaft in der Atlantischen Allianz fest zu verankern. Ich habe die Entschlossenheit bewundert, mit der Adenauer 1952 das Angebot Stalins zurückgewiesen hatte, Deutschland um den Preis seiner Neutralisierung wiederzuvereinigen. Im Detail enthielt dieses Angebot Fußangeln. Vor allem aber hätte es uns psychologisch hoffnungslos überfordert und Schritt um Schritt in den sowjetischen Machtbereich gezogen wie in einen Sumpf.

Ich habe aber auch Willy Brandt aus vollem Herzen zugestimmt, als er, auf dem unverrückbaren Fundament fußend, das Adenauer gelegt hatte, daran ging, den Ausgleich mit dem Osten zu suchen.

Nach der Erfahrung von Krieg und Niederlage war Sicherheit für meine Generation das oberste Gebot. Sie zu gewährleisten, bedurfte es der festen Bindung an den demokratischen Westen und eines Modus vivendi mit dem kommunistischen Koloss im Osten.

Noch einmal, Ende 1971, sollte ich Walter Scheel bei einem Besuch in der Sowjetunion begleiten. Gromyko hatte ihn zusammen mit seiner Frau eingeladen, und ich fragte Scheel, ob sie in dieser fremden Umwelt nicht eine zweite deutsche Dame an ihrer Seite haben sollte. So lud Scheel meine Frau ein mitzukommen.

Wir starteten am 25. November in einem kleinen Luftwaffenjet. Über Moskau mussten wir eine Weile kreisen, da sich unsere Besatzung und das sowjetische Bodenpersonal über Funk anscheinend nicht recht verständigen konnten. Scheel brachte mir aus dem Cockpit augenzwinkernd die Nachricht mit, dass wir noch Sprit für zwanzig Minuten hätten, den Damen aber solle man nichts sagen. Wir sind dann doch noch rechtzeitig gelandet.

Den Höhepunkt des viertägigen Besuchs bildete ein anderthalbstündiges Gespräch mit Leonid Breschnew. Da der Generalsekretär der KPdSU offiziell keine Staatsämter bekleidete, fand es im Gebäude des Zentralkomitees der Partei statt. Außer den beiden Dolmetschern nahmen auf sowjetischer Seite Gromyko und Falin teil, der inzwischen Botschafter in Bonn geworden war, auf unserer Seite Botschafter Allardt und ich.

Breschnew war damals schon herzleidend, und die Ärzte hatten dem Kettenraucher den Nikotingenuss untersagt. Das aber ging ihm zu weit. Er hatte sich ein elektronisch gesteuertes Zigarettenetui anfertigen lassen, das sich alle vierzig Minuten öffnete und das er uns mit sichtlichem Vergnügen und nicht ohne Stolz vorführte.

Mit seinen dunklen Haaren und Augen, den buschigen Augenbrauen, dem massiven Oval des Gesichts und der leicht gebogenen Nase wirkte Breschnew auf mich eher mediterran als russisch. Man sah ihm noch an, dass er ein schöner Mann gewesen war. Er hatte eine spürbare Ausstrahlung. Ich würde zögern zu sagen, dass er Wärme ausstrahlte, doch wirkte er sehr persönlich. Anders als viele sowjetische Würdenträger ließ er hinter der Maske des Funktionärs den Menschen erkennen. Helmut Schmidt und Paul Frank berichten in ihren

Erinnerungen übereinstimmend, dass Breschnew sehr emotional werden, ja feuchte Augen bekommen konnte, wenn er von seinen Erlebnissen im Krieg sprach. Ich glaube das gern, auch wenn ich es selbst in dieser Form nicht erlebt habe.

Breschnew sprach viel und lebhaft. Dabei bedeckte er pausenlos Papierblätter mit Zeichnungen, mit kräftigen, bisweilen heftigen Bewegungen, als wolle er etwas abreagieren. War ein Blatt voll gezeichnet, legte er es mit der leeren Seite nach oben auf die Tischmitte. Dort bildete sich allmählich ein kleiner Stapel. Ich verspürte die größte Lust, die Zettel an mich zu nehmen. Aber mir war natürlich bewusst, dass ich keine Chance gehabt hätte, mit dieser Beute aus dem Gebäude herauszukommen.

In der Unterhaltung ging es natürlich auch um Fragen der Tagespolitik. Immer wieder aber gab Breschnew auch eine Art von Lebensphilosophie zum Besten. Ein Satz, der mir fast wörtlich in Erinnerung geblieben ist, lautete so: »Mein Vater war ein einfacher Mann. ›Junge‹, sagte er zu mir, ›ich bin kein Philosoph, aber sieh, wie ich mit deiner Mutter zusammengelebt habe, dann weißt du, was recht ist‹.«

Als wir gingen, war ich beunruhigt. Hier war ich einem der mächtigsten Männer der Welt begegnet, dem Regenten einer Weltmacht, die den freien Westen als Gegner, ja als Feind sah. Und der Eindruck, den er mir bei aller unbestreitbaren Würde hinterlassen hatte, war der einer gewissen Banalität. Ich möchte Breschnew nicht Unrecht tun, aber genau so habe ich es damals empfunden. Ich habe auch keine Gelegenheit gehabt, dieses Urteil zu revidieren, denn als ich den Generalsekretär nach rund einem Jahrzehnt wiedersah, war er gealtert und von schwacher Gesundheit.

Ganz anders wirkte der Ministerpräsident, Alexej Kossygin, den wir am nächsten Tag im Kreml aufsuchten. Auch er machte keinen bedeutenden Eindruck, aber er war kompetent und verbreitete eine Atmosphäre harter, unangenehmer Kälte. Beide Männer haben ihrem Land so gut gedient, wie sie es vermochten. Äußerlich schien es in den langen Jahren der Ära Breschnew langsam aufwärts zu gehen. Unter dieser Oberfläche aber hat sich das russische Imperium Schritt um Schritt dem Kollaps genähert. Die obsessive Vorstellung, Amerika Paroli bieten zu müssen, hat dabei sicher eine Rolle gespielt. Entscheidend aber war, dass sich das Sowjetregime als reformunfähig erwies.

Am Abend des ersten Besuchstages lud Gromyko zum Essen ein. Die Russen frönten damals noch der Unsitte, ihre Gäste mit Wodka unter den Tisch zu toasten oder es wenigstens zu versuchen. Neben Scheel, mir schräg gegenüber, saß die einzige Frau im sowjetischen Kabinett, die Kultusministerin Ekatarina Furtsewa. Diese immer noch ansehnliche Dame, der man nachsagte, sie habe Chruschtschow nahe gestanden, prostete Scheel unentwegt zu. Schließlich hielt der Rheinländer ihr ein randvolles Wodkaglas direkt unter die Nase. Der Spiegel der Flüssigkeit zeigte keine Bewegung. Frau Furtsewa gab auf.

Am zweiten Abend dann stiegen wir in den »Roten Pfeil«, um per Schlafwagen nach St. Petersburg zu fahren, das damals noch Leningrad hieß. Ich kam allerdings nicht viel zum Schlafen, denn ich musste mit Falin letzte Hand an eine gemeinsame Erklärung legen. Wie so oft – und bei den Sowjets eigentlich immer – kam es zu einem endlosen Gezerre um einige Formulierungen. Das mag merkwürdig anmuten, denn in der Regel sind solche Erklärungen am Tage nach ihrer Veröffentlichung schon Makulatur. Und dennoch muss die Anstrengung gemacht werden, denn hinter den umstrittenen Formeln verbergen sich handfeste Interessen, die es auszufechten gilt.

Petersburg ist eine Stadt von klassischer Schönheit. Wir erhielten eine Stadtführung, die auch dazu diente, das Gebäude zu besichtigen, das die Sowjets für unser Generalkonsulat zur Verfügung stellen wollten. Es war ein repräsentativer Bau in guter Gegend. Scheel aber verlangte auch den Innenhof zu sehen. Das brachte unsere Gastgeber sichtlich in Verlegenheit. Doch am Ende mussten sie nachgeben. Was sich uns darbot, war ein rauchgeschwärztes Inferno. Hier war seit Zarenzeiten nicht mehr renoviert worden. Scheel lehnte dankend ab.

Vor dem Mittagessen, das uns die stellvertretende Oberbürgermeisterin gab, da der Oberbürgermeister selbst in Moskau weilte, legte Scheel einen Kranz am Denkmal der im Zweiten Weltkrieg Umgekommenen nieder. Wir durchschritten eine riesige Kultstätte, die der Erinnerung der etwa 800 000 Gefallenen, Verhungerten und Erfrorenen geweiht ist, die während der deutschen Belagerung zwischen dem Herbst 1941 und dem Jahresbeginn 1944 ihr Leben lassen mussten. Getragene Trauermusik aus einer Lautsprecheranlage begleitete den langen Gang. Eine bewegende, beklemmende Zeremonie für den früheren Gegner. Man geht neben seinen Gastgebern her und weiß nicht, was man sagen soll.

Besuche an diesen Stätten des Verbrechens und Leidens sind allen voran für deutsche Reisende de rigueur. Das hat unabweisbare Gründe und ist unvermeidbar. Es ist aber auch eine psychische Belastung, die den estnischen Staatspräsidenten Lennart Meri bei seiner Festrede zum Tag der Deutschen Einheit am 3. Oktober 1995 in Berlin veranlasste, Deutschland als eine »Canossa-Republik« zu bezeichnen. Der Ausdruck ist ungehörig, aber nicht unzutreffend.

Die Folge war, dass auch hier die Vergangenheit zum zentralen Thema der Tischreden wurde. Scheel schob den vorbereiteten Text beiseite und extemporierte würdig und geschickt.

Letzter Höhepunkt des Besuchs war ein Gang durch die unvergleichlichen Sammlungen der Ermitage im alten Winterpalais. Mir war er neu und doch auch vertraut. Ein Onkel von mir war die rechte Hand des Hofministers von Nikolaus II. gewesen, und ich erinnerte mich seiner Schilderungen dieses glanzvollsten aller damaligen Höfe.

Besonders fesselte mich der Saal mit den Porträts der Feldherren des »Vaterländischen Kriegs von 1812«, gemalt von George Dawe. Ich betrachtete die etwas melancholischen Züge des Generalleutnants Gustav Reinhold von Staden, vor allem aber die überlebensgroße Gestalt eines anderen Landsmannes, des Fürsten Michael Barclay de Tolly. Puschkin hat diesem tragischen Helden in seinem Poem »Der Feldherr« ein bleibendes Denkmal gesetzt.

Unmittelbar vor mir ging Scheel, begleitet von Falin. Als er seiner Bewunderung für die Sammlung Ausdruck gab, hörte ich hinter mir das zornige Flüstern eines jüngeren Beamten, der wie ich Deutsch-Balte war: »Wenn wir alle Krupps und Haniels enteignen würden, hätten wir auch solche Sammlungen.« Meine Frau übrigens verirrte sich beinahe in den schier unendlichen Sälen. Sie hatte sich von uns getrennt, weil eine deutsche Gaststudentin ihr eine Liste inhaftierter Dissidenten mitgeben wollte, für die sich der Minister bei seinen Gesprächen einsetzen sollte.

Zurück nach Washington

Im August 1972 erhielt ich den Auftrag, mit der Volksrepublik China über die Aufnahme diplomatischer Beziehungen zu verhandeln.

Seit dem Endsieg der Kommunisten Anfang 1949 und der Flucht von Chiang Kai-shek und der Nationalchinesen nach Taiwan bestand zwischen Peking und dem Westen ein surrealistisch anmutender Zustand. Großbritannien und die skandinavischen Staaten hatten die Volksrepublik zwar anerkannt, nicht aber die USA und die Mehrzahl ihrer Verbündeten. Das volkreichste Land der Welt blieb von den Vereinten Nationen ausgeschlossen, während Taiwan, gerade so groß wie Belgien, nicht nur dort, sondern auch im Weltsicherheitsrat einen Platz einnahm. In Washington, das wusste ich aus eigenen Erfahrungen, war es geradezu tabu, von Rotchina auch nur zu reden. Auch Bonn unterhielt keine Beziehungen zu Peking und befolgte damit wohlweislich die Vorgaben des amerikanischen Protektors.

In den fünfziger Jahren hatte ein Buch des deutschen Arztes Wilhelm Starlinger in Bonn Furore gemacht, der jahrelang in sowjetischer Gefangenschaft verbracht hatte und unter anderem voraussagte, dass es früher oder später zu schweren Spannungen zwischen Moskau und Peking kommen müsse. Ähnliche Auffassungen wurden auch im Auswärtigen Amt vertreten. Unser Chinareferat war mit einem Herrn in vorgerücktem Alter besetzt, dem Gesandten Fischer. Er dürfte Mitte der fünfziger Jahre schon über siebzig gewesen sein, hatte jahrzehntelang in China Dienst getan, kannte Land, Leute und Geschichte und beherrschte die chinesische Sprache. Ich war zu jener Zeit Russland-Referent, und mein Büro lag dem von Fischer schräg gegenüber. Natürlich unterhielten wir uns öfter, wobei wir uns meistens stritten. Fischer als Realpolitiker hielt russisch-chinesische Interessengegensätze für unvermeidbar. Ich dagegen glaubte an die verbindende Kraft der marxistisch-leninistischen Ideologie. Ich höre noch, wie Fischer nach einer hitzigen Diskussion schließlich ausrief: »Ihre Russen werden sich noch wundern, wie weiß sie sind!« Das haben sie wohl auch getan, wenngleich bedeutend später, als die jahrelangen Spannungen 1969 in blutigen Grenzzwischenfällen am Ussuri-Fluss ihren Höhepunkt fanden.

Natürlich widersprach die Ostrazierung Chinas unseren Interessen wirtschaftlich, aber auch politisch. Aber es bedurfte des Zusammenwirkens zweier bedeutender amerikanischer Außenpolitiker, Richard Nixons und Henry Kissingers, dem absurden Zustand der Sprachlosigkeit 1971 ein Ende zu machen. Nachdem der amerikanische Präsident dann Anfang 1972 in Peking Besuch gemacht hatte und der Volksrepublik ihr Platz in den Vereinten Nationen wieder zugebilligt war, kam auch unsere Stunde.

China war in Bonn damals durch Wang-Shu vertreten, den Korrespondenten der Nachrichtenagentur Hsin-hua, der sich nun in einen hochrangigen chinesischen Diplomaten verwandelte und mein Verhandlungspartner wurde.

Entgegen meinen Erwartungen erwiesen sich die Gespräche als schwierig, übrigens nicht nur inhaltlich, sondern auch technisch. Herr Wang-Shu sprach einen südchinesischen Dialekt, ich glaube Kantonesisch. Mein Dolmetscher aber beherrschte nur das nordchinesische Mandarin. Jedes Wort musste also zweimal übersetzt werden. Außerdem aber machte die Berlin-Klausel Schwierigkeiten. Wir brauchten sie, um unsere Rechte zu wahren. Zwar war das Viermächteabkommen über Berlin inzwischen abgeschlossen, aber über seine praktische Anwendung lagen wir mit dem Kreml in einem Dauerstreit, von dessen kasuistischer Kleinlichkeit man sich heute keinen Begriff mehr macht. So wurde dem Botschafter der Bundesrepublik zum Beispiel das Recht streitig gemacht, den Regierenden Bürgermeister von Berlin auf dem Moskauer Flughafen abzuholen. Interessanterweise schienen die Chinesen Moskau in dieser Frage, trotz bestehender Spannungen, die Stange zu halten.

Während wir uns am Verhandlungstisch zentimeterweise voranbewegten, ließ mich eines Morgens Paul Frank zu sich kommen. Der Minister, so eröffnete er mir, habe eine Einladung nach Peking angenommen, und zwar auf den 10. Oktober. Ich möge mich also mit meiner Berlin-Klausel beeilen und zusehen, dass ich die Ministerreise nicht gefährde. Ich traute meinen Ohren nicht, und für einen Augenblick schien es mir, als hätte man mir den Teppich unter den Füßen weggezogen. Aber wer nicht wagt, so sagte ich mir, der nicht gewinnt. Und so wie Walter Scheel bisher meist gewonnen hatte, so gelang es uns auch dieses Mal, die Verhandlungen rechtzeitig zu Ende zu bringen.

Der Reise stand nun nichts mehr im Wege. Ich aber stand vor einem Dilemma. Meinem Drängen, die überdimensionierte Politische Abteilung in aller Form wieder aufzuteilen, war endlich entsprochen worden, und die Teilung wurde zum 1. Oktober 1972 wirksam. Direktor der neuen Abteilung wurde mein bisheriger Stellvertreter Günther van Well, und China fiel nun in seinen Verantwortungsbereich. Natürlich hätte Scheel seinen Unterhändler nach Peking mitgenommen, wenn ich ihn darum gebeten hätte. Und ich brannte darauf, China kennen zu lernen. Aber darum ging es nicht. Es war van Well, der sich künftig mit den Beziehungen zur Volksrepublik zu befassen hatte, und eine Ministerreise war die beste Gelegenheit, mit Land und Leuten erstmalig Bekanntschaft zu machen. Ich empfahl Scheel also, van Well mitzunehmen, und so geschah es.

Vor seiner Abreise ließ Scheel mich noch einmal zu sich kommen und fragte mich, wen er als ersten Botschafter nach Peking schicken solle. Die Frage war nicht ganz einfach zu beantworten. Ich bin immer der Meinung gewesen, dass die Beherrschung der Landessprache eine der wichtigsten Voraussetzungen für den Erfolg eines Botschafters ist. Erst recht gilt das bei Großmächten. Dale Carnegie gibt in seinem Klassiker »How to win Friends and to influence People« den guten Rat, sich unbedingt die Namen der Leute einzuprägen, mit denen man es zu tun hat. Denn nichts schätze der Mensch mehr als seinen eigenen Namen. Nicht anders verhält es sich bei Nationen mit ihrer Sprache. Mir waren nur zwei qualifizierte Beamte unseres Dienstes bekannt, die Chinesisch sprachen, beide im oberen Drittel der Laufbahn, aber noch nicht in der champions league. Ich schlug sie beide vor, aber Scheel wandte ein, sie könnten noch zu unerfahren sein. Dann, meinte ich, würde er einen unserer rangältesten Botschafter nehmen müssen, um den Chinesen auf diese Weise zu zeigen, wie hoch wir die Beziehungen zu ihnen einschätzten. Scheel dachte einen Augenblick nach. Dann lächelte er plötzlich und erklärte, er habe da bereits eine Lösung im Sinn. Ich ahnte nicht, was ich da losgetreten hatte.

Mein Amt brachte es mit sich, dass ich Walter Scheel sehr häufig sah, in Besprechungen und auf Konferenzen, auf Reisen und in Verhandlungen. Dass er mich allein zu sich bat, war aber eher selten. Doch im März 1973 tat er es, ohne mich wie üblich wissen zu lassen, worum es ging. Als ich sein Zimmer betrat, stand der Minister an seinem Schreibtisch und telefonierte. Er selbst sprach wenig, doch was er sagte, ließ darauf schließen, dass der Gegenstand des Gesprächs kein angenehmer war.

So war es dann auch. Als Scheel aufgelegt hatte, eröffnete er mir, dass er sich kurzfristig einer Nierenoperation unterziehen müsse. Alle Termine müssten abgesagt oder Vertretungen bestellt werden, ich möge bitte notieren. Das tat ich, bis der Leiter des Ministerbüros in der Tür erschien, um seinen Chef an den nächsten Besucher zu erinnern.

Ich verabschiedete mich also. Doch als ich an der Tür war, hielt Scheel mich zurück. Er habe mich eigentlich fragen wollen, sagte er, ob ich als Botschafter nach Washington gehen würde. Ich war so fassungslos, dass mir gerade noch einfiel, Scheel für sein Vertrauen zu danken. Aber ich hatte weder die Zeit noch auch die Präsenz gehabt, ihn zu fragen, was er mit meinem Vorgänger in Washington vorhätte. Alsbald aber erfuhr ich, dass der nach Peking gehen sollte. Nun wusste ich, dass ich ein Problem hatte. Denn Rolf Pauls, unser Mann in

Washington, war damals noch nicht vier Jahre auf seinem Posten. Und er war nicht irgendwer, sondern gehörte zu den qualifiziertesten Männern unseres Dienstes. Sehr intelligent, charakterfest und diszipliniert, dabei ambitiös und selbstbewusst, genoss er Ansehen und Respekt. Begonnen hatte er als persönlicher Referent des formidablen Walter Hallstein, der nach dem Krieg der erste Staatssekretär des Auswärtigen Amts gewesen war. 1965 war Pauls erster deutscher Botschafter in Israel geworden und hatte damit eine der schwierigsten Aufgaben übernommen, die einem deutschen Diplomaten gestellt werden konnte. Der hoch dekorierte Frontoffizier, der im Krieg einen Arm verloren hatte, meisterte sie mit Bravour. Die Israelis wussten seinen aufrichtigen Charakter, seinen Takt und seine Befähigung zu schätzen.

Nicht anders war es in Washington. Pauls war auch dort angesehen und beliebt. Seine Versetzung vom Vorort des verbündeten Westens in die Hauptstadt einer nach außen hermetisch abgeschlossenen und antagonistischen Macht musste ihn schwer treffen. Überdies sah er sich auf seinem nunmehr letzten Posten zum zweiten Mal, und jetzt unter widrigen Umständen, gezwungen, eine neue Botschaft aus dem Nichts aufzubauen. Und natürlich musste er in mir den Verursacher dieses Ungemachs vermuten.

Tatsächlich war mir die Frage von Scheel völlig überraschend gekommen. Niemand hatte mir die leiseste Andeutung gemacht. Doch wie war meine eigene Reaktion? Mir die Leitung unserer größten bilateralen Botschaft anzuvertrauen war ein Vertrauensbeweis, der mich freute. Andererseits war die Aufgabe des Politischen Direktors in meinen Augen die schönste, die unser Dienst zu vergeben hatte. Aber in Wahrheit hatte ich gar keine Wahl. Mit seiner Frage hatte Scheel mir zwei Wünsche mitgeteilt: Er wollte einen Wechsel sowohl in Washington als auch an der Stelle seines nächsten politischen Mitarbeiters, des Politischen Direktors. Das war ihm nach fast drei Jahren nicht zu verdenken, und ohnedies war es nicht an mir, darüber zu urteilen. Zu meinem Nachfolger bestellte der Minister Günther van Well. Ich aber sollte im April meinen Dienst in Washington antreten.

Nach nur fünf Jahren war es eine Rückkehr auf eine vertraute Bühne. Ja, manche der Spieler waren uns noch gut bekannt, auch wenn ein Parteiwechsel im Weißen Haus, in diesem Fall vom Demokraten Johnson zum Republikaner Nixon, in Washington zum Austausch in fast allen Führungspositionen geführt hatte. Völlig anders als fünf Jahre zuvor aber war meine Aufgabe.

Botschafter war ich nie gewesen, und Erfahrungsberichte von Vorgängern fand ich nicht vor. So fiel es mir zunächst schwer zu begreifen, dass ich, kaufmännisch gesprochen, von der Produktion deutscher Außenpolitik in deren Vertrieb übergewechselt war. Sehr bald hatte ich das peinliche Gefühl, Fehler zu machen. Schließlich wandte ich mich um Rat an Egidio Ortona, meinen italienischen Kollegen. Dieser herausragende Vertreter der Diplomatie war damals schon zehn Jahre Botschafter in Washington, verfügte über eine einzigartige Erfahrung und genoss hohes Ansehen. »Bernie«, sagte er, »fetch a piece of paper and take notes.« Dann diktierte er mir zwei Stunden lang in die Feder, »wie man es macht«.

Die Szene erinnerte mich an ein Erlebnis, das der Graf Philippe de Ségur in seinen Erinnerungen »Mémoires et Anecdotes« schildert. Als 32-Jähriger wird er zum französischen Gesandten bei Katharina der Großen ernannt. Auf der Reise nach St. Petersburg begegnet er in Warschau dem russischen Botschafter Graf Stackelberg. Dieser weiht den jungen französischen Kollegen in stundenlangen Gesprächen in alle Geheimnisse des russischen Hofes ein. Als Ségur ihn schließlich fragt, welchem Umstand er diese Freundlichkeit verdanke, erwidert Stackelberg, Ähnliches sei ihm von einem französischen Kollegen widerfahren, als er, ein junger Mann noch, seinen ersten Posten in Madrid angetreten habe. Es sei immer sein Wunsch gewesen, sich eines Tages revanchieren zu können. Mir übrigens hat sich eine solche Gelegenheit, Gleiches mit Gleichem zu vergelten, nicht geboten. Ortona aber ist mir immer ein Vorbild geblieben.

Politisch waren die transatlantischen Beziehungen damals in ruhigem Fahrwasser. Der große Disput mit de Gaulle über die NATO lag lange zurück. Die anfänglichen Vorbehalte Washingtons gegenüber der neuen Ostpolitik der Regierung Brandt/Scheel waren einer vertrauensvollen Zusammenarbeit gewichen, die sich in den Verhandlungen über das Berlin-Abkommen von 1971 bewährt hatte. In der zentralen Frage der Entspannungspolitik bestand weitgehend Einvernehmen. Den schweren Irritationen, die der Vietnamkrieg in der europäischen Jugend – nicht zuletzt in Deutschland – ausgelöst hatte, war durch den Abzug der letzten amerikanischen Kampftruppen im März 1973 zumindest die Quelle entzogen, wenn sie auch psychologisch noch jahrzehntelang nachwirken sollte. Nur die Weltwährungskrise, die mit dem Zusammenbruch des Systems der festen Wechselkurse von Bretton Woods im März 1973 einen vorläufigen Höhepunkt erreicht hatte, bereitete Sorgen.

Dafür aber war unser Beginn in Washington von der Watergate-Affäre überschattet. Am Vorabend des 1. Mai, an dem ich dem Präsidenten mein Beglaubigungsschreiben überreichte, hatte Richard Nixon erstmals im Fernsehen zum Vorwurf der Justizbehinderung Stellung genommen und zugleich die Entlassung seiner engsten Mitarbeiter Haldeman und Ehrlichman ankündigen müssen. In den folgenden vierzehn Monaten wurde er dann Schritt für Schritt in die Enge getrieben, bis er schließlich im August 1974 zurücktrat, um einem Amtsenthebungsverfahren zu entgehen.

Dieses bedrückende Schauspiel war auch ein Lehrstück. An sich begegnete uns die schöne amerikanische Hauptstadt auch diesmal als eine überaus freundliche Metropole, die gerade diplomatische Ankömmlinge mit offenen Armen aufnimmt – neugierig und gastfrei. Politik ist das große Spiel Washingtons und seiner Gesellschaft, und die Diplomaten, vor allem die Missionschefs, und hier wiederum besonders die der Verbündeten, sind dabei als engagierte Beobachter und Partner willkommen.

Watergate aber machte auch die harten Linien in diesem sonnigen Bild sichtbar, die zielgerichtete Unerbittlichkeit, zu der Medien und Politik gerade in den USA fähig sind.

Je tiefer der Stern des Präsidenten sank, desto höher stieg der von Henry Kissinger, seinem nationalen Sicherheitsberater, der im Herbst 1973 auch das Amt des Außenministers übernahm. Sein Ruhm stand noch im Zenit. Mit herausragender Intelligenz, diplomatischem Können und der taktischen Raffinesse eines Magiers faszinierte er Medien und Diplomaten. Konzeptionell stand er in der Tradition der großen europäischen Diplomatie des Gleichgewichts, wie Metternich, Talleyrand und Castlereagh sie verkörpert hatten.

Am 23. April 1973 rief Kissinger in einer Rede in New York ein »Jahr Europas« aus. Er schlug eine neue Atlantische Charta für politische, wirtschaftliche und militärische Zusammenarbeit vor, die auf einem Gipfeltreffen verkündet werden sollte.

Ich glaube, dass Kissinger meinte, was er sagte. Aber natürlich konnte man Nebenabsichten nicht ausschließen. Vielleicht sollte die Gipfelkonferenz seinen bedrängten Präsidenten entlasten. Vielleicht wollte er einfach der Irritation begegnen, die seine Gewohnheit, über die Köpfe der Europäer hinweg mit Moskau zu reden, ausgelöst hatte.

Vielleicht aber wollte er auch die amerikanische Mitsprache in der sich entfaltenden europäischen außenpolitischen Zusammenarbeit, der EPZ, sicherstellen. Kissingers Weltsicht war skeptisch bis pessimistisch. Er hatte zur europäischen Integration eine ambivalente Einstellung. Im Prinzip bewertete er sie positiv, aber doch mit Vorsicht. Man könne schließlich nicht wissen, ob sich der europäische Einigungsprozess nicht eines Tages gegen die Interessen Amerikas wenden würde.

Spiegelbildlich neigte Paris, vor allem Außenminister Jobert, dazu, in der Initiative des amerikanischen Kollegen einen Anschlag auf die entstehende europäische Identität zu sehen.

Bonn reagierte skeptisch, begeistert war niemand. So verlief sich Kissingers Vision in einem nicht enden wollenden

Palaver. Wir Botschafter der europäischen Gemeinschaftsländer begannen damals mit unseren regelmäßigen Zusammenkünften, die unsere Information und unser Urteil auf eine breitere Grundlage stellten. Die Initiative aber verlor ihren Schwung und damit ihren Sinn.

Kissinger gab seiner Frustration und seiner Enttäuschung über diesen Verlauf öffentlich und im persönlichen Gespräch beredten Ausdruck. Aber er ging nie so weit, abschätzig über die Verbündeten zu reden. Er blieb sich bewusst, dass selbst eine Weltmacht Freunde braucht und dass Amerika die vor allem in Europa findet.

Mir selbst begegnete der Außenminister entgegenkommend und am Ende freundschaftlich. Angesichts seines persönlichen und familiären Hintergrunds habe ich das keineswegs für selbstverständlich genommen. Aber wie viele amerikanische Juden, die aus Deutschland geflüchtet waren, bewahrte sich auch Kissinger eine besondere Beziehung zur alten Heimat. Das äußerte sich nicht zuletzt auch darin, dass ihn die Ergebnisse der Bundesliga immer noch interessierten.

Des Außenministers habhaft zu werden war für Botschafter allerdings schwer, wenn sie nicht eine Großmacht vertraten wie mein sowjetischer Kollege oder aus einer Krisenregion kamen. »Henry ist wie der Heilige Geist«, sagte der viel erfahrenere Ortona, »man weiß, dass er existiert, aber man sieht ihn nicht.«

Umso engeren Kontakt galt es mit dem stellvertretenden Außenminister Kenneth Rush zu halten, der sich als Botschafter in Bonn um die Berlin-Verhandlungen verdient gemacht hatte, oder mit Helmut Sonnenfeldt, Kissingers rechter Hand, der, wie schon erwähnt, »Kissingers Kissinger« genannt wurde, und natürlich mit den Freunden, die während jener Jahre das für uns wichtige Amt eines Unterstaatssekretärs für europäische Angelegenheiten innehatten: Walter Stoessel, Arthur Hartman und George Vest. Besonders erwähnen möchte ich aber in diesem Zusammenhang Kissingers Platzhalter und späteren Nachfolger im Nationalen Sicherheitsrat, den klugen und diskreten Brent Scowcroft.

Doch war dies natürlich nur ein winziger Ausschnitt der riesigen politischen Szene, der wir uns in Washington gegenüber sahen. Da gab es die Exekutive, verkörpert im Präsidenten, dem ein Heer von Spitzenbeamten zuarbeitet. Daneben stand unabhängig der Kongress, in dem der Senat das größere Gewicht in außenpolitischen Fragen hat, das Repräsentantenhaus beim Haushalt zuständig ist. Da war die große Zahl von Korrespondenten, der einflussreichen Leitartikler, Kolumnisten und Moderatoren. Und nicht zuletzt gab es die ambitiöse »Gesellschaft«, von ihren Großveranstaltungen bis zu verschwiegenen politischen Zirkeln, zu denen nur Eingeweihte Zugang fanden.

Als Frucht von 25 Jahren sorgsamer Pflege war das Verhältnis dieser Washingtoner Welt zu uns Deutschen ausgesprochen freundlich und vertrauensvoll. Es galt, in diesem Umfeld heimisch zu werden, um Bonn zuverlässig und vor allem frühzeitig unterrichten zu können, für unser Land und seine Politik zu werben und für Deutschland eine gute Visitenkarte abzugeben. Hans Dietrich Genscher spricht in seinen Erinnerungen von der Botschaft als einem gesellschaftlichen Mittelpunkt und einem ausgezeichnet informierten und einflussreichen Treffpunkt. Soweit dies zutrifft, ist es das Ergebnis einer nachhaltigen Aktivität, an der meine Frau großen Anteil hatte.

Auf seiner Ebene ist der Botschafter letztlich allein, ob in Washington oder in Luxemburg. Deshalb war man gerade in der amerikanischen Metropole auf fähige und engagierte Mitarbeiter aus dem Auswärtigen Amt oder aus anderen Ressorts angewiesen. An ihnen hat es mir nicht gefehlt. Mit Dankbarkeit denke ich besonders an meine drei Stellvertreter in jenen Jahren: Hans Heinrich Noebel, Niels Hansen und Fredo Dannenbring. Besonders mit Hansens verband uns bald eine herzliche Freundschaft.

Die Malaise um das »Jahr Europas« wurde im Verlauf des Jahres 1973 zunehmend von Währungsturbulenzen überschattet. Der Vietnamkrieg hatte in den USA zu einem nachhaltigen Haushaltsdefizit geführt, das eine inflationäre Entwicklung zur Folge hatte, die auf den Dollarkurs drückte. Wie erwähnt, wurde im März 1973 das System der festen Wechselkurse aufgegeben. Als ich dem Minderheitsführer im Repräsentantenhaus, Gerald Ford, im Juni oder Juli meinen Besuch machte, war der Dollar von ursprünglich 4 DM auf unter 2,60 DM gesunken. Ford behielt mich fast eine Stunde bei sich, denn wie viele Abgeordnete wurde auch er mit Wählerbriefen überschüttet, die ihn drängten, etwas für die amerikanischen Soldaten in Deutschland zu tun. Ihr Sold hatte ein Drittel seiner Kaufkraft eingebüßt.

Gerald Ford hinterließ mir schon bei dieser ersten Begegnung einen sehr positiven Eindruck: Ein großer freundlicher Mann, der Ruhe ausstrahlte und auf Anhieb Vertrauen einflößte. Dass er wenige Monate danach Vizepräsident und nach einem Jahr der erste nicht vom Volk gewählte Präsident der USA werden sollte, konnte ich natürlich nicht ahnen.

Als Brandt und Scheel am 1. Mai dieses Jahres Washington besuchten, gab der Präsident ihnen zu Ehren ein Dinner für etwa achtzig Gäste. Da der Kanzler und sein Außenminister nicht von ihren Damen begleitet wurden, fiel meiner Frau die Rolle unserer »first lady« zu: Sie saß an der »head-table«, die es im Weißen Haus zur Zeit Nixons gab, zwischen dem Präsidenten und seinem Vizepräsidenten Spiro Agnew. Als dieser im Herbst desselben Jahres wegen Steuerunregelmäßigkeiten zurücktreten musste, wählte der Kongress auf Vorschlag des Präsidenten Gerald Ford zu seinem Nachfolger. Im August 1974 aber trat Nixon selbst zurück, und Ford rückte, wie es die Verfassung vorschreibt, automatisch nach. Wie sich erweisen sollte, war das ein Glücksfall der Geschichte.

Zeitgleich mit dem Verfall des Dollars hatten die Ölpreise begonnen anzuziehen. Als dann der Jom-Kippur-Krieg von Ägypten und Syrien gegen Israel ausbrach, die arabischen Staaten ein Ölembargo gegen die USA verhängten und der Ölpreis sich von Oktober bis Dezember vervierfachte, kam es politisch und wirtschaftlich zu einer Doppelkrise.

Amerika ging es vor allem um die Sicherheit Israels und die Zurückdrängung des sowjetischen Einflusses im Nahen Osten. Die Europäer, die vom arabischen Öl abhängig waren, nahmen in den Augen Washingtons eine zu proarabische Stellung ein und ließen es an Solidarität mit der verbündeten amerikanischen Schutzmacht fehlen.

Im Februar 1974 lud Kissinger die Alliierten und die Mitgliedstaaten der OECD zu einer Energiekonferenz nach Washington ein. Nur Frankreich sperrte sich, und so wurde Michel Jobert erneut zum Gegenspieler seines amerikanischen Kollegen.

Der französische Außenminister verkörperte so manche typischen Züge der intellektuellen Elite der »Grande Nation«. Vor allem verband er hohe Intelligenz mit der Neigung, sich zu verhalten wie Mephisto, der von sich sagt: »Ich bin der Geist, der stets verneint.« Die Kunst der logisch unwiderlegbaren Verneinung, die ich schon bei Maurice Couve de Murville und Olivier Wormser kennen und bewundern gelernt hatte, war bei Jobert zur vollen Reife gebracht. Sie konnte selbst einen Kissinger in Perplexität versetzen.

Als die Konferenz schließlich stattfand, fiel die undankbarste Aufgabe dem deutschen Außenminister Walter Scheel zu. Er war damals Ratspräsident der Europäischen Gemeinschaft und musste eine Gemeinschaftsposition vertreten, die es gar nicht gab. Zu dem Essen, zu dem Scheel die europäischen Außenminister am Vorabend der Konferenz in unsere Residenz eingeladen hatte, erschien Jobert erst gar nicht. Er dinierte mit Kissinger in der französischen Botschaft und ließ sich bei uns durch einen jugendlichen Herrn seines Stabes vertreten.

In jenen Jahren ist uns der Spagat zwischen Washington und Paris eigentlich immer gelungen. Auf dieser Konferenz aber ging Jobert zu weit. Ich erlebte das einmalige Schauspiel, dass Helmut Schmidt, der als Finanzminister die deutsche Stimme führte, gleichsam in offenem Gefecht an die Seite der Amerikaner trat. Das ist umso bemerkenswerter, als gerade Schmidt als Kanzler ein engeres Verhältnis zum französischen Präsidenten jener Tage entwickeln sollte als irgendein deutscher Regierungschef vor ihm oder nach ihm.

Die Konferenz endete mit einem Kompromiss. Die atlantische Krise aber sollte 1974 ihr Ende finden. Zuvor gab es allerdings noch eine kurzfristige deutsch-amerikanische Verstimmung. Denn unmittelbar nach dem Waffenstillstand im Jom-Kippur-Krieg wurde bekannt, dass israelische Schiffe in

Bremerhaven amerikanische Waffen luden. Wann und wohin die Amerikaner ihre Waffen auf eigenen Schiffen verluden, ging nur sie selber etwas an. Die Verladung auf israelische Schiffe widersprach aber unseren Interessen. Wir erhoben Einspruch, und sie musste eingestellt werden. Alsbald ging durch die amerikanischen Blätter ein Sturm der Entrüstung.

Gerade für einen dieser Tage hatte ich seit längerem eine Vortragseinladung der »Overseas Writers« angenommen, einer einflussreichen journalistischen Vereinigung. An der Türe des gut besuchten Versammlungsraumes stand mein Freund Jan Reifenberg, einer unserer besten Korrespondenten, der die FAZ über zwanzig Jahre in Washington vertreten hat. »Du bist ein mutiger Mann«, meinte er. »Und du würdest weglaufen, wenn du so viel Angst hättest wie ich«, gab ich zurück. Am Ende ging es aber doch einigermaßen glimpflich ab. Scheel hatte tags zuvor in dieser Sache sehr geschickt argumentiert. Darauf konnte ich mich stützen.

Im Juli 1974 ließ sich unser neuer Außenminister, Hans Dietrich Genscher, von Kissinger zu einem Flug in der Präsidentenmaschine US2 nach San Clemente in Kalifornien einladen, wo Nixon im so genannten »Western White House« den Sommer verbrachte. Ich flog mit und erlebte eine gespenstische Atmosphäre. Der Präsident wirkte abgespannt, aber beherrscht. Doch er war am Ende, und jeder wusste das. Ich habe es Genscher hoch angerechnet, dass er die Einladung dennoch angenommen hatte. Richard Nixon war, was immer man über ihn denken mochte, ein begabter Außenpolitiker und ein verlässlicher Bundesgenosse.

Mit seinem Rücktritt Anfang August setzte sich eine Entwicklung fort, die 1974 zu einem Jahr der Wende in den transatlantischen Beziehungen gemacht hat. Im Mai war Helmut Schmidt Bundeskanzler geworden. Mit ihm trat ein Mann an die Spitze der Regierung, der die drängenden wirtschafts- und sicherheitspolitischen Fragen der Zeit beherrschte wie kaum ein anderer. Wenige Tage später wurde Valéry Giscard d'Estaing zum Staatspräsidenten Frankreichs gewählt. Er nahm dem großen transatlantischen Verbündeten gegenüber eine gelassenere und konstruktivere Haltung ein als seine beiden Vorgänger.

Zwischen ihm und Helmut Schmidt bestand schon seit ihrer gemeinsamen Zeit als Finanzminister eine enge Beziehung, die zur Freundschaft wurde. Der Wandel fand seinen Abschluss mit dem Amtsantritt von Gerald Ford, durch den die Vormacht des Westens wieder voll handlungsfähig wurde.

Gerald Ford war, anders als sein Vorgänger, ein klarer Charakter von unumstrittener Integrität. Ungeachtet der voraussehbaren öffentlichen Empörung besaß er den Mut, Nixon zu begnadigen und der Nation damit ein jahrelanges, lähmendes Drama zu ersparen. Selbst ein Mann mit viel common sense, war er souverän genug, bedeutenden Mitarbeitern den nötigen Freiraum zu gönnen: in der Außenpolitik Kissinger, in der Wirtschafts-, Finanz- und Währungspolitik George Shultz, dessen Stellvertreter Paul Volker und seinem Ersten Wirtschaftsberater Alan Greenspan. Ihnen zuzuzählen war der Zentralbankpräsident Arthur Burns. Nur von seinem Verteidigungsminister James Schlesinger hat Ford sich getrennt. Wie es hieß, habe es der intellektuell brillante, aber zur Arroganz neigende Minister einmal an Respekt mangeln lassen. Bei aller Großzügigkeit aber ließ der Präsident doch keinen Zweifel daran, wer Herr im Hause war.

Zwischen dem deutschen Bundeskanzler und Gerald Ford entwickelte sich bald eine gute Zusammenarbeit und eine persönliche Freundschaft, und dieses Einvernehmen dehnte sich bald auf die wichtigsten Berater des Präsidenten aus, vor allem auf Kissinger und Shultz. Eine kleine Szene mag das illustrieren. Bei einem seiner Besuche traf Helmut Schmidt im Blair House, dem Gästehaus der amerikanischen Regierung, mit den wichtigsten wirtschaftspolitischen Beratern des Präsidenten zu einer Diskussion zusammen. Es war nachmittags, und man saß sich am Esstisch gegenüber. Außer George Shultz nahmen Alan Greenspan und, neben anderen, wenn ich mich recht erinnere, auch Paul Volker und Arthur Burns daran teil. Das Gespräch entwickelte sich zu einem Seminar über praktische Wirtschafts- und Währungspolitik und wurde von Helmut Schmidt in fehlerfreiem Englisch meisterhaft geführt. Plötzlich öffnete sich die Tür, und Gerald Ford trat ein, um selbst teilzunehmen. Der Vorgang dürfte einmalig sein. Er bestätigte mir, wie viel von dem persönlichen Verhältnis abhängen kann, das die maßgebenden Politiker zueinander finden.

Darauf haben übrigens sowohl Helmut Schmidt als auch der Sicherheitsberater von Präsident Carter, Zwigniew Brzezinski, in ihren Erinnerungen hingewiesen. Ich habe es während meiner Washingtoner Jahre erlebt, im Positiven wie im Negativen.

Weil die Chemie stimmte, war das Arbeiten während der zweieinhalb Jahre der Ford-Administration leicht, zumal sich auch die Umgebung des Präsidenten den befreundeten Diplomaten sehr zugänglich zeigte.

Dem Einvernehmen zwischen Schmidt und Ford tat es keinen Abbruch, dass sich die wirtschaftlichen Turbulenzen während dieser Jahre fortsetzten, während zugleich in wichtigen Feldern der amerikanischen Außenpolitik Akzentverschiebungen sichtbar wurden.

Kissinger, der sich am Beginn der Entspannungspolitik besorgt gefragt hatte, ob die Regierung Brandt dem gewachsen wäre, was sie sich vorgenommen hatte, geriet nun mit seiner eigenen Politik des Dialogs mit Moskau und der nuklearen Rüstungskontrolle unter wachsenden Druck im Kongress. An der Spitze der Hardliner stand der formidable demokratische Senator Henry Jackson, flankiert von seinem Assistenten Richard Perle. »The Soviets know they can't get around me«, sagte der Senator. In der Sache ging es neben der nuklearen Rüstungskontrolle um die jüdische Auswanderung aus der Sowjetunion. Kissinger setzte auf Verhandlungen, der Senator auf Hochrüstung und handelspolitischen Druck, den er auch wirksam zu machen wusste. Das hat Kissingers Diplomatie behindert und die Administration gezwungen, zumindest verbal von der Entspannungspolitik abzurücken. Beklemmend war es zu sehen, wie rasch Kissingers Stern in dieser Phase verblasste. Seine intellektuellen Peers aus Harvard hatten ihm ohnehin nie vergeben, dass er den Vietnamkrieg verlängerte, um Amerika möglichst ohne Gesichtsverlust aus diesem Treibsand herauszuführen. Nun aber wurde der Liebling der Medien von gestern von allen Seiten kritisiert. Washingtons Gedächtnis kann kurz sein und ungerecht.

Am 4. Juli 1976 jährte sich zum 200. Mal der Tag, an dem Amerika seine Unabhängigkeit erklärt hatte. Das große Jubiläum sollte mit Glanz begangen werden, und die Vorbereitungen dazu begannen schon Jahre vorher. Auch die Verbündeten hatten von langer Hand begonnen, ihre Beiträge zu planen. Schon bei meiner Ankunft im April 1973 fand ich einen umfangreichen Schriftwechsel vor, der vom Bemühen der Botschaft zeugte, ein Programm zustande zu bringen, das dem Anlass und unserem Gewicht angemessen war. Leider zeigte das Konvolut aber auch, wie schwer es ist, eine Bürokratie in Bewegung zu setzen, zumal wenn diese Geld kostet. Erkundigungen bei westlichen Kollegen zeigten, wie viel weiter man dort schon war, und meine Sorge wuchs, dass wir am Ende mit leeren Händen dastehen könnten.

Glücklicherweise bot sich mir eine Gelegenheit, Bundeskanzler Brandt unmittelbar auf diese Sachlage hinzuweisen. Er ernannte den früheren Finanzminister Alex Möller zum Sonderbeauftragten für das »Bicentennial«, und siehe da – von Stund an liefen Planungen und Vorbereitungen wie am Schnürchen, und wir hatten am Ende ein würdiges Programm: ein Planetarium mit eigens dafür von Stockhausen komponierter Musik für das Air and Space Museum; einen Lehrstuhl für eine renommierte Universität; ein großzügiges Austauschprogramm und ein prächtiges Bukett deutscher Opern- und Orchesterensembles. Auch nahm unser Segelschulschiff Gorch Fock an der Parade der Großsegler auf dem Hudson teil, die Präsident Ford, begleitet vom diplomatischen Korps, von einem Flugzeugträger aus abnahm.

In die Jahre der Ford-Administration fällt schließlich noch das Ende der so genannten Devisenausgleichszahlungen. Jahrzehntelang hatte die Bundesrepublik, als einziges verbündetes Land, Kompensationszahlungen für Devisenaufwendungen geleistet, die den USA aus der Stationierung ihrer Truppen bei uns erwuchsen. Helmut Schmidt war nicht nur deswegen gegen diese Zahlungen, weil Deutschland damit eine Sonderrolle zugewiesen war. Sie bildeten auch die Quelle immer wiederkehrender Irritationen, die sich ja zur Zeit von Ludwig Erhard und Lyndon Johnson zur Krise gesteigert hatten. Sie widersprachen nicht zuletzt auch der Überzeugung des Bundeskanzlers, dass nur das amerikanische Eigeninteresse eine solide Basis für die Stationierung der Truppen in Deutschland sein könne und dürfe, nicht finanzielle Beiträge des Partners. In seinen Erinnerungen hebt Helmut Schmidt hervor, dass die verhandlungsbereite Haltung von Kissinger, Scowcroft, aber auch von Donald Rumsfeld die Lösung der schwierigen Frage erleichtert habe.

Die Jahreswende 1976/77 sah eine tief greifende Veränderung der Washingtoner und damit zugleich der transatlantischen Szene. Im November 1976 verlor Gerald Ford die Präsidentschaftswahlen, am 31. Januar 1977 zog Jimmy Carter ins Weiße Haus ein.

Der bisherige Gouverneur von Georgia war nicht der erste Südstaatler im höchsten Amt seit 1945. Aber anders als der Texaner Lyndon Johnson vor ihm verfügte Jimmy Carter über keine Erfahrung in der Hauptstadt. Auch hatte er seinen Wahlkampf betont gegen das »Washingtoner Establishment« geführt.

Jeder neue Präsident, zumal wenn mit ihm die andere Partei ans Ruder gelangt, wechselt nicht nur Tausende von Spitzenbeamten aus, sondern umgibt sich im Weißen Haus auch mit persönlichen Vertrauten, die er zumeist aus seinem Heimatstaat mitbringt. Das galt, mit Ausnahme des nationalen Sicherheitsberaters Brzezinski, auch für das Weiße Haus Jimmy Carters. Anders als die Freunde von Gerald Ford, der eine lange Karriere in Washington hinter sich hatte, verhielten sich die Leute des neuen Präsidenten ausländischen Diplomaten – auch verbündeten – gegenüber uninteressiert bis abweisend. Vor allem aber wirkte es belastend, dass die persönliche Beziehung des deutschen Bundeskanzlers zum neuen Präsidenten von Anfang an nicht unter einem glücklichen Stern stand.

Jimmy Carter war ein Mann von bedeutender Intelligenz und hoher Moral, aber zunächst wenig welterfahren. Er hatte Mühe, sich auf die komplexe Psyche der sowjetischen Gegenspieler einzustellen, die aggressive Rabulistik mit Einkreisungsängsten verbanden. Seine Konzeption, die Außenpolitik der USA an moralischen Standards auszurichten und die Partner an ihrer Achtung vor den Menschenrechten zu messen, erwies sich als wenig praktikabel. Dass er zuweilen von Zweifeln heimgesucht wurde, machte seine Politik nicht gerade berechenbarer.

Ihm stand mit dem deutschen Kanzler ein nüchterner Realist gegenüber, viel erfahren im Ost-West-Geschäft, in Strategie und Rüstungskontrolle, in Wirtschafts- und Währungspolitik, selbstbewusst, verletzbar, nicht frei von Emotionen.

Im Wahlkampf schon hatte das Wochenmagazin Newsweek den Kanzler mit Äußerungen zitiert, die eine Präferenz für Ford erkennen ließen. Kurz nach seinem Amtsantritt schickte Carter seinen sympathischen Vizepräsidenten Walter Mondale, flankiert von zwei Nationalökonomen, nach Bonn, um Helmut Schmidt zuzureden, der immer noch lahmenden Weltwirtschaft durch »deficit spending« aufzuhelfen. Mit steigendem Unbehagen wurde ich Zeuge, wie die beiden begabten und jugendlich wirkenden Herren dem Bundeskanzler ihre wirtschafts- und finanzpolitischen Ratschläge erteilten, ausgerechnet dem Mann, der sein Land durch die Energie- und Währungskrise gesteuert hatte wie kein anderer.

Ebenfalls zu Beginn der neuen Administration kam es zu Spannungen wegen eines Vertrags, den wir mit Brasilien über die Lieferung ziviler Atomtechnik geschlossen hatten. Brasilien war dem Vertrag über Nichtverbreitung von Kernwaffen nicht beigetreten, und Washington befürchtete, dass unsere Lieferungen das Land instand setzen könnten, Nuklearwaffen zu entwickeln. Die Administration forderte von uns, den Vertrag mit Brasilien einseitig aufzukündigen, und scheute vor massivem Druck nicht zurück.

Besonders heftig war die Kritik aus dem Senat. In etwa zwanzig Einzelgesprächen habe ich damals versucht, die mit der Sache befassten Senatoren zu überzeugen, dass wir im Vertrag alle Vorkehrungen getroffen hatten, um Brasilien praktisch den Regeln des Nichtverbreitungsvertrags zu unterwerfen. Am Ende gelang es.

Aber nicht alle meine Gespräche verliefen wunschgemäß. Zu einem Treffen mit Senator Glenn, dem berühmten früheren Astronauten, hatte ich einen bekannten deutschen Physiker hinzugebeten, der sich gerade in Washington aufhielt. Wie erhofft, vertrat er die deutsche Position mit der Autorität ausgewiesener Kompetenz. Dann aber, das Thema wechselnd, gab er seiner schweren Besorgnis wegen eines Atomkrieges Ausdruck, den er aus damaliger Sicht für sehr wahrscheinlich hielt. »Ich verstehe Sie jetzt«, sagte Glenn schließlich, »wenn Sie den Atomkrieg ohnehin für unvermeidlich halten, macht Ihnen das Brasiliengeschäft natürlich keine Sorge!«

Bald nach der Lösung dieser Frage aber begannen schwerer wiegende Differenzen den politischen Himmel zu verdüstern, vor allem der Streit um die so genannte Neutronenbombe und das gefährliche Problem der nuklearen Mittelstreckenwaffen.

Das amerikanische Verteidigungsestablishment hatte den Plan gefasst, eine Nuklearwaffe zu entwickeln, die nur geringe Kollateralschäden verursachen sollte. Im Klartext hieß das eine Bombe, die Menschen tötet, aber Gebäude schont. Einmal gefasst, wurde der Plan mit all der Zielstrebigkeit verfolgt, derer Washington fähig ist.

In Europa und nicht zuletzt in Deutschland stieß diese Konzeption, der in der Tat etwas Perverses anhaftete, auf heftige Kritik. Nur gegen starken Widerstand und aus Bündnissolidarität verstand die Bundesregierung sich schließlich dazu, dem Projekt im NATO-Rat zuzustimmen. An dessen Vorabend aber ließ die amerikanische Seite uns unverhofft wissen, der Präsident habe das Vorhaben gestoppt. Carter hatte wohl Skrupel bekommen. Dem Bundeskanzler musste jedoch zumute sein, als habe man ihm den Boden unter den Füßen weggezogen.

Schwieriger noch gestaltete sich die Frage der Mittelstreckenwaffen. Die neue Administration setzte die laufenden Verhandlungen mit Moskau über nukleare Langstreckenwaffen fort. In Abweichung von Absprachen, die mit den Sowjets auf höchster Ebene schon getroffen waren, wählte Carter einen neuen, weitaus ehrgeizigeren Ansatz. Helmut Schmidt hielt das für einen Fehler. Er kannte den Kreml gut genug, um befürchten zu müssen, dass es eine heftige Reaktion des Misstrauens geben würde – die auch nicht ausblieb.

Zur gleichen Zeit hatte Moskau damit begonnen, einen neuen Typ von Mittelstreckenwaffen zu stationieren – die SS 20. Sie konnten den amerikanischen Kontinent nicht erreichen, wohl aber den größten Teil Westeuropas. Die Gefahr, dass die Europäer von ihrer transatlantischen Schutzmacht abgekoppelt und erpressbar würden, war offenkundig.

Niemand sah das klarer als der deutsche Regierungschef. Doch alle seine Versuche, den amerikanischen Präsidenten davon zu überzeugen, dass diese Waffen in die strategischen Verhandlungen einbezogen werden müssten, fruchteten nicht. Schließlich hat ein Vierergipfel in Guadelupe im Januar 1979, an dem die Präsidenten der USA und Frankreichs sowie die Regierungschefs von Großbritannien und der Bundesrepublik teilnahmen, einen anderen Ansatz zur Lösung gefunden: den so genannten NATO-Doppelbeschluss. Ihm zufolge sollte eine westliche Gegenstationierung nuklearer Mittelstreckenwaffen stattfinden, wenn Moskau sich nicht innerhalb von vier Jahren bereit fände, über den Abbau seiner Systeme zu verhandeln.

Dieser Ansatz aber war in Deutschland von Anfang an leidenschaftlich umstritten und sollte schließlich zum Zerbrechen der sozial-liberalen Koalition und damit zum Ende der Ära Schmidt führen.

Die dargestellten Differenzen beruhten größtenteils auf widerstreitenden Interessen in der Sache und wären ohnehin aufgetreten, ganz gleich, ob das Verhältnis der führenden Personen zueinander von Zutrauen und Anerkennung geprägt war oder von Zweifel und Kritik.

Nur gab die Malaise an der Spitze den Meinungsverschiedenheiten eine Schärfe, die mir vermeidbar erschien und die Lösung nicht erleichterte. In der Sache, so schien mir, hatte der Kanzler meistens Recht. Aber zu oft gab er der Neigung nach, seinem Unmut Dritten gegenüber Luft zu machen. Das wurde unfehlbar kolportiert und belastete das Klima.

Dennoch hat die enge und freundschaftliche Partnerschaft zwischen den USA und Deutschland nicht gelitten. Schon der fortdauernde Kalte Krieg schloss aus, dass die Bundesrepublik sich offen gegen die Politik ihres amerikanischen Verbündeten stellte. Die Malaise in der Führung erstreckte sich daher nicht auf die politische Elite Washingtons und geriet nicht zur Vertrauenskrise unter Verbündeten.

Durch Kontakt- und Medienarbeit trug die Botschaft nach besten Kräften dazu bei, dass das so blieb. Vor allem galt es, für gegenseitiges Verstehen zu werben und dafür Sorge zu tragen, dass der Informationsfluss unbeeinträchtigt weiterlief.

Mit Dankbarkeit denke ich an die Unterstützung, die ich in meiner Bemühung bei vielen amerikanischen Partnern und Freunden erfahren habe, unter ihnen vor allem bei Außenminister Cyrus Vance und seinem Stellvertreter Warren Christopher. Nicht zuletzt aber half mir mein guter und schließlich freundschaftlicher Kontakt zu Brzezinski, dem nationalen Sicherheitsberater. Sein Gewicht nahm von Jahr zu Jahr zu und überschattete zuletzt das des Außenministers. Aus der Sicht der Bonner Politik, die auf Vertrauensbildung und Entspannung setzte, mochte Brzezinski als Hardliner gelten. Aber vielleicht sollte man Vertrauensbildung und Härte nicht so sehr als Widersprüche sehen, sondern eher komplementär.

Eines Morgens im Herbst 1979 wurde ich telefonisch vom Bundesaußenminister gefragt, ob ich die Leitung der Abteilung Außenpolitik und Sicherheit im Bundeskanzleramt übernehmen wolle. Ich empfand dies als eine große Chance und sagte zu. Damit endeten sechseinhalb interessante und schöne Jahre in Washington.

Skizzen und Porträts

Richard Nixon, 1./2. Mai 1973

Ein Botschafter kann erst richtig in Funktion treten, wenn er sein Beglaubigungsschreiben dem Staatsoberhaupt übergeben hat, bei dem er akkreditiert ist. In Monarchien und parlamentarischen Demokratien, deren Staatsoberhäupter weitgehend auf zeremonielle Funktionen beschränkt sind, macht das keine Ungelegenheiten.

Anders in Amerika. Der Präsident des mächtigsten Landes der Welt ist eine Ein-Mann-Regierung. Nicht zufällig heißen seine Kabinettsmitglieder »Staatssekretäre«. Er ist nahezu frei in ihrer Bestellung und kann sie jederzeit entlassen. Sie dienen »at the pleasure of the president«.

Infolgedessen gibt es, wie ein geistvoller Beobachter bemerkt hat, in Washington nichts Wertvolleres als die Zeit des Präsidenten. Das bekamen auch neu ernannte Botschafter zu spüren. Ich habe Kollegen gekannt, die bis zu drei Monate auf einen Termin warten mussten und inzwischen weder Fisch noch Fleisch waren. Ich hatte mehr Glück. Gerade vierzehn Tage nach meiner Ankunft kamen Brandt und Scheel zu einem Arbeitsbesuch nach Washington. Um funktionsfähig zu sein, erhielt ich genau dreißig Minuten vor der Ankunft des Bundeskanzlers, also am 1. Mai 1973 um 10 Uhr, einen Termin im Weißen Haus.

Pünktlich auf die Minute trat ich dem Präsidenten gegenüber, dem dritten, dem ich persönlich begegnet bin. Am Ende sollten es sieben gewesen sein – von Kennedy bis George Bush senior.

Die amerikanische Präsidentschaft ist eine einzigartige Institution, einer Wahlmonarchie nicht unähnlich. Bis Nixon war sie durch Tabus abgeschirmt. Über die Seitensprünge von Kennedy hatten die Medien noch den Mantel christlicher Nächstenliebe gebreitet. Seither, das hat der Fall Lewinsky bestätigt, machen sie vor nichts mehr halt. Nixon aber war in der liberalen Presse äußerst unpopulär. Man hatte ihm seine Rolle während der McCarthy-Ära nicht vergessen. Als der Watergate-Skandal ruchbar wurde, setzte infolgedessen eine Treibjagd ein, wie sie sich im Falle Lewinsky wiederholen sollte. Der amerikanische Präsident muss eben Held und Heiliger sein, Tatmensch und Asket, befähigt zur höchsten Verantwortung und bereit, sie für ein vergleichsweise bescheidenes Salär wahrzunehmen.

Am Abend vor dem 1. Mai sah sich Nixon zum ersten Mal gezwungen, im Fernsehen zum Watergate-Skandal Stellung zu nehmen. Natürlich bestritt Nixon alle gegen ihn persönlich gerichteten Vorwürfe, aber es war ein hochnotpeinlicher Auftritt, den wir, die deutsche Delegation und ich, am Fernseher im Blair House verfolgten. Noch war zwar nicht erkennbar, jedenfalls nicht für mich, dass sich die Schlinge um den Hals des Präsidenten unaufhaltsam zuziehen würde, aber dass dieser unsichere, von Verfolgungsängsten geplagte Mann schon jetzt tief beschattet war, ließ sich nicht verkennen, auch wenn er sich Mühe gab, locker zu erscheinen.

Am 1. Mai um 10 Uhr wurde ich ins Oval Office geleitet und von Nixon mit einem warmen, weichen, aber nicht schlaffen Händedruck begrüßt. Er wirkte eilig und forderte mich gar nicht erst auf, Platz zu nehmen. Stattdessen wollte er nach meinem Beglaubigungsschreiben greifen. Ich aber zuckte zurück. Zwar wurden die aus diesem Anlass üblichen Reden in Washington nicht mehr gehalten, sondern nur noch die Texte ausgetauscht, aber einen Satz wenigstens wollte ich doch sagen. Nixon ließ die Hand sinken und hörte mich an. Kaum aber hatte ich den ersten Satz beendet, unterbrach er mich: »Now let's have it!« Ich übergab das Beglaubigungsschreiben. Danach unterhielten wir uns stehend.

Dieser große Augenblick im Leben des neu gebackenen Botschafters dauerte genau sieben Minuten. Nixon fragte mich unter anderem, aus welchem Teil Deutschlands ich käme. Für einen Deutsch-Balten meiner Generation ist das immer eine etwas heikle Frage. Ich erklärte dem Präsidenten, so gut es in der Eile ging, dass ich aus Estland stammte, aber Deutscher sei. Nixon hörte unkonzentriert zu und forderte mich dann auf, ihn zum Ostflügel des Weißen Hauses zu begleiten, zum Empfang von Bundeskanzler Brandt, der mit der ganzen Eskorte schon am Weißen Haus vorfuhr.

Der Präsident wirkte auf mich nicht anziehend, auch nicht unsympathisch, aber auf eine eigentlich ganz unamerikanische Weise gehemmt. Zwar zeigte auch er das zähneblitzende Lächeln, das in Amerika de rigueur ist, doch es wirkte aufgesetzt. Er klopfte einem auf die Schulter, aber was locker wirken sollte, wirkte bei ihm gezwungen. Er machte keinen bedeutenden Eindruck, obwohl er ein bedeutender Außenpolitiker war. Im Watergate-Skandal war er weder Mittäter noch Anstifter, sondern Vertuscher. Ich glaube, dass er dabei nicht aus krimineller Energie gehandelt hat, sondern dass Unsicherheit und Angst ihn trieben. Während Clinton sein selbstgemachtes Inferno mit beachtlicher Gelassenheit bewältigte, machte Nixon in den kommenden Monaten zunehmend den Eindruck eines gehetzten Tiers, dem der Atem ausgeht. Es war ein beklemmendes Schauspiel, bei dem der europäische Beobachter wählen konnte, was ihm bedrückender erschien: der Anblick des Präsidenten oder der Blutdurst der Medien. Ich habe sowohl mit Nixon als auch mit Clinton Mitgefühl gehabt. Was die Öffentlichkeit bei einem Großmogul von Unternehmer oder einem Medienzaren achselzuckend hingenommen hätte, wurde bei den Präsidenten zu einem gleichsam todeswürdigen Vergehen.

Seite an Seite eilten wir dann vom Westflügel des Weißen Hauses zum Ostflügel, wo Brandt vorgefahren war. Nixon begrüßte ihn, den deutschen Botschafter neben sich. »Sie stehen auf der falschen Seite«, bemerkte Brandt zu mir.

Am Abend gab der Präsident ein Galadiner, das erste im Weißen Haus, an dem ich teilnahm. Nixon hatte sich für solche Anlässe ein Zeremoniell mit Fahnen, Trompeten und bunten Uniformen ausgedacht, das überhaupt nicht zur Eleganz des virginischen Landhausstils passte, die im Weißen

Haus so perfekt zum Ausdruck kommt. Wie bereits erwähnt, saß meine Frau an der Ehrentafel zwischen Nixon und dem Vizepräsidenten Agnew, der kurz danach wegen einer Steueraffäre zurücktreten musste. Auf der Rückfahrt verriet sie mir, dass sie sich mit dem Präsidenten eigentlich gut unterhalten habe. »Aber er weiß alles«, setzte sie hinzu und meinte damit, dass Nixon sich über sein politisches Schicksal im Klaren war. Es sei zu spüren gewesen – sie sei ganz sicher.

Ich hätte ihr glauben sollen. Denn am Morgen danach fragte Brandt den Washingtoner Vertreter der FAZ, Jan Reifenberg, und mich in getrennten Gesprächen unter vier Augen, was wir von der Lage hielten. Reifenberg sagte voraus, dass Nixon politisch nicht überleben würde. Ich dagegen riet Brandt, dieser Beurteilung nicht zu folgen. Das Ansehen des Präsidenten in Amerika sei so groß, dass mir eine Amtsenthebung undenkbar erschiene. Ich war viel zu autoritätsgläubig...

Der Besuch hatte für mich ein Nachspiel. Nach seinem ersten Gespräch mit Nixon erzählte Brandt im Kreise der Delegation, dass der Präsident ihn gefragt habe, wieso Deutschland einen Esten als Botschafter nach Washington schicke. Er habe den Zusammenhang aufgeklärt. Halb im Scherz warf ich ein, dass das gut sei. »Sonst könnte«, sagte ich, »der Präsident denken, dass wir Gastarbeiter als Botschafter beschäftigen.« Am Montag stand das im »Spiegel«, und dort klang es, als habe Brandt selber die Äußerung Nixon gegenüber getan. Alsbald erhob sich ein Sturm im deutsch-baltischen Wasserglas. Ich sei beleidigt worden und mit mir der ganze Stamm der Balten; ich müsse eine Entschuldigung von Brandt verlangen oder meinen Hut nehmen. Ich habe natürlich nichts dergleichen getan.

Familie Kissinger

Im »Spiegel« des auf den Besuch von Brandt folgenden Montags stand zu lesen, dass sich die deutsche Seite bei den Gesprächen in Washington durchgesetzt habe, nicht zuletzt, weil Nixon, durch Watergate geschwächt, konzessionsbereit gewesen sei. Es ging dabei um das schon erwähnte »Jahr Europas«, das Kissinger am 23. April 1973 in einer außenpolitischen Grundsatzrede in New York verkündet hatte.

Unglücklicherweise hatte der sonst so umsichtige Kissinger sich dazu verleiten lassen, den USA eine globale Verantwortung zuzuschreiben, den Europäern aber bloß eine »regionale«. Das brachte selbst die Briten, die Amerika die Stange zu halten pflegen, in Harnisch.

Die Kontroverse um den amerikanischen Vorschlag war bei den Gesprächen Brandts das beherrschende Thema. Das fand auch in der gemeinsamen Abschlusserklärung seinen Niederschlag, und die deutschen Medien verstanden es unisono im Sinne des »Spiegel«-Berichts. Da diese Nachrichten das Weiße Haus natürlich schneller erreichten als mich, ahnte ich nichts Böses, als ich ein oder zwei Tage nach Brandts Abreise zu Kissinger ins Weiße Haus zitiert wurde.

Das Büro des »National Security Advisor« befand sich damals im Westflügel des Weißen Hauses, wo auch der Präsident selbst seinen Sitz hat. Hier trat mir Henry Kissinger entgegen, flankiert von seinem Assistenten, meinem alten Freund Helmut Sonnenfeldt, und einer Stenotypistin. Ich wurde nicht aufgefordert, auf dem für Besucher bereitstehenden Sofa, sondern an einem runden Tisch Platz zu nehmen, an den sich mit gespitzter Feder auch die Stenotypistin setzte. Dann erhielt ich unter Vorhalt der rot und grün angestrichenen »Spiegel«-Story eine Kopfwäsche: So gingen Freunde nicht miteinander um, war der Tenor der Vorwürfe, mit denen mich Kissinger überhäufte. Ob er behaupten wolle, fragte ich schließlich, dass Brandt oder Scheel hinter der Story steckten? Das wurde verneint. Kissinger wollte wissen, welche Erklärung ich dafür hätte. Ich erwiderte, ich könne mir nicht vorstellen, dass der Kanzler oder der Außenminister eine solche Darstellung gegeben hätten. In seinen Erinnerungen erwähnt Kissinger, man habe mir geglaubt, weil man mich für einen ehrenwerten Mann hielt. Nun, gelogen habe ich nicht. Ich hielt Brandt und Scheel in der Tat für zu klug und zu erfahren, um eine dem deutschen Interesse so abträgliche Geschichte in die Welt zu setzen.

Das Tauziehen um das »Jahr Europas«, alsbald überschattet durch den ersten Ölpreisschock, zog sich dann noch monatelang hin. Es half den Europäern, ihre Identität in einem Dokument von Kopenhagen vom 14. Dezember 1973 zu definieren, und ließ die Eigenständigkeit der EPZ am Ende intakt.

Dass Kissinger mich ins Weiße Haus einbestellt hatte, statt, wie üblich, das State Department damit zu beauftragen, war charakteristisch für das damalige gespannte Verhältnis zwischen dem Außenministerium und dem nationalen Sicherheitsberater. Diese Spannung lag sowohl an Nixon, der wie manche Politiker Diplomaten nicht mochte und ihnen nicht recht traute, als auch an der Ambition und dem ausgeprägten Machtbewusstsein Kissingers. Das Gespräch am 4. Mai 1973 war das erste, das ich mit diesem Mann geführt habe, der zu den interessantesten Persönlichkeiten gehört, die mir begegnet sind, und den ich für den begabtesten Außenpolitiker und Diplomaten halte, den die USA im 20. Jahrhundert gehabt haben.

Das erste Mal war ich ihm 1962 begegnet, als ich Walter Hallstein auf einer Vortragsreise nach Cambridge in Massachusetts begleitete. Unser Generalkonsul in Boston gab zu Ehren des Gasts einen Empfang. Dort fiel mir ein mittelgroßer, schlanker Mann auf, dessen schmale Züge Nase und Ohren stark hervortreten ließen. Ein Kreis von Gästen scharte sich um ihn und ließ erkennen, dass es sich um einen Prominenten handelte. Das war der Harvard-Professor Henry Kissinger, noch keine 41 Jahre alt, Direktor des Zentrums für internationale Studien und Autor einer brillanten Monographie über die Politik Metternichs und Castlereaghs und zweier Werke über Außenpolitik im Zeitalter der Nuklearwaffen.

Zwei oder drei Jahre später, als ich schon Botschaftsrat in Washington war, gab mir mein Botschafter einen Brief von Kissinger »zur weiteren Veranlassung«. Kissinger bat, Termine für ihn in Bonn vorzubereiten. Auf seiner Wunschliste stand buchstäblich alles, was gut und teuer war, angefangen mit Altbundeskanzler Adenauer. Ich hielt das zunächst für anmaßend und vor allem für ein Zeichen der Selbstüberschätzung. Aber siehe da: Alle Wünsche wurden erfüllt, und ich beschloss, auf diesen Mann in Zukunft Acht zu geben.

Zehn Jahre später, 1973, stand »Henry« im Zenith seines Ruhms. Seit 1969 war er »National Security Adviser« des Präsidenten. 1971 hatte er entscheidend dazu beigetragen, die Wende in der auf Taiwan fixierten amerikanischen China-Politik herbeizuführen. Anfang 1973 war es ihm gelungen, Amerika aus dem Treibsand von Vietnam zu befreien. Kissingers Prestige hatte eine Höhe erreicht, von der man sich heute schwer eine Vorstellung machen kann. Neben Watergate war er es, der die Medien beherrschte. Auch seine Machtfülle in der geschwächten Nixon-Administration war außerordentlich. Ende September 1973 wurde er Außenminister, behielt aber das Amt des national security adviser zunächst bei, ein einmaliger Vorgang.

Bei all seinem Prestige und seiner Machtfülle war Kissinger als Außenpolitiker nie unumstritten. Für Europäer, zumal für die Westeuropäer, die gewohnt sind, in den Kategorien der »Realpolitik« zu denken, war das nicht ganz leicht nachzuvollziehen. Denn als Realpolitiker war Kissinger zu seiner Zeit unübertroffen. Der amerikanischen Außenpolitik aber ist traditionell ein missionarischer Zug zu eigen. Amerika ist das Vorbild, nach dem die Welt gestaltet werden soll. Den Vertretern dieses Credos erschien der Außenminister oft zu zynisch, zu opportunistisch, kurz: zu europäisch. Kissinger seinerseits warf den »Wilsonianern« Realitätsferne vor.

Ich habe diese Gegensätze weniger scharf gesehen, als es Kissinger in seinem Buch »Die Vernunft der Nationen« tut. Tatsache aber bleibt, dass es unter der Oberfläche einer fast allgemeinen Faszination auch viele Widerstände gegen die Politik des Außenministers gab, insbesondere unter den Senatoren der demokratischen Partei wie Fulbright oder Jackson.

Als Botschafter habe ich Kissinger natürlich oft getroffen, allerdings meist als Begleiter zu Besuch weilender deutscher Politiker, seltener allein. Denn des Gewaltigen zu einem Gespräch habhaft zu werden war für einen Botschafter schwer, es sei denn, er vertrat eine Weltmacht wie mein sowjetischer Kollege Dobrynin oder ein Land in einer Krisenregion wie Israel. Dobrynin hatte immer Zutritt, zeitweise sogar durch einen Sondereingang in der Tiefgarage des State Department. Der israelische Botschafter konnte sich nicht nur auf die Spannungen im Nahen Osten berufen, sondern auch auf das ganz einmalige Sonderverhältnis seines Landes zu den Vereinigten Staaten. Wir anderen aber, vielleicht mit Ausnahme des britischen Kollegen, mussten um jede Audienz heftig ringen. Und so wurde es geradezu zu einem Statussymbol, Kissinger von Zeit zu Zeit zu sehen. Meistens wurde das dann zu einer Art Zitterpartie, bis das Treffen nach mehrmaligen Verschiebungen tatsächlich zustande kam.

Ich habe mich auf die Besuche beim Außenminister immer so vorbereitet, dass alles, was es meinerseits zu besprechen gab, in zwanzig Minuten erledigt werden konnte. Notizen habe ich nie gemacht, sondern mein Gedächtnis darauf trainiert, auch ausgedehnte Gespräche ausreichend genau rekonstruieren zu können. Als ich Washington nach sechseinhalb Jahren verließ, betitelte eine Zeitung ihren Abschiedsartikel mit »The twenty Minutes Man«.

Ich erwähnte schon, dass sich viele amerikanische Juden deutscher Herkunft uns gegenüber über alles Erwarten hinaus großzügig und versöhnlich zeigten. Sie gaben uns jede Chance, auch der Kriegsgeneration. So verhielt sich auch Kissinger, was immer in seinem Inneren vorgehen mochte. Nie habe ich bei ihm ein Ressentiment gespürt. Im Gegenteil, er hatte gute deutsche Freunde, wie Marion Dönhoff oder Helmut Schmidt, mit denen er sich menschlich verstand, auch wenn die Ansichten auseinandergehen mochten.

Das Band, das viele amerikanische Juden, die ihre Kindheit oder Jugend noch in Deutschland verbracht hatten, trotz allem immer noch mit dem »alten Land« verknüpfte, äußerte sich bei Kissinger auf eine seltsame Weise. Schon als Schüler in Fürth war er ein Fußballfan gewesen, und sein Interesse am deutschen Fußball hatte er sich erhalten. Jeden Montag musste ihm die Botschaft die Wochenendergebnisse der Bundesliga melden. Das brachte mich eines Tages in eine komische Situation.

Zu den mächtigsten Institutionen der mächtigsten Hauptstadt der Welt gehört der »National Press Club«, der Treffpunkt des riesigen, hoch qualifizierten und überaus einflussreichen Korps der Washingtoner Korrespondenten. Hier aufzutreten war eine Auszeichnung, die nur amerikanischen Politikern und ausländischen Staatsgästen zuteil wurde und unter den Botschaftern allenfalls jenen der Sowjetunion und – natürlich – Englands, denn die oft geleugnete »Special Relationship« zwischen den USA und Großbritannien ist eine Realität.

Ende Januar 1976 oder Anfang 1977 war die Reihe wieder einmal an Henry Kissinger, und natürlich war der etwa dreihundert Gäste fassende Saal brechend voll. An einem der runden Tische, nahe dem Podium, hatte auch ich Platz genommen. Ehe er zu sprechen begann, zeigte Kissinger mit einer weit ausholenden Armbewegung auf mich. »Hier sitzt der deutsche Botschafter«, sagte er, »und ich dachte, wir wären Freunde. Aber seit Weihnachten erhalte ich die deutschen Fußballergebnisse nicht mehr. Anscheinend sind unsere Beziehungen nicht mehr die besten!«

Ich war damals schon mehrere Jahre in Washington und nicht unbekannt. Natürlich hätte ich lachen sollen, aber ich fürchte, ich wurde rot. Zurück in der Botschaft machte ich dem – verantwortlichen – Pressereferenten Vorhaltungen. »Ja, wissen Sie denn nicht, dass im Januar gar keine Bundesligaspiele stattfinden?«, fragte er entgeistert. Ich hatte mich gleich doppelt blamiert. Solche Dinge muss der deutsche Botschafter einfach wissen!

Als ich Liz Taylor im schicken Chevvy Chase Country Club vorgestellt wurde, fragte sie mich, wann Mohammed Ali seinen nächsten Kampf in Deutschland habe. Ich musste bekennen, es nicht zu wissen. Der Star drehte sich auf dem Absatz um und ließ mich stehen, ohne mich eines weiteren Blicks zu würdigen.

Am Ende wurden Kissinger und ich das, was man unter Diplomaten »Freunde« nennt. Am 2. März 1979 jährte sich zum 150. Mal der Geburtstag von Carl Schurz, dem nach General Steuben wohl bekanntesten Deutschamerikaner. Wir beschlossen, einen Empfang im Carl-Schurz-Auditorium zu geben und einen prominenten Amerikaner einzuladen, der die Ansprache halten sollte. Dafür schlug ich Kissinger vor, der ja schon aus dem Amt geschieden war. Meine Mitarbeiter hatten Bedenken. Das könnten wir nie bezahlen, meinten sie. Der Einwand war nicht unbegründet. Prominente Persönlichkeiten können in den USA ungeheure Vortragshonorare erzielen, schon damals bis zu 80 000 Dollar. Ich widersprach dennoch. Kissinger, sagte ich, werde aus diesem Anlass gar nichts fordern, sondern es aus Freundschaft tun. Und er enttäuschte mich nicht.

Dafür ergab sich wenige Tage vor dem Empfang eine andere Komplikation. Kissinger rief an und sagte, er habe Bedenken, die Gedenkrede zu halten. Er habe sich inzwischen näher mit diesem Carl Schurz beschäftigt. Das sei ja ein »Liberaler«! Das kommt in Amerika etwa einem Sozialdemokraten nahe. Kissinger war Republikaner. Es war, als hätte man Franz Josef Strauß aufgefordert, eine Rede auf August Bebel zu halten.

Ich machte Kissinger klar, dass wir nicht zurück könnten. Die Einladungen seien bereits verschickt, und da er angekündigt sei, würden alle kommen. Aber schließlich brauche er den Namen Schurz nur zu erwähnen. Dann könne er über die deutsch-amerikanischen Beziehungen sprechen. Darauf ging er ein.

Das Auditorium war brechend voll, und da es ein Empfang war, standen die Gäste. »Die deutsche Botschaft«, begann Kissinger mit seiner sonoren Stimme, »ist nicht imstande, Stühle zu beschaffen. Es steht Ihnen aber frei zu knien!«

Als unsere Zeit in den USA im Spätherbst 1979 zu Ende ging, gaben uns Henry und Nancy Kissinger in ihrer eleganten New Yorker Wohnung ein Abschiedsessen. Ich erwähnte in meiner Tischrede eine gemeinsame Reise nach Fürth, auf der ich Kissingers Eltern begleitet hatte, im Dezember 1975, als die Stadt Fürth ihrem berühmten Sohn ihre Goldmedaille für verdiente Bürger verlieh. Natürlich war die ganze Familie eingeladen, Henrys Kinder, sein jüngerer Bruder Walter und vor allem seine Eltern Paula und Louis Kissinger, denen ich schon zuvor begegnet war, in den ersten Septembertagen 1973. Die Organisation »Hope« gab für den designierten

Außenminister Kissinger ein Bankett im Hotel Plaza in New York, zu dem an die 500 Gäste geladen waren, so auch wir. Als Gastgeber fungierte Nelson Rockefeller. Bei der Begrüßung standen neben dem Ehrengast dessen Eltern. Louis Kissinger, 1887 in Fürth geboren, zählte damals 86 oder 87 Jahre, ein zierlicher, hagerer Mann mit schmalem Kopf und durchgeistigten Zügen. Er war Gymnasiallehrer gewesen, und Bekannte aus Fürth entsannen sich seiner als eines sanften, gütigen Mannes von großer Bildung. Nach der Flucht aus Deutschland 1938 hatte er seine Familie in New York als Buchhalter mühsam durchgebracht. Lehrer konnte er seines starken deutschen Akzents wegen nicht mehr werden. Während der Leidensjahre der Nazizeit und nach dem nicht einfachen Beginn in der neu gewonnenen Freiheit in Amerika fand die Familie ihren Rückhalt an der willensstarken, praktischen und lebensklugen Mutter Paula.

Nach allem, was diese beiden tapferen Menschen durchlebt hatten, muss ihnen die kometenhafte Laufbahn des älteren Sohns, diese so amerikanische Erfolgsgeschichte, wie ein Wunder erschienen sein. Das galt sicher auch von diesem Abend, an dem sie Hunderte von distinguierten Gästen an der Seite des prominentesten Amerikaners jener Tage begrüßen konnten.

Als die Reihe an uns kam, wurden wir dem alten Ehepaar vorgestellt und hörten, wie Louis Kissinger seiner Frau mit der für jüdische Emigranten seiner Generation charakteristischen Aussprache zuflüsterte: »The German ambassador ... the German ambassador.« Ich kannte den Tonfall. Nie werde ich vergessen, wie der alte Professor Staudinger Willy Brandt an der New School for Social Research in New York begrüßte. »Don't loose courage, Mr. Chancellor«, sagte er, wobei er das »courage« wie Karetsch mit rollendem R aussprach. Ich habe das nicht als komisch empfunden, sondern eher als bewegend. So ging es mir auch jetzt.

Es fällt nicht leicht zu beschreiben, was ich empfand, obwohl es mir sehr genau erinnerlich ist. Der Ton, in dem Louis Kissinger sprach, klang erregt. Hier steht ein alter Mann, dachte ich, der mitsamt seiner Familie verfolgt und gedemütigt wurde. Und dennoch scheint dieser einstige bayerische Beamte bei der Begegnung mit dem deutschen Botschafter so etwas wie Respekt zu empfinden. Vielleicht wird nur ein Deutscher meiner Generation verstehen können, dass ich mich beschämt fühlte.

Das zweite Mal nun begegnete ich den alten Herrschaften auf der Reise nach Fürth. Die beiden Söhne waren daran gehindert, die Eltern zu begleiten. Henry befand sich bis zum Tag vor der Verleihung auf einer Auslandsreise und ebenso Walter, der die deutsche Niederlassung seines Konzerns besuchte. So bot es sich an, dass ich den beiden bejahrten Menschen als eine Art Reisemarschall auf dem Weg von New York über Frankfurt nach Fürth diente.

Der Festakt fand am 15. Dezember 1975 statt, verbunden mit einem Mittagessen für etwa 150 Honoratioren der Stadt. Am Ehrentisch hatten neben den Kissingers der Bundesaußenminister, der Vertreter der bayerischen Regierung und natürlich der Oberbürgermeister Platz genommen. Die Tischrede seitens der Gäste aber hielt nicht Henry Kissinger, sondern Vater Louis.

Walter Kissinger hatte mir zuvor erzählt, dass Henry sich deswegen Sorgen gemacht habe, vielleicht weil er fürchtete, sein Vater werde die Fassung verlieren oder der Anstrengung mit seinen 89 Jahren nicht gewachsen sein. Nichts von alledem! Mit volltönender Stimme hielt der alte Herr seine Rede in akzentfreiem Deutsch. Und als alter Studienrat – ein Titel, auf den er zeitlebens stolz gewesen ist –, wusste er sie durch zahlreiche deutsche und lateinische Zitate zu bereichern. Ein donnernder Applaus, eine standing ovation würdigten diese Leistung. Dem Sohn wurden die Augen feucht. Ich aber fragte mich unwillkürlich, wer von den Anwesenden sich der jüdischen Mitbürger aus der Zeit vor 1938 wohl noch erinnerte und wie.

Nach Tisch wollten die Kissingers das Grab von Paulas Vater Falk Stern auf dem jüdischen Friedhof besuchen. Der Polizeipräsident bestand darauf, dass seine Sicherheitsbeamten die Familie begleiteten. Doch das wollten die Kissingers nicht. Sie zogen es vor, in dieser Stunde unter sich und ungestört zu sein. Schließlich schlug ich vor, mich so zu postieren, dass ich sowohl Sichtkontakt mit der Grabstätte als auch mit der Polizei hatte. Das wurde akzeptiert. So war ich der einzige Zeuge, als die Kissingers um das Grab versammelt die Totenklage sangen.

Moskau, 30. Juni bis 1. Juli 1980

Vor der Landung, als das Flugzeug die Wolkendecke durchbricht, dehnt sich unter uns die unendliche russische Ebene; Felder, ein wenig Wald, von Bäumen umgebene Dörfer, einzelne Lastfahrzeuge auf den Straßen.

Wir landen weich. Eine Gruppe von Männern, die vor dem Flughafengebäude von Wnukowo gewartet hat, kommt auf unsere Maschine zu. Großer Bahnhof: Breschnew, Kossygin, Tichonow, Gromyko, dazu zahlreiche Beamte, die im Hintergrund bleiben, ein oder zwei Generale in Khaki!

Sehr freundliche Begrüßung im üblichen Gedränge, mit Händeschütteln kreuz und quer. Der Generalsekretär ist, seit ich ihn 1970 sah, gealtert. Aber er wirkt nicht hinfällig. Die Gestalt scheint mir schlanker zu sein als damals. Er trägt einen gut geschnittenen, einfarbig mausgrauen Anzug und bewegt sich gemessen und mit etwas vorsichtigen, kleinen Schritten, aber mühelos und gelassen. Sein Gesicht ist breiter geworden – die Haut ein wenig fleckig und alt –, nicht aber so gedunsen wie auf manchen Fotos der letzten Jahre. Die großen dunklen Augen blicken ein wenig starr; insgesamt wirkt er wie ein Mann, der zwar alt ist, aber kräftig und präsent. Auch Kossygin ist gealtert, etwas kleiner geworden, die Gesichtsfarbe nicht mehr rosig und wohl durchblutet, anscheinend aber völlig genesen, wenigstens äußerlich. Nur Gromyko ist ganz unverändert, zeitlos in seiner anziehenden Hässlichkeit.

Eine Ehrenkompanie aus drei Zügen mit Musikkapelle ist angetreten. Wie sich Bundeskanzler Schmidt und Breschnew dem roten Teppich nähern, der vor der Front, der Fahne gegenüber, ausliegt, marschiert der Kompanieführer in knallendem Stechschritt zur Meldung an. Die gertenschlanke Gestalt ist bolzengerade aufgerichtet, der Säbel gezogen. In der kleidsamen Offiziersuniform ein hübscher und ungewohnter Anblick. Angelangt schmettert er seine Meldung heraus. Dann erschallt das Deutschlandlied, ausgezeichnet gespielt, vom gedrungenen Kapellmeister mit höchst energischen Armbewegungen dirigiert.

Das anschließende Defilee ist sowohl beeindruckend als auch beunruhigend. Hier wird noch Parademarsch mit der Präzision eines Uhrwerks geklopft, kein falscher Tritt, kein falscher Griff, dem alten deutschen Drill sehr nahe kommend. Die Gesichter verkrampft von der Anspannung; ausgesuchte Leute, schlank und über mittelgroß, alle in langen Schaftstiefeln und wohl geschnittenen schmalen Hosen.

Besonders hübsch ist die dunkelblaue Paradeuniform der Offiziere, mit roten Litzen und den breiten silbernen und goldenen Schulterstücken der Zarenzeit. O Russland, Russland, bewegst du dich? Wohin?

Auf dem Wege nach Moskau sieht man, wie die Stadt sich ausgedehnt hat, seit ich sie 1970 zuletzt sah. Mir scheint, dass die neueren Häuserblocks besser gebaut und schöner gestrichen sind als die älteren. Die grünen, roten, braunen Balkonwände geben dem Bild Farbe. Es unterscheidet sich nicht wesentlich von dem ähnlicher Wohnkomplexe im Westen. Aber hier wirkt fortschrittlich, was man sich bei uns schon wieder fortwünscht. Einen Durchbruch in der sowjetischen Architektur stellt das neue Olympiahotel dar, das, wie der Oberbürgermeister von Moskau mir beim Abendessen im Kreml sagt, 2200 Betten zählt. Sehr hoch und schlank, ist es durch unterschiedliche Höhen seiner Flügel und ihren schrägen Aufwuchs so gestaltet, dass man es von weitem für ein monumentales Luftfahrtdenkmal halten könnte. Diese neue Linie sehe ich zum ersten Mal; sie verändert sich beim Näherkommen auf höchst bemerkenswerte und geschickte Weise.

Auf dem Weg, wie bei den verschiedenen Fahrten der beiden Tage, versuche ich, mir ein Bild des heutigen Sowjetbürgers zu machen. Eigentlich sehen die Menschen nicht sehr anders aus als wir. Aber bis auf die Jungen sind sie plumper, oft zur Dicklichkeit neigend, eine Folge wohl der immer noch einseitig auf Kohlehydraten basierenden Ernährung. Blond, im allgemeinen Rundgesichter. Die Kleidung, sommerlich in dieser Jahreszeit, immer noch sehr viel einfacher als im Westen. Die oft kurzen Röcke der Frauen enthüllen zumeist muskulöse Waden, besonders bei den mittleren Semestern. Hier gibt es halt weniger Autos und mehr körperliche Arbeit. Übrigens winkt niemand, wenn man von etwa zweihundert fähnchenschwenkenden Russen absieht, die hinter einer Absperrung auf dem Flughafen ihre Pflicht tun. Die nicht unbedeutende Zahl von Menschen vor dem Intourist-Hotel bei der abschließenden Pressekonferenz verhält sich schweigend und bewegungslos, wenn auch nicht unfreundlich.

Untergebracht sind wir, wie vor zehn Jahren, auf den Leninhügeln, in einem der Gästehäuser. Hier findet sich das Beste, was die Sowjetunion an Wohnkomfort zu bieten vermag, Man kann daran die Spitzenproduktion für den Konsum gleichsam abmessen. Alles funktioniert, selbst die sanitären Anlagen, was auch in guten Hotels im Osten meist nicht der Fall ist. Aber mein großes Zimmer enthält weder einen Lehnsessel noch einen Schreibtisch. Die Kofferablage ist überdimensioniert, die Lichtschalter sind zu hoch und etwas schief angebracht. Auch das Gastgeschenk, das ich am nächsten Tage vorfinde, zeigt, dass man sich in einer anderen Welt befindet: ein naturalistisches, gusseisernes Pferd, das mit fliegender Mähne daherstürmt.

Ähnlich übrigens das Teeservice, das Gromyko im Dezember 1979 mitbrachte. Zu große Tassen, ein winziger Teetopf, keine Kuchenteller, die hübsche blaugoldene Bemalung von changierender Farbstärke. Andererseits wiederum fiel mir auf, dass Kossygin und Gromyko hervorragend geschnittene Anzüge aus bestem Stoff trugen. Vielleicht ausländische Ware, von einem guten russischen Schneider verarbeitet. Überhaupt unterscheidet sich die Elite in ihrer Kleidung von der westlichen nicht. Breschnew trug bei der Begrüßung matte, bei der Verabschiedung glänzende Schuhe von gutem Schnitt.

Bei dem kurzen Zusammensein im »Wohnzimmer« des Gästehauses, wo man auf Armstühlen um einen blank lackierten runden Esstisch sitzt, habe ich die erste Gelegenheit, Breschnew aus der Nähe zu beobachten. Sein Haar ist graumeliert, aber immer noch überwiegend dunkel, die Nase ein wenig breiter geworden. Die dunklen Augen wirken leicht starr. Wirklich verändert scheint mir die untere Gesichtshälfte. Sie wirkt etwas gedunsen. Der Generalsekretär spricht wenig und in kurzen Sätzen, die schnell und flüssig, aber undeutlich artikuliert werden. Zumeist folgt er der Unterhaltung der anderen schweigend. Während er in der Verhandlung aufmerksam zuhört, obwohl auch hier die Konzentration nach etwa zwei Stunden nachzulassen scheint, wirkt er in der freien Unterhaltung leicht abwesend. Inhaltlich beschränken sich seine Bemerkungen in der Regel auf Marginalien. Eine sachliche Unterhaltung habe ich von ihm nicht gehört, wohingegen Kossygin sofort das ausführliche und ernsthafte Gespräch suchte. Auch er hatte sich übrigens stark verändert, geschrumpft, grau, wie in einer zu weiten Haut steckend. Zugleich aber ganz da, quick, alert, sachkundig, misstrauisch. In einer unserer Unterhaltungen erkundigte er sich angelegentlich nach dem Neofaschismus in der Bundesrepublik, wobei zu spüren war, wie fremd ihm das Funktionieren des westlichen Systems ist. Dass Parteien bei uns nicht »lizenziert« zu werden brauchen – und nicht verboten werden sollten –, kam ihm offenbar sehr eigenartig vor. Eine ähnliche Beobachtung glaubte ich übrigens machen zu können, als der Bundeskanzler in der Verhandlung zu erklären versuchte, warum es so schwer sei, die Ratifikation von SALT II im amerikanischen Senat durchzusetzen. Sogar Gromyko, der es besser wissen sollte, zeigte an dieser Stelle Heiterkeit.

Nach einer kurzen Vorbesprechung in der Botschaft fährt die Delegation zum Kreml. Moskau hat sich seit 1970 nicht sehr verändert, war allerdings für die Olympischen Spiele sichtlich herausgeputzt worden. Immer noch dominieren die phantasielosen, etwa siebenstöckigen Gebäude der mittleren sowjetischen Periode, dazwischen stehen noch viele der alten Moskauer Häuser, ein- bis zweistöckig, überwiegend im Stil des frühen 19. Jahrhunderts, also nach dem großen Brand gebaut. Die alten, typisch russischen Holzhäuser sind auch in den Nebenstraßen fast vollständig verschwunden. Gebäude der neuen Bauzeit bilden seltene Ausnahmen. Sie unterscheiden sich nicht wesentlich von dem, was man bei uns vor zehn Jahren baute. Die hochmoderne Stahl-Glas-Konstruktion fehlt noch, doch mag das auch am Klima liegen. Der Straßenverkehr ist noch etwas stärker geworden. Die Lastwagen überwiegen nicht mehr, sind aber immer noch weit zahlreicher als in westlichen Städten. Viele Omnibusse, alle recht schmuddelig anzusehen. Die Autos in einem Stil, wie wir ihn vor zehn bis fünfzehn Jahren gewohnt waren. So wirkt das Schaufenster Russlands nicht mehr fremd, aber doch »anders«. Ärmer, zurückgeblieben, großzügig angelegt, aber unelegant.

Wirklich schön aber ist der Kreml mit seinen ockergelben und weißen Palästen und den Kirchen mit den leuchtend goldenen Kuppeln, den ziegelroten Mauern, der orientalisch wirkenden Kathedrale auf dem Roten Platz.

Wir werden in den Palast geführt und durchschreiten eine zeitlos nüchterne gewaltige Marmorhalle in Richtung einer breiten, rot ausgelegten Treppe. Oben, durch die geöffnete Flügeltür, sieht man das berühmte Gemälde, das Lenin bei einer Ansprache zeigt und das sehr geschickt aufgehängt und beleuchtet ist, so dass man beim Hinaufschreiten der Treppe die Illusion gewinnt, man wäre auf dem Weg in diese Versammlung.

Die oberen Räume sind von großer Pracht und in perfektem Zustand. Man durchquert eine mit Stuck und Gold reich verzierte Vorhalle und tritt in den berühmten St. Georgssaal, dessen Deckenbögen mit dem St. Georgsorden geschmückt sind. Die gewaltige Länge dieses ganz in Weiß und Gold gehaltenen Raumes mit seiner spiegelnden Parkettfläche überwältigt den Betrachter. Schwere Kronleuchter hängen von der hoch gewölbten, reich mit weißer Stuckarbeit geschmückten Decke. In den Nischen der zahlreichen Doppeltüren und Fenster sind in Gold die Namen der St. Georgsritter verzeichnet. Der Stil dieses enormen Raumes ist ganz europäisch, spätes 18. Jahrhundert; die Ausmaße und die Pracht wirken orientalisch. Alles ist völlig neu hergerichtet. Sehr anders als die zumeist ein wenig verblichene Pracht Pariser und Römischer Paläste.

Vom Georgssaal tritt man in den Wladimirsaal, der vor-
wiegend in Weinrot gehalten ist, entsprechend der Farbe des
Wladimirordens, der hier die Deckenbögen ziert. Ich erinnere
mich, ihn an der Brust eines meiner Onkel noch gesehen zu
haben. Dieser Saal ist bedeutend kleiner als der vorige, aber
ebenfalls von großer Pracht. Von ihm geht es durch einen langen, eigenartig schmalen, weiß stuckierten Gang zu der Flucht
von Sälen, die zum Katharinensaal führt, in dem die Verhandlung stattfinden wird. Auch hier die gleiche Pracht. Am
Ende gelangt man an die goldene, reich verzierte Doppeltür
des Katharinensaals.

Das sowjetische Protokoll will es, dass die zwei an den
Querwänden des Saales befindlichen Doppeltüren des Katharinensaals gleichzeitig geöffnet werden, um beide Delegationen im selben Augenblick einzulassen. So steht man zunächst
wie ein Kind vor dem Weihnachtszimmer.

Dann öffnen sich die Türen und geben den Blick auf den
vielleicht prächtigsten Saal des Palastes frei. Eine Orgie von
Weiß, Gold und Grün. Zwischen den Fenstern und in den
Ecken des großen, langen Saales sind die Wände mit russisch-
grünem Marmor ausgelegt. Ein wunderschöner Anblick. In
der Mitte des Saales steht der lange Konferenztisch, der in
diesem Raum eher klein wirkt, obwohl an jeder Seite etwa
zwanzig Personen Platz nehmen können.

Vom anderen Ende her naht die sowjetische Delegation:
Breschnew, Kossygin, Gromyko, ein stellvertretender Ministerpräsident und zahlreiche Mitarbeiter des Generalsekretärs
und des Außenministers. Sie alle waren vor zehn Jahren
schon da, einige sogar vor 23 Jahren, als ich zum ersten Male
mit Botschafter Lahr in Moskau verhandelte. Welche Kontinuität! Es wird fotografiert. Dann setzt man sich. Auf dem
Tisch stehen Sodawasser, Narsan, Borschomi und Apfelsaft.
Dazu verschiedene Sorten von Zigaretten bester sowjetischer
Qualität, die indessen alle den gleichen kratzenden Strohge-
schmack haben. Kaffee oder Tee in Gläsern werden gereicht,
dazu vorzügliche Backwaren, eine Art süße Piroggen.

Entgegen sowjetischer Gepflogenheit eröffnet Breschnew
die Besprechungen mit einer über einstündigen Ansprache

(die Übersetzung freilich eingeschlossen). Er liest sie ab, geläufig und ziemlich schnell sprechend, ohne Stocken, mit Betonung, nur undeutlich in der Aussprache. Gromyko neben ihm hört aufmerksam zu, mit seinem unnachahmlichen Ausdruck. Überhaupt überwacht er das Gespräch genau, greift ein, wenn der Generalsekretär etwas nicht gehört hat, korrigiert, wenn eine improvisierte Bemerkung des Chefs der Linie nicht ganz zu entsprechen oder gar ein Zugeständnis anzudeuten scheint, übernimmt das Gespräch, wenn Frage und Antwort substanzielle Improvisationen erfordern.

Dennoch kann kein Zweifel daran bestehen, dass der Generalsekretär der Boss ist. Man gewinnt den Eindruck, dass der Außenminister nicht so sehr seine persönlichen Ansichten zur Geltung bringt, wenn er eingreift, sondern vielmehr darauf achtet, dass sich das Gespräch im Rahmen der vom Politbüro festgelegten Position hält. Allerdings wird auch deutlich, dass er und niemand sonst der außenpolitisch verantwortliche Ressortchef ist. Als jemand versucht, dem Generalsekretär einen Zettel zuzuschieben, den der Außenminister offenbar noch nicht kennt, fängt Gromyko ihn ab.

Auch der Ministerpräsident muss sich dem Willen des Generalsekretärs beugen. Als er gegen Ende des Gesprächs längere wirtschaftspolitische Ausführungen macht, unterbricht ihn Breschnew mit der ungeduldigen Frage, wie lange er noch reden wolle. Nur wenige Sätze noch, erwidert Kossygin und beschleunigt seine Rede. Ein andermal, als der Ministerpräsident einen Zusatz im Kommuniqué vorschlägt, den er auf Russisch verliest, nimmt Breschnew ihm das Papier mit einer fast heftigen Bewegung aus der Hand, um es dem Dolmetscher zu geben, der bei der freien Übersetzung gestockt hatte. Breschnew achtet auch auf die Einhaltung des Zeitplans und zeigt sich leicht irritiert, als er bemerkt, dass die Antwort des Bundeskanzlers schon über eine Stunde dauert. Sein Blick wird dann starr. Er hört offenbar immer noch zu, ist aber nicht mehr völlig dabei.

Das Gespräch ist, vor allem auf unserer Seite, stellenweise hart, wird aber durchweg sehr ruhig, sachlich, unemotional geführt. Dinge wie hier hat die sowjetische Führung in diesem

Raum womöglich noch nie gehört. Der Kanzler spricht umso leiser und unterkühlter, scheinbar zögernd, stellenweise gedehnt artikulierend, je härter das ist, was er sagt. Er geht auf Afghanistan ein, verlangt den Abzug der sowjetischen Truppen. Er wirft der Sowjetregierung vor, durch ihre unaufhörliche Aufrüstung den NATO-Doppelbeschluss nötig zu machen. Die sowjetischen Herren lauschen mit unbewegter Miene. Sind sie überzeugt? Kaum. Sind sie beeindruckt? Ohne Frage: Dieser Partner nötigt ihnen Respekt ab. Werden sie nachdenken? Wahrscheinlich.

Die Gesprächszeit wird um dreißig Minuten überzogen. Danach geht es den Weg zurück, allerdings in einen anderen Gang einmündend, der den Katharinischen Palast und den alten Zarenpalast aus dem 17. Jahrhundert verbindet. Hier, in einem der gewölbten, wundervoll ausgemalten alten Säle, dessen Decke von schweren Säulen getragen wird, findet das Abendessen statt. In diesen Räumen ist man ganz im alten Russland, umgeben von der orientalischen Pracht der moskowitischen Großfürsten.

In dem riesigen Vorraum des Bankettsaales bietet sich ein für den Ausländer wohl einmaliger Anblick dar. Die hohe sowjetische Beamtenschaft steht aufgereiht an der einen Wand. Durch eine der Türen des Saales betritt dann das Politbüro den Raum: Breschnew, Kossygin, Suslow, Kirilenko, Gromyko, Andropow, Tichonow, Ustinow und Pelsche. Hier also steht die Mehrzahl der Männer, die das Weltreich seit siebzehn Jahren regieren. Alle zwischen Ende sechzig und Anfang achtzig. Glanzlos, ohne Ausstrahlung, und dennoch beeindruckend durch die Macht, die sie repräsentieren, die Erfahrung, die Kontinuität. Suslow sieht man seine 76 oder 77 Jahre nicht an. Lang, schlank, im grauen Anzug, wirkt er wie Ende sechzig. Die Farbe seines hageren Asketengesichts ist rosig. Er sieht aus wie ein Universitätsprofessor. Der Kanzler, dessen Tischnachbar er ist, findet ihn angenehm, freundlich, »scholarly«. Ustinow, der Verteidigungsminister, in Marschalluniform, khakigrün mit dem großen goldenen Stern auf den grünen Epauletten, wirkt auch professoral. Sein markantes Intellektuellengesicht ist breit, aber mager und sehr ausdrucksvoll. Pelsche, der Lette, 82 Jahre alt, verleugnet seine Jahre und seine Herkunft nicht. Pergamenthäutig, mumienhaft, spitznasig. Ein guter Kopf, offenbar sehr schweigsam, wie der alte Moltke etwa. Später, beim Essen, spricht er kaum und starrt vor sich hin.

Die Führung begrüßt ihre Beamten, deren Reihe sie abschreitet. Die deutsche Begleitung wird aber nicht vorgestellt. Offenbar ist man in Eile. Wahrscheinlich will das Politbüro nach dem Bankett noch über das Gehörte beraten, wie es der Übung des kollektiven Entscheidungsprozesses entspricht. Vielleicht muss auch auf die Erschöpfung des Generalsekretärs Rücksicht genommen werden.

Eine Gerontokratie, gewiss. Aber auch Männer, die keine Abenteuer mehr wollen, stolz sind auf das Erreichte, das zu erhalten, aber auch zu mehren sie entschlossen sind. Von großer Erfahrung, aber der Außenwelt sehr fremd gegenüberstehend. Gefangene ihres Denksystems, ihres Regierungssystems mit seiner Sekretierung, seiner Abdichtung, seinem Mangel an öffentlicher Kontrolle, an freier Kritik, an echter Innovation im geistigen Sinne. Verständnislos gegenüber den Schwankungen, der Unberechenbarkeit, den Peripetien westlicher parlamentarischer Systeme, besonders des derzeitigen amerikanischen.

Man begreift plötzlich einiges. Man begreift, warum sie eher Reagan wollten als Carter, lieber einen harten, aber stetigen Republikaner im Weißen Haus sehen würden als den schwankenden, unverständlichen, schwer berechenbaren, moralisch reagierenden Demokraten. Sie verstehen Gegenaktion, Gegendruck. Sie polemisieren dann, brutal, giftig, selbstgerecht, unverfroren dialektisch. Aber dahinter steht eine harte, beständige Politik, die auch beim Partner Härte und Beständigkeit besser verträgt als Schwanken oder konturlosen Opportunismus.

Man begreift aber auch, welche moralische Kraft es braucht, um dieser Phalanx fest gegenüberzutreten, welcher Kunst der Vorbereitung und der Präsentation es bedarf, um der alten Führung dieser jungen Weltmacht die ungeschminkte Wahrheit vorzuhalten, ohne die Proportionen aus dem

Auge zu verlieren, für die diese Machtmenschen einen untrüglichen Instinkt haben. Schmidt wächst um ein Stück über unser wahres Maß hinaus, weil er seine schwere Rolle mit perfektem Geschick spielt und weil man spürt, dass er zutiefst ernst und fest, aber aus innerer Überzeugung auch kooperativ ist, nicht aus Schwäche.

Das nun folgende Essen wird in einem atemberaubenden Tempo serviert. Offensichtlich will man die verlorene Zeit einholen, um anschließend über den zweiten Verhandlungstag zu beraten. Es gibt ziemlich wenig Kaviar, wozu Wodka eingeschenkt wird. Die Gastgeber trinken nur sparsam davon, sehr anders als in früheren Zeiten. Danach reicht man Fisch, gefüllte Fleischbälle und Gefrorenes zum Nachtisch.

Schon beim Vorgericht erhebt sich Breschnew, um seine etwa sieben Minuten lange Rede vernehmlich und geläufig, wenn auch wiederum undeutlich artikulierend vorzulesen. Zum Toast erhebt man sich, stößt mit den Wodkagläsern an, nach rechts, links, gegenüber. Danach Schmidt. Seine Rede ist, besonders im Vergleich zu der des Gastgebers, viel zu lang, etwa dreißig Minuten normal gesprochen. Aber viel kürzer hätte sie auch nicht sein dürfen, denn hier musste alles gesagt werden. Man konnte voraussehen, dass das gemeinsame Kommuniqué blass ausfallen würde. Und auf die eigentlichen Verhandlungen kann man sich der Öffentlichkeit gegenüber nicht berufen. So musste die deutsche Position sich integral in der Tischrede widerspiegeln, die also, um im Jargon des Bundeskanzleramtes zu bleiben, flächendeckenden Charakter erhielt.

Gott sei Dank war es gelungen, die Texte mit Übersetzungen im Voraus auszutauschen, so dass jeder sowjetische Anwesende die russische Version vor Augen hat. Davon Gebrauch machend, liest der Kanzler seine Rede in schnellstem Tempo vor, die Sprechzeit auf etwas unter zwanzig Minuten verringernd.

Man darf vermuten, dass solche Töne in der Höhle des Löwen seit langem nicht zu vernehmen gewesen waren. Diejenigen, die nicht dem engeren Kreis der Eingeweihten angehören, also die, die nicht an der vorausgehenden Verhandlung teilgenommen hatten, lassen ihre Texte auf halbem Wege sinken. Die »Arbeitsebene« ist irritiert und lässt das auch merken. Authentische Quellen werden dem Kanzler nachher bescheinigen, er sei hart gewesen, habe aber niemand beschimpft; ein neuer Beweis dafür, wie wichtig Formfragen im neuen Byzanz genommen werden. Es folgt ein weiterer Toast, wieder stößt man an, nach rechts, nach links, nach gegenüber. Die Gastgeber tun es, ohne zu zögern. Die Führung hat signalisiert, dass sie bereit ist, den Freimut des Gastes zu akzeptieren.

Meine beiden Nachbarn sind zur Rechten der stellvertretende Ministerpräsident Novikow, zur Linken der Oberbürgermeister von Moskau. Beide sprechen nur Russisch, das ich zwar leidlich verstehe, worin ich mich aber nicht ausdrücken kann, obwohl ich es in der Schule sechs Jahre gelernt habe. Doch das liegt lang zurück. Also bleibt die Unterhaltung rudimentär. Novikow stellt den schmalgesichtigen russischen Typ dar, wie auch Suslow, Samjatin, Falin und andere. Der Oberbürgermeister dagegen könnte ein jüngerer Bruder von Chruschtschow sein. Dass aber beide – und wie viele andere! – kein Wort einer westlichen Sprache sprechen oder verstehen, stimmt nachdenklich. Wie sollen sie da die Umwelt begreifen? Alles, was in Russisch gedruckt wird, ist natürlich gefiltert. Allenfalls könnten sie sich über die russischen Sendungen des westlichen Rundfunks unterrichtet halten. Aber können hohe Funktionäre sich das leisten?

Auch sonst hat man deutsche und russische Gäste nach Protokoll nebeneinander gesetzt, ohne Rücksicht auf Verständigungsmöglichkeiten und ohne Dolmetscher. Quelle chance manquée! Wie selten, dass Deutsche mit diesen Leuten reden können, und wie wichtig. Und nun sitzt man da und radebrecht über Wetter, Essen und andere Belanglosigkeiten.

Nachdem also in rasantem Tempo abgefüttert worden ist, brechen alle geradezu fluchtartig auf, zuerst die Gastgebenden, also das Politbüro. Eine Gelegenheit, mit dem einen oder anderen zu reden, gibt es nicht.

Unsererseits fahren wir in die Botschaft, um gleichfalls Bilanz zu ziehen. Dann gegen halb zwölf ins Gästehaus, wo der Kanzler uns gnädig entlässt, um mit einem Sicherheitsbeamten noch drei Partien Schach zu spielen.

Am nächsten Morgen brechen wir zeitig auf, um zuerst auf einem der beiden deutschen Soldatenfriedhöfe, danach am sowjetischen Ehrenmal an der Kreml-Mauer Kränze niederzulegen. Die halbstündige Fahrt zum deutschen Soldatenfriedhof führt durch Vorstädte, die man gemeinhin nicht sieht. Industrie, Wohnblocks, alles etwas ungepflegt, etwas unordentlich, etwas ungewaschen. Der Rasen, soweit man diese Grünflächen so nennen kann, ist ungeschnitten. Dies gilt auch für die Wegränder, was der russischen Autobahn ein ganz anderes Aussehen gibt, als man es von Amerika oder Deutschland her gewohnt ist.

Und dann, sobald man die große Straße verlässt, dieses einmalige Ambiente des russischen Landes. So ganz anders als im Westen. Ein wenig fühle ich mich an Estland erinnert, doch war der Boden dort sandiger, weniger lehmig, und die Bäume gehörten überwiegend Nadelholzsorten an. Hier herrscht die ewige russische Birke vor, die »Berjosa«, kümmerlich, dünnstämmig, nur mittelhoch. Vermutlich ist der Boden sumpfig. Die lehmige Erde lässt ahnen, was es bedeutete, hier im Herbst und Frühjahr Krieg zu führen. Und überhaupt – welcher Wahnsinn! Wer dieses gewaltige Reich angreift, hat den Verstand verloren. Amerika mag ein Kontinent sein. Russland ist ein Imperium, das weiträumigste in der Geschichte der Menschen.

Wir fahren an einem Militärlager vorüber. Soldaten schauen uns nach. Sie tragen Sommeruniform. Das typische russische Hemd, das unter dem Gürtel und über der Hose getragen wird. Wie erinnert mich das an das estnische Heer. Ich kenne diese Uniform, diesen Drill auch, hart, aber nicht entwürdigend, nicht unsinnig.

Der deutsche Soldatenfriedhof, ein abgegrenzter Teil eines russischen Zivilfriedhofs, ist von einem hohen Zaun aus Betonplatten umgeben, die ihn gegen Blicke von außen völlig abschirmen. Da die Sowjets ihre eigenen Soldatenfriedhöfe aufgelöst haben oder verfallen lassen – der Große Vaterländische Krieg ist ganz Sieg, die zwanzig Millionen Toten sollen bewusst bleiben, aber in abstracto –, fällt es ihnen schwer, Soldatenfriedhöfe des Gegners zuzulassen. Dieser hier aber, mit seinen rund zweihundert regelmäßig angeordneten beton-gefassten Gräbern ist noch da. Er trägt übrigens alle Spuren ei-ligster Herrichtung. Das Gras zwischen und auf den Gräbern wurde offensichtlich über Nacht abgesichelt. Doch hat die Zeit weder für die ganze Fläche gereicht noch dazu, den lang-gestielten Schnitt abzurechen.

Die Kranzniederlegung verläuft schlicht. Wir sind hier un-ter uns. Der Kanzler verharrt lange mit gesenktem Haupt vor dem schmucklosen Stein, der ein Ehrenmal markiert. Die Er-innerung an das, was hier gelitten wurde und woran er teilhat-te, rührt den nüchternen Mann sichtlich an.

Auf dem Rückweg durch den russischen Friedhof fallen uns zahlreiche Kreuze auf. Die Orthodoxie, so höre ich, drin-ge wieder vor, man sehe auch viele junge Leute in den Kir-chen. An die herrschende Ideologie glaubt wohl niemand mehr so recht – was nicht ausschließt, dass man patriotisch fühlt und manche »Errungenschaft« schätzt. »Kapitalistisch« wird Russland wohl nie sein, aber vielleicht liberaler. Doch schreitet die Entwicklung schneckenhaft langsam voran.

Dann fahren wir den gleichen Weg zurück zum sowjeti-schen Ehrenmal an der Kreml-Mauer. Hier erwarten uns der Kreml-Kommandant, Semjonow, ein stellvertretender Minis-terpräsident und andere Funktionäre mit großem Zeremo-niell. Zwei sowjetische Offiziere tragen den Kranz vor uns her, etwa 200 Meter bis zum Ehrenmal, langsam, im Paradeschritt. Die Ehrenkompanie ist angetreten. Wieder werden die Hym-nen gespielt. Wieder verharrt der Kanzler lange und gesenk-ten Hauptes. Später wird er Breschnew sagen, dass ihm die Tränen gekommen seien. Er wird ihn an ein langes Gespräch erinnern, das sie 1973 im Haus von Willy Brandt miteinander führten, über den Krieg, den sie beide erlebt haben. Darüber, dass dies nie wieder geschehen dürfe. Breschnew wird mit emotionaler Zustimmung reagieren. Wirklich bewegt. An die-ser Stelle wird man spüren, dass es in der Tat etwas gibt, das die beiden Männer verbindet.

Nach der Kranzniederlegung marschiert die Ehrenkompa-nie vorbei, wiederum wie ein Uhrwerk. Manchmal erinnert mich diese Seite der sowjetischen Wirklichkeit an das wilhelminische Deutschland: militaristisch, patriotisch, im Kern schon korrumpiert.

Auch die menschliche Eitelkeit bleibt allenthalben die gleiche. Jeder will möglichst nahe am Kanzler gehen und in den Blickwinkel der Fernsehkameras gelangen. Der alte Semjonow, längst nicht mehr auf der alten Höhe, macht rührende Anstrengungen, in die erste Reihe zu gelangen. Es gelingt nur zum Teil. Gott sei Dank, das habe ich hinter mir. Van Well, gelassen und vornehm wie immer, lässt Wieck den Vortritt. Und Bölling gar. Dieser sensible Mann drängt sich nie vor und tut seine Pflicht mit unfehlbarer Loyalität.

Um elf Uhr beginnt die zweite Runde der Gespräche. Wir erwarten den Durchbruch, und er kommt. Bei Afghanistan haben unsere Partner sich nicht bewegt, nun tun sie es bei TNF (Theater Nuclear Forces).

Zunächst kommt das Sündenregister des Westens. Dann der neue Vorschlag. Schmidt reagiert verhalten positiv, stellt Fragen, deutet Gegenpositionen an, vergibt nichts. Eine meisterhafte Leistung, freundlich, umsichtig, wachsam. Er sagt mir nachher, dass er sehr erschöpft sei. Kein Wunder bei dieser ungeheuren Konzentrationsleistung.

Nach anderthalb Stunden fährt unsere Delegation vom Kreml zurück in die Residenz des Botschafters zu einem Buffet. Van Well und ich aber wollen ins Außenministerium, um mit Kornienko, dem Ersten Stellvertretenden Außenminister, die noch offenen Fragen des Kommuniqués auszuhandeln. Da jedoch unsere Wagen fortgefahren sind, müssen wir eine halbe Stunde im Kreml warten. Wir besuchen derweil die Krönungskathedrale und die Taufkirche des Zaren. Letztere, sehr eng und dunkel, hat einen Ikonostas, der teilweise noch von einem spätbyzantinischen Künstler, Theophanes, gemalt ist. Dunkel glühend, wunderschön insbesondere der Christuskopf rechts über dem Zugang zum Allerheiligsten. Ja, es ist der Geist der byzantinischen Orthodoxie, der dieses Land in dem Maße geprägt hat wie der lateinische Katholizismus uns. Der monastische, intellektfeindliche Geist der Ostkirche beherrscht das Denken noch heute und hat den Marxismus, dieses Kind westlicher Aufklärung, in die Orthodoxie zurückgebogen. Darum verläuft die wahre Trennlinie durch Europa an der Ostgrenze Polens und Ungarns und nicht am Eisernen Vorhang, der nur eine Grenze der Gewalt ist, nicht eine des Glaubens und des Geistes.

Im Außenministerium erwartet uns Kornienko, der »westlichste« aller Gesprächspartner, die ich auf dieser Seite kenne, Botschafter Dobrynin eingeschlossen. Wieder zeigt sich die Entschlossenheit, alles zum guten Ende zu führen. In knapp dreistündiger Verhandlung, die von van Well hervorragend geführt wird, ist das Kommuniqué fertig. Lehrreich ist diese Verhandlung übrigens insofern, als sie noch deutlicher als das Gespräch zeigt, wo die sowjetische Seite beweglich ist und wo sie Grundsatzpositionen verteidigt.

Wir fahren vom Außenministerium direkt in den Kreml zurück zur Abschlussbesprechung. Der Kanzler hat inzwischen, auf eigenen Wunsch, aber ohne sowjetische Vorwarnung, ein Zusammentreffen mit dem Verteidigungsminister Ustinow gehabt, der vom Generalstabschef Ogarkow begleitet war. Ustinow, ein Zivilist, der den Rang eines Marschalls mit seiner jetzigen Funktion erhalten hat, sei beeindruckend intelligent und sachkundig gewesen.

Noch einmal also trifft man sich im Katharinensaal. Die Botschafter unterzeichnen das langfristige Wirtschaftsprogramm. Man applaudiert. Hier kommt es zu der Szene, in der Schmidt an die Leiden des Krieges und das Gespräch von 1973 erinnert. Breschnew reagiert stark, Kossygin bleibt zurückhaltend, Gromyko ist wie immer unbewegt.

Ein gewisses Misstrauen Kossygins gegen uns Deutsche wird noch einmal spürbar, als das Trio uns im Gästehaus abholt, um uns nach Wnukowo zu begleiten. Warum wir eine faschistische Partei zuließen, fragt er immer wieder. Mit Engelsgeduld erklärt der Bundeskanzler unsere Verfassung, unsere Rechtslage und unsere Politik, solchen Bewegungen Ventile zu lassen, damit der Wähler sie ad absurdum führen kann. Sie tun sich schwer, es zu begreifen. Man muss mit ihnen reden, reden und nochmals reden, sagte mir ein Psychologe von unseren heranwachsenden Kindern. Nicht anders verhält es sich hier.

In Wnukowo noch einmal großer Bahnhof, Hymnen und der ästhetisch schöne, Furcht einflößende Vorbeimarsch.

Letztes Händeschütteln. Wir rollen, winken, die Führung wartet, bis wir auf der Startbahn sind. Dann heben wir ab, 33 Stunden nach unserer Landung. Und welch eine Fülle von Eindrücken! Genug, so scheint es, um Wochen zu füllen.

Und die Bilanz? Zum Teil dürfte sie in den ersten Kapiteln des Buches von Crankshaw über den Schatten des Winterpalais zu finden sein. Russland ist groß, und der Zar ist weit. Gewiss will man das Beste des eigenen Volkes, aber mit Bevormundung, zentraler Befehlswirtschaft und, wenn nötig, mit Zwang. Noch hat man hier nicht gelernt, dass der Mensch mündig werden muss, wenn er seine Fähigkeiten entfalten soll. Man ist alt, erfahren, vorsichtig. Aber auch hart, machtbewusst, unbeweglich und gewillt, das Imperium allzeit zu mehren. Man lebt in einem Turm von Elfenbein, dessen Fenster rotes Glas haben. Man hat keinen Spiegel und wenig Ventile. Man begreift vieles nicht und glaubt doch, es besser zu wissen. Man ist konsequent, ganz gleich, ob die Richtung stimmt oder, wie das meistens der Fall ist, nicht. Man möchte Frieden, Koexistenz, Kooperation, aber alles zu den eigenen Bedingungen. Man möchte ernst genommen werden. Und diesen Wunsch zu erfüllen, besteht auch aller Grund.

Ein Gipfel in Venedig, 13. bis 17. Juli 1980

Ich war von Ende 1979 bis Mitte 1981 der außen- und sicherheitspolitische Berater von Helmut Schmidt und begleitete den Bundeskanzler zum Gipfeltreffen nach Venedig.

Vom Flugplatz kommend, nähert man sich Venedig gleichsam von der Rückseite, wobei man an einer mit dunklen Pinien bestandenen Toteninsel vorüberfährt, die an das berühmte Bild von Feuerbach erinnert. Man durchquert die Lagune dann auf dem Kanal, der durch das Gelände des völlig verfallenen Marinearsenals führt. Nicht nur hier sieht man, dass die Stadt arm ist.

Bei der Ausfahrt aus dem Kanal entfaltet sich der überwältigende Anblick der dem Wasser zugewandten Fassaden Venedigs. Links bleibt die Insel San Giorgio mit der Fondazione Cini, in der die Gipfelkonferenz der Großen 7 tagen wird. Rechts zieht die Front der Paläste – heute zumeist Hotels – am Auge vorbei, bis hin zum Dogenpalast und den berühmten beiden Säulen mit dem Engel und dem Löwen, den Wahrzeichen der Serenissima. Dahinter liegt dann der Markusplatz.

Wir wohnen im alten Teil des Hotels Danieli, eines der Uferpaläste. Mein Fenster blickt nach hinten auf eine enge Gasse und einen Kanal. Alles menschenleer, geräumt aus Sicherheitsgründen, bewacht von Soldaten.

Wir haben nicht viel Zeit, denn um 18 Uhr erwartet uns Präsident Carter in seinem Hotel Cipriani, ein Treffen, das seine Vorgeschichte hat. Denn der Bundeskanzler hatte sich auf dem Parteitag in Essen erneut zur Frage der Mittelstreckenraketen geäußert und dabei seinen Gedanken wiederholt, dass es gut wäre, wenn beide Seiten von weiteren Stationierungen Abstand nehmen würden, da der Westen in den nächsten drei Jahren ohnehin nicht stationieren könne. Diese völlig korrekten Formulierungen waren durch die New York Times in missverständlicher Form wiedergegeben worden. Wieder einmal wurde von einem Moratorium oder einem »freeze« gesprochen. Dieser Bericht hatte eine Schockwirkung im Weißen Haus ausgelöst. Dort hatte man anscheinend den Eindruck, der Bundeskanzler sei entgegen allen Erwartungen auf Formulierungen zurückgekommen, die er einige Monate zuvor in Hamburg gebraucht hatte und die in der Tat missverständlich waren. Allerdings war dann sehr bald, bei Gelegenheit einer Rede in Düsseldorf, eine Richtigstellung erfolgt. Eine gewisse Empfindlichkeit aber war, wie man jetzt sah, zurückgeblieben. Sie bezog sich einmal auf die Sorge, dass der Stationierungsstopp, der die Sowjetunion tatsächlich einseitig treffen würde, sich auf einen Produktionsstopp ausdehnen könnte. Das wäre für den Westen inakzeptabel. Ferner befürchtete man in Washington offenbar, dass die Gegner der Stationierung von nuklearen Mittelstreckenwaffen in Ländern wie

Belgien, Holland und Italien die Äußerungen des Kanzlers zum Vorwand nehmen könnten, um aus ihrem Engagement wieder herauszukommen. Die Aufregung im Weißen Haus ließ sich daran abmessen, dass Sicherheitsberater Zbigniew Brzezinski mich anrief und um Erläuterung bat. Die gab ich ihm dann auch und, wie ich meinte, in befriedigender Weise. Es sollte jedoch anders kommen.

Am Tage unseres Telefongesprächs oder am Tage danach – so wurde es mir nachher erzählt – saßen Brzezinski, Außenminister Edmund Muskie und Verteidigungsminister Harold Brown bei ihrem wöchentlichen Luncheon im Weißen Haus zusammen. Dabei präsentierte Brzezinski den Entwurf eines Briefs von Präsident Carter an Helmut Schmidt. Mit einigen kleineren Änderungen stimmten die beiden anderen Herren zu. Ehe man sich trennte, nahm Muskie offenbar eine Kopie des Entwurfs ins State Department mit, um sie dem Unterstaatssekretär George Vest zukommen zu lassen. Dieser, vom Tenor entsetzt, eilte zu seinem Minister, der gerade fürs Diplomatische Corps einen Empfang gab, und wies ihn darauf hin, dass dies großen Ärger geben würde. Sie mussten aber von Brzezinski hören, dass es zu spät sei: Der Präsident habe den Text schon gebilligt.

Am anderen Ende des Drahts war ich höchst verblüfft über den harten Ton dieses meiner Ansicht nach völlig überflüssigen Schreibens. Und mir schwante Böses, als ich an die Reaktion des Bundeskanzlers dachte. Diese entsprach dann auch meinen Erwartungen und verdichtete sich alsbald zu der nicht mehr zu erschütternden Absicht, dem amerikanischen Präsidenten gründlich die Meinung zu sagen, was dieser objektiv gesehen auch verdient hatte.

Es lag auf der Hand, dass die Aussprache in Venedig stattfinden musste. Allerdings war vorgesehen, dass die beiden Herren erst am Morgen des zweiten Konferenztages zum ersten Frühstück zusammentreffen sollten. Der Präsident, so hieß es, schließe seinen Staatsbesuch in Italien erst am Sonntagabend ab, könne sich deshalb auch nur an diesem Abend mit seinen Dossiers vertraut machen und stünde daher nicht zur Verfügung.

Dies war ein sehr unbefriedigendes Arrangement. Denn nachdem Carters Brief in Washington noch am Tage seiner Absendung der Presse zugespielt worden war – und anders hätte er seinen Zweck oder Nebenzweck, die kleineren Alliierten zu beruhigen, ja auch nicht erfüllen können –, war die Verstimmung zwischen Bonn und Washington offenkundig. Wie sollten die beiden Herren sich solcherart im Siebenerkreis unbefangen begegnen?

Ich rief also Brzezinski an, der sofort verstand und mir innerhalb von Minuten mitteilte, dass der Präsident einem Zusammentreffen am Sonntagabend zustimme. Leider, wie nicht zum ersten Mal, mit dem höchst unnötigen Proviso, dass die Unterredung nur eine Stunde dauern könne.

So fahren wir, Helmut Schmidt, Außenminister Genscher und ich übers Wasser zum Hotel Cipriani, wo niemand den Kanzler am Eingang empfängt, außer Horden von Sicherheitsbeamten. Auf dem Wege zur Suite des Präsidenten kommt Carter dem Kanzler dann doch entgegen, mit ihm sind Muskie und Brzezinski. Wir werden in einen winzigen Salon geführt, in dem der Präsident, der Kanzler und die beiden Außenminister auf Lehnsesseln Platz nehmen; Brzezinski und ich begnügen uns mit Stühlchen.

Der Präsident ist wenig verändert, aber er sieht nicht ganz so abgespannt aus wie Mitte März. Kurze Eingangsworte, dann beginnt der Kanzler. Wie immer tut er genau das, was er sich vorgenommen hat. Er erspart dem Präsidenten nichts. Vierzig Minuten lang hält er ihm alles vor, was er auf dem Herzen hat, im Ton ruhig, in der Sache fest, streckenweise hart. Man spürt, wie tief verstimmt, ja verletzt er ist. Carter nimmt diese ungewöhnliche Standpauke in ausgezeichneter Haltung hin. Er lächelt, obwohl ihm sicher nicht danach zumute ist, widerspricht an einigen Stellen, verzichtet aber im Großen und Ganzen auf eine Replik und wiederholt zweimal die bezeichnende Bemerkung, dass er den Brief gebilligt habe.

Auch Muskie behält seine Ruhe, nur das Wippen seines rechten Fußes verrät Nervosität. Brzezinski schweigt und macht einige Notizen. Nachher wird er mir sagen, dass Carter innerlich sehr erregt gewesen sei und sich nur mühsam beherrscht habe.

Das klingt wahrscheinlich. Gleiches gilt übrigens von Brzezinskis Mitteilung, dass der Präsident die Vorverlegung des Treffens auf den ersten Abend zunächst abgelehnt habe. Der weitere Verlauf des Gipfeltreffens wird aber zeigen, wie richtig es war, mit diesem tête à tête zu beginnen. Wie wären sich die beiden Herren ohne diese Begegnung im Siebenerkreis sonst begegnet?

Das Gespräch wendet sich dann laufenden Angelegenheiten zu und dauert am Ende anderthalb Stunden. Dann geht es zurück ins Danieli. Ich gehe todmüde zu Bett. Der Kanzler aber isst noch mit dem kanadischen Premier Trudeau zu Abend und unterhält sich dann bis zwei Uhr nachts mit dem amerikanischen Journalisten Scotty Reston. Das sollte für mich noch ein Nachspiel haben, denn als wir am nächsten Morgen in der Fondazione Cini Vorbesprechungen haben, ruft Reston an, er wolle mich sprechen. Wir verabreden mit Klaus Bölling, dem Regierungssprecher, dass ich dem Wunsch entsprechen solle. Nichts Gutes ahnend, sage ich also zu, und wir verabreden, uns am Abend um zehn Uhr zu treffen.

Der Vormittag vergeht mit belangloser Warterei, während die Chefs konferieren, nachdem sie schon, unter sich, gemeinsam gefrühstückt hatten. Am Nachmittag ist dann die große Politik dran, und ich darf als Notetaker mit. Die Chefs sind von ihren Außenministern begleitet, nur Carter wird sowohl von Muskie als auch Brzezinski flankiert. Das Gespräch gibt mir einen Eindruck von der Härte Margaret Thatchers. Zuerst nimmt sie sich Carter wegen eines scheinbaren Widerspruchs in seinen Darlegungen vor. Dann schlägt sie zur Frage der Olympischen Spiele in einem fast impertinent wirkenden Oxford-Akzent Formulierungen vor und wiederholt sie gar, die Giscard unter die Haut gehen müssen. *A formidable lady.* Giscard nimmt es übrigens gelassen auf.

Am Abend sind wir im Dogenpalast zum Essen geladen. Zunächst aber trinke ich in einem der Cafés auf der Piazza di San Marco einen Cappuccino. Hier saß ich zuletzt vor zweiundzwanzig Jahren, träumte von Washington und ließ mich von »una piccolissima Serenata« und einem anderen, damals modernen italienischen Lied zu Tränen rühren: »Quanto è bella giovinezza, che si fuogge tutta via!«

Der große Hof des Dogenpalastes bietet in abendlicher Beleuchtung einen wunderschönen Anblick. Die hohen Gäste und ein unendliches Gefolge sind schon versammelt, es fehlt aber noch der Président Soleil, der, wie schon seine Vorgänger, Wert darauf legt, als Letzter zu erscheinen. Offenbar werden da immer Leute abgestellt, um zu melden, dass alles da ist und die gewünschte Regie demnach klappt.

Dann macht also Giscard seine Entree. Groß, schlank, würdig, elegant. Aber eine Entree mit »éclat« gibt es ja nicht mehr in unserer Zeit, die meint, auf Symbole verzichten zu können, und sie – wohl unwiderruflich – abgeschafft hat.

Dem Empfang im Hof folgt ein Rundgang durch den Dogenpalast. Im Saal des Großen Rats trete ich auf den kleinen Balkon, von dem aus die Dogen auf das Meer und die nahen Inseln blickten. Ein märchenhafter Anblick. Der Abendhimmel, das Licht der untergehenden Sonne auf den rötlichen Mauern der Fondazione Cini auf San Giorgio, die dunklen Pinien. Und davor die unzähligen Boote, die hin- und herfahren, der Marktplatz einer großen Stadt, aber zu Wasser. Von hier zogen sie aus, Byzanz zu erobern, was ihnen leider gelang. Hart, kommerziell, in der Sicht des griechischen Ostens brutale Parvenus. Ich spüre etwas davon am nächsten Morgen, als ich eine Stunde in der Markuskirche verbringe. Den Mosaiken und Malereien fehlt der feingliedrige Typ der Gestalten, es fehlen die schmalen Gesichter, das Glühen der tiefliegenden Augen, auch das Schwingende, Schwebende der fast zeitgleichen Malereien und Mosaiken der Chora-Kirche zu Byzanz. Alles wirkt flacher, vergröbert. Einen Anflug ähnlicher Transformation glaubte ich auf Abbildungen der sizilianischen Kirchenbilder zu erkennen: Cefalù zum Beispiel.

Das Essen erweist sich als ein Reinfall; das niedere Volk, zu dem ich zähle, war nur zu einem Buffet geladen, das ich mir spare. Nach einem kurzen vergeblichen Versuch, den Rialto zu finden, kehre ich ins Hotel zurück. Dort erscheint dann – aus dem Freizeithemd quellend – Scotty Reston.

Er wolle mit mir sprechen, sagt er, ehe er schreibe, um sicher zu sein, die hochinteressante Unterhaltung mit dem Kanzler richtig verstanden zu haben. »Ehe Sie fragen«, eröffne ich ihm, »will ich Ihnen erzählen, welche Erfahrung ich seit vier Jahren im Verhältnis zwischen Schmidt und Carter immer wieder mache. Es entstehen Unstimmigkeiten, verschärft durch zweifelhafte Kolportagen. Dann trifft man sich, und das Gespräch verläuft gut. Alsbald aber erscheinen Zeitungsberichte mit angeblichen kritischen Äußerungen von Schmidt. *And we are back to square one.* Davor wäre mir bange.« Das wolle ich sagen, und damit könne er nun als freier Mann tun, was ihm beliebe. Reston beginnt zu fragen, trinkt dazu einiges Bier, stopft den Tabak meiner Zigaretten rücksichtslos in seine Pfeife – und nimmt am Ende die Packung mit –, macht Notizen. Wie sich zeigt, hatte er einiges falsch verstanden. Nach zwei Stunden geht er. Das Ergebnis war, dass drei Tage später eine ziemlich genaue und sehr faire Kolumne in der New York Times erschien.

Am Vormittag des nächsten Tages dreht es sich bei den Besprechungen wieder um Wirtschaft, und ich bummle derweil bei Sonnenschein durch Venedig, sehe mir schöne Kristallarbeiten an und kaufe für Frau und Tochter Halsketten.

Nachmittags endet der Gipfel mit Pressekonferenzen in der Fondazione. Alle wirken etwas müde. Am besten macht es noch der Kommissionspräsident Jenkins, kurz, klar, kraftvoll. Ein Jammer, dass er die Kommission verlässt.

Wage ich es, eine Bilanz zu ziehen? Diese Gipfel entsprechen einem Zwang unserer rasch zusammenwachsenden Welt. Die Vorbereitung führt zur Erarbeitung gemeinsamer Positionen, die Begegnung vertieft die Bekanntschaft und Vertrautheit. Messen lässt sich die Wirkung schwerlich. Aber ohne diese Treffen wäre die westliche Welt sicher weniger gut über die Runden dieser schwierigen, zunehmend schwieriger werdenden Epoche seit 1973 gekommen. Auch die Rolle, die Schmidt heute außenpolitisch fraglos spielt, wäre ohne diese Treffen so nicht möglich. Nicht zuletzt entstand in solchen Begegnungen die Freundschaft mit Giscard. Dies alles ist also notwendig und nützlich, wenngleich auch hier die institutionelle Effizienz mit den Zwängen zunehmender Interdependenz nicht Schritt hält. Aber immerhin.

Kühler Abend auf der Sonderposition des Flughafens Köln-Wahn. Eine – nicht überwältigende – Menge von DKP-Mitgliedern säumt die seitliche Galerie des Flughafengebäudes, rote Banner schwingend, Spruchbänder emporreckend: »Frieden«, »Willkommen« und – »Gegen NATO-Beschluss und Nuklearwaffen«.

Auf dem Rollfeld Deutsche und Russen. Der Botschafter Semjonow feierlich, schwarz, mit Hut, den er, des Haupthaars ermangelnd, auch benötigt. Neben ihm sein Stab, der Gesandte Terechow, mit dem Bräutigam über zwanzig Stunden um das Kommuniqué gerungen hat. Der Militärattaché ist dabei, in schöner blauer Uniform mit roten Biesen, die man in diesem traditionsbewussten Land der Revolution wieder trägt; ein breit gebauter Mann, wie es dem in seiner Generation noch vorherrschenden russischen Typ entspricht. Auch die Damen der Botschaft, abseits in einer kleinen Gruppe zusammenstehend, zeigen überwiegend jene vollschlanke Lieblichkeit, welche schon die westlichen Reisenden des 17. und 18. Jahrhunderts am weiblichen Teil der Moskauer Gesellschaft zu rühmen wussten.

Es nähert sich ein Trupp kleiner sowjetischer Kinder, ein Dutzend etwa, cellonphanumhüllte Rosenbuketts tragend, und wieselt sich, von einer Kindergärtnerin mit milder Strenge dirigiert, in die Nähe des roten Teppichs. Graf Finck von Finckenstein, unser preußisch korrekter Protokollchef, fixiert sie missbilligend über den Rand seiner Halbbrille. »Höchstens vier Kinder waren vereinbart«, klagt er. »Aber die tun eben, was sie wollen.« Es ist nicht sein erster noch sein letzter Stoßseufzer.

Ich muss mich der Geschichte jenes Petersburger Gardekapitäns erinnern, der einen Großfürsten fordern will, weil dieser seine Frau verführt hat, und dem sein Oberst entgegnet: »Mais pourtant, il est Grand Duc!« Ja, in der Tat, der »Großfürschte«, wie ihn Heinrich von Staden in seiner Chronik des Moskauer Staats im 16. Jahrhundert nennt, hat seine eigenen Wege.

Die zum Empfang gekommenen Deutschen, als Letzter unser Bundeskanzler, sind nun versammelt. Auch Graf Lambsdorff ist dabei, vielleicht wieder einmal jenes Großonkels gedenkend, der einst Außenminister eines russischen Kaisers war, so wie ich mich des Stiefonkels entsinne, der dem letzten Zaren als einer seiner Zeremonienmeister diente.

Langsam, angestrahlt, rollt die weiße Tupolew an, am Bug die Lettern »CCCP« und am Heck die rote Fahne. Sie kommt zum Stehen. Die Treppe wird herangeschoben, von Hand. Schmidt, Genscher, Lambsdorff und Semjonow treten ans Kopfende des roten Teppichs. Die Tür öffnet sich, und aus ihr tritt, ein Stück Weltgeschichte unserer Zeit, die im Alter massig gewordene Gestalt des Generalsekretärs der KPdSU und Vorsitzenden des Obersten Sowjets der UdSSR, Leonid Iljitsch Breschnew.

Es geht Würde von dieser Gestalt mit der facies leonina aus, die sich langsam, sehr diskret von einem umfänglichen Generaladjutanten gestützt, die Treppe hinabbewegt. Eine Würde, die diesen alten, leidenden Mann keinen Augenblick während der großen Anstrengung dieser Tage verlassen wird, ein Symbol der Macht und eines Traums, der mit ihm selber alt geworden ist.

Langes Händeschütteln. Der Kanzler beugt leicht das Haupt, was ich, trotz allem, sehr gut verstehe und was er dieser Tage noch mehrmals tun wird.

Hinter dem Generalsekretär erscheinen die Getreuen, der ewige Außenminister, ein Meister der diplomatischen Bühne, als Mitglied des Politbüros aufgerückt in den Areopag der Alten, die das Imperium regieren; der Erste Stellvertretende Ministerpräsident, Archipow, ein Charakterkopf, dem die Riesenmaschine der zentral gelenkten Wirtschaft des Reichs anvertraut ist; die grauen Eminenzen des Generalsekretärs, Andrej Alexandrow und Anatoli Blatow; der Regierungssprecher Leonid Samjatin mit ergrauter Stirnlocke, für den »tough« sich als ein milder Ausdruck erweisen soll; Anatoli Kowaljow, der stellvertretende Außenminister, der mein Gegenpaukant in der Kommuniqué-Schlussrunde sein wird; endlich der perennierende Yul Brynner in germanicis Alexander Bondarenko und, siehe da, ein Dreisternegeneral des sowjetischen Generalstabs. Ist das die Schwalbe, die den Frühling anzeigt, eine Öffnung dieser Kaste nach außen signalisiert? Man wird sehen.

Vorstellung der zur Begrüßung Angetretenen. Der Händedruck des Generalsekretärs ist fest. Gromyko erkennt mich, sagt ein freundliches Wort auf Englisch, das er, mit starkem Akzent, gut beherrscht. Winken zur Pressetribüne, wo die Journalisten und Kameraleute ihrem harten Job fröstelnd frönen.

Auf der Fahrt nach Gymnich begleite ich Kowaljow. Da ich gerade wieder rauche, probiere ich seine russischen Zigaretten. Sie sind stark und gut, etwa wie unsere Marke Reval, benannt nach meiner Heimatstadt Reval, die zu erwähnen ich unterlasse, denn Takt muss sein. Daran haben sich übrigens unsere Gäste durchweg gehalten, mit der rühmlichen Ausnahme des Herrn Samjatin, der sich vielleicht durch den Herrn Juryi Samarin des 19. Jahrhunderts inspiriert fühlte. Ich hätte ihm gern eine »livländische Antwort« erteilt, aber das war hier nicht angebracht.

Kowaljow – tout différent – fragt mich nach meinen Problemen im Kommuniqué-Entwurf, nennt die seinen, schlägt eine erste Runde noch am gleichen Abend in Gymnich vor. Ich akzeptiere.

In Gymnich kurzes Beisammensein der Delegationsspitzen. Der Generalsekretär sehr präsent – wie durchweg während dieser Tage, soweit er nicht überanstrengt wird. Als der Kanzler nach etwa fünfzehn Minuten dafür plädiert, dass Breschnew sich 1982 mit Reagan trifft, antwortet der Generalsekretär: »Ja gern, aber erst möchte ich schlafen.« Schluss der Vorstellung – wenn auch nicht für mich, denn in den folgenden vier Stunden handele ich mit Kowaljow, Bondarenko und Terechow das Kommuniqué aus, hart in der Sache, offen im Argument, liebenswürdig in der Form. Wir machen einige Fortschritte, lassen einiges offen und trennen uns gegen ein Uhr. Mir ist es recht: Keine Eile! Sich nicht unter Druck setzen lassen! Die Russen haben dafür ein gutes Wort: »tische jedisch, dalsche budisch« – fahr langsamer, und du kommst weiter. Bei den Franzosen beherzigt man, was Talleyrand an-

geblich zu seinem Kutscher gesagt haben soll: »Jean, va dou-
cement, je suis pressé!« Wir Deutschen haben kein solches
bonmot. Schade eigentlich.

Am 23.11. morgens um 10.40 Uhr findet die offizielle Begrüßung vor dem Bundeskanzleramt mit militärischen Ehren
statt. Breschnew entsteigt seiner Mercedes-600-Limousine,
winkt steif mit kleiner Bewegung der Hand zur Pressetribüne.
Erneute Begrüßung der beiden entourages. Dann betreten der
Bundeskanzler und der Generalsekretär ein niederes Podest –
zum Spiel der Hymnen.

Wie schon im Sommer 1980 kann ich mich der Faszination dieses Augenblicks nicht entziehen. Hier also stehen diese
beiden Männer unterschiedlichen weltpolitischen Gewichts,
hier der Osten, hier ein Stück Westen, der Selbstherrscher aller
Russen und der Sprecher einer parlamentarischen Koalition,
unterschiedlichen Denkens, einer in der Abenddämmerung,
der andere noch im Licht des Tages, ein Deutscher und ein
Russe, die Bürde der Geschichte tragend, zwei sehr verschiedene Entwicklungslinien europäischer Zivilisation verkör-
pernd, einig wohl nur im Willen, den Frieden zu wahren –
doch zu welchen und zu wessen Bedingungen?

Mit Fanfare hebt die sowjetische Hymne an, vorzüglich
gespielt, eine feierliche Weise im Stil des sozialistischen Realismus, völkisch und »heroisch«, authentischer Ausdruck eines noch ungebrochenen imperialen Selbstverständnisses.
Dann die klassisch-klare, zarte und doch männliche Melodie
Haydns, mit zu viel Wirbel am Ende dargeboten und dessen
ungeachtet ergreifend schön. Danach der Präsentiermarsch,
martialischer, als sie ihn spielen, an Böses gemahnend unter
Hitler und an Großes davor unter der Fahne Preußens und
insgesamt befeuernd.

Breschnew blickt fragend auf die lange Front. Wird er es
machen? Er macht es langsam, nicht ohne Anstrengung, aber
gut, wie er alles machen wird in diesen Tagen. So geht er, vom
Kanzler behutsam geleitet, mit zögernden, etwas ungleichen,
kleinen Schritten, die Augen starr. Vor der Fahne verneigt er
sich tief. Sie bezeichnet nicht mehr den Feind wie das
Schwarz-weiß-rot vergangener Tage; aber mit ihrem Schwarz-

rot-gold von 1848 steht sie doch für den großen ideologischen Gegner des Imperiums, den abendländischen Liberalismus.

Im großen Kabinettssaal findet anschließend das erste Delegationsgespräch statt, das anders verläuft als vorgesehen. Vom Kanzler dazu eingeladen, trägt erst Breschnew vor, volle anderthalb Stunden. Er liest ab, nicht ohne Anstrengung, manchmal undeutlich artikulierend, aber sehr vernehmlich, fließend und mit der richtigen Betonung. Die gelesenen Absätze hakt er wie 1980 ab, wenn er dem Dolmetscher das Wort gibt. Mitunter wendet er sich zu dem neben ihm sitzenden Außenminister, Bestätigung heischend, die ihm zuteil wird. Die Länge des Vortrags überrascht ihn anscheinend selbst. Man kann vernehmen, wie er Gromyko fragt, wie viel es denn noch sei, und hört ihn sagen, dass er anschließend um eine kurze Pause bitten werde.

Der Vortrag ist flächendeckend, aber doch ganz vom zentralen Thema dieser Tage beherrscht, den nuklearen Mittelstreckenwaffen. Aus welchen Gründen immer zeigt sich die sowjetische Seite beim Gedanken an die Stationierung der amerikanischen Raketen und ganz allgemein von der Politik der Administration Reagan zutiefst beunruhigt. Uns gegenüber ist der Ton des Generalsekretärs dabei mehr warnend als drohend, mehr werbend als fordernd. Das ist mehr als Propaganda, die nie fehlt. Hier klingen Töne echter Besorgnis an.

Aber ist sie von Einsicht begleitet? Es bleibt eher der alte Eindruck eingeborener Egozentrik, eifernder Selbstgerechtigkeit, einer Verengung des Blicks auf das eigene sakrosankte nationale Interesse. Kurzum, man spürt die Begrenzungen des Denkens einer – dazu noch ideologisch fixierten – Großmacht, die es wenig gewohnt ist, sich auch am Interesse des Partners zu orientieren.

Welch weiter Weg liegt noch vor uns, bis sich dies wandelt? Und dennoch, welche Strecke ist schon zurückgelegt seit 1970, welch unverkennbares Ausmaß an Offenheit und Vertrauen ist schon gewonnen. Der Weg, den wir gegangen sind und gehen, dies erweist sich erneut, ist der rechte. Man muss nur akzeptieren, dass er hart, steinig und steil ist, und sich danach verhalten, fest, stetig, mit langem Atem.

Der Chor der Getreuen lauscht seinem Herrn aufmerksam. Die Auserwählten, voran der kleine, zerknitterte Alexandrow, lesen teilweise mit, Alexandrow dicht über das Blatt gebeugt, durch dicke Brillengläser schauend.

Nach der erbetenen Pause redet der Kanzler. Er steht vor der schwierigen Aufgabe, nach Notizen, die er während des Vortrags des Generalsekretärs gemacht hat, frei zu antworten, alles abzudecken und dennoch den sichtlich ermüdeten Gast nicht zu überfordern. Er löst die Aufgabe auf bewundernswerte Weise: klar, fest, verbindlich, taktisch geschickt, fehlerlos. Wir können stolz sein, denn der Mann, der für uns spricht, verdient Respekt, und sichtlich flößt er ihn auch ein. Überzeugt er auch? Wer will das sagen? Jedenfalls scheint mir, als glaubten die Russen ihm, dass er meint, was er sagt. Das ist schon viel, die Voraussetzung für alles, was wir uns darüber hinaus wünschen. So haben Gegner selten miteinander gesprochen. Darf man also hoffen?

Im Anschluss an ein Mittagessen, das Genscher für Gromyko gibt, geht es nach Gymnich, wo Schmidt und Breschnew ihr Gespräch unter vier Augen führen, während die Außenminister ihr Mittagsgespräch fortsetzen.

Auch bei ihnen bewährt sich die schon früh etablierte Gesprächspartnerschaft zweier Männer, die sich seit langem kennen, die wissen, was sie voneinander zu halten haben, die fähig sind, ihre Gedanken mit der Präzision genauester Überlegung auszudrücken.

Faszinierend wirkt wiederum die unglaubliche schauspielerische Begabung des sowjetischen Außenministers, dessen Miene jede Gemütslage widerspiegelt, die er zur Schau tragen will: Zustimmung und Missbilligung, Nachdenklichkeit und Emotion, Ironie und warnenden Ernst. Nur der mir so wohl bekannte Ausdruck gespielten oder echten Zorns und das drohende Großmachtgesicht, das mir aus der Schlussphase der Moskauer Verhandlungen im Sommer 1970 so deutlich vor Augen steht, erscheinen dieses Mal zu keiner Zeit. Ton und Mimik bleiben im Maß, selbst beim Thema China, bei dem sich Gromyko fast genussvoll echauffiert. Es fehlt auch nicht die charakteristische Wendung: »No kak skashu ja?« – Nun, was soll ich sagen? Eine rhetorische Frage, die er dann ohne Zögern und mit Eloquenz selbst beantwortet.

Wie auch sein Herr ist Gromyko äußerst gewählt gekleidet, Anzug, Hemd und Binder mit bestem Geschmack aufeinander abgestimmt. Wenn man diesen Sohn eines weißrussischen Streckenwärters auf solchen Höhen sieht – wie auch den ehemaligen Stahlarbeiter Breschnew –, dann erschließt sich ein Stück sowjetischer Wirklichkeit, die vieles erklärt. Die Dankbarkeit der Kinder der Revolution, der Stolz auf das Erreichte, der absolute Wille, es mit allen Mitteln zu erhalten und zu mehren – außer dem letzten Mittel, das alles zerstören würde. Und gerade bei Gromyko denkt man an die Tonmalerei, die Richard Strauss zum »Bauer als Edelmann« so unnachahmlich gelungen ist.

Gromyko ist auch dann noch gut, wenn er defensiv argumentieren muss, und das widerfährt der sowjetischen Seite in diesen Tagen des Öfteren. Sie hat Positionen zu vertreten, die nicht gut sind, weil die dahinter stehende Politik nicht gut ist. Vielleicht ist das charakteristisch für die Politik großer Mächte, weil sie den Preis für ihre Fehler nur in extremis zu zahlen brauchen.

Am Ende dieses denkwürdigen Tages findet ein großes Essen des Bundeskanzlers für Breschnew in der Redoute statt. Hier ist viel von dem aufgeboten, was die Republik zu bieten hat: Parlament und Regierung, Medien und Wirtschaft, Kunst und Wissenschaft, schließlich Beamte.

Dabei konnten nicht im Entferntesten alle Wünsche erfüllt werden. In der Tat, dieses riesige unheimliche Land übt eine seltsame Faszination auf uns Deutsche aus. »Awe« wäre der Ausdruck, wenn wir ihn nur aus dem Englischen genau übertragen könnten. Hier mischen sich Nostalgie, Angst und Hoffnung. Und wie furchtbar wurde dieses Verhältnis zwischen Deutschland und Russland auch verspielt: von der Kündigung des Rückversicherungsvertrages bis zu den Wochen von Sarajewo, vom versiegelten Zug, mit dem Lenin zum Finnländischen Bahnhof in St. Petersburg gebracht wurde, bis zum schmählichen Verrat an Tuchatschewski und am Ende bis zur Wahnsinnstat Hitlers.

Nun müssen wir alles neu aufbauen, unter unendlich erschwerten Bedingungen, bei tiefem ideologischen Antagonismus, in einer Lage, in der wir das Gleichgewicht aus eigener Kraft immer weniger halten und den Kurs damit auch immer weniger allein bestimmen können. Dies ist die bittere Wahrheit, mit der uns auseinander zu setzen wir gerade erst begonnen haben, vor knapp fünfzehn Jahren.

Der Russe ist hart bis zur Brutalität und doch ein Gemütsmensch. Es gilt, beiden dieser Seiten seines Wesens angemessen zu begegnen. Ohne den Willen zu verstehen, zusammenzuarbeiten, den anderen als Menschen in seiner Eigenart zu akzeptieren und all dies spürbar zu machen, geht es nicht. Härte verstehen diese Menschen, aber Ablehnung, Missachtung, Ridiculisierung verletzen sie zutiefst.

Wie diese schwere Partie zu spielen ist, führt der Bundeskanzler an diesem Abend in Perfektion vor, besser noch als im Kreml 1980. Nichts lässt die Rede aus, an der er die Nacht zuvor noch gearbeitet hat. Er spricht in Form und Inhalt offen und fest, liebenswürdig und maßvoll. Nichts wird geschenkt, nichts überzogen.

Dem Generalsekretär hat man für seine Erwiderung leider eine »Mittelstreckensymphonie« aufgesetzt, düster, mit Gefahren drohend, aggressiv gegen Amerika, auf das eine Ziel hin fixiert, gegen den Nato-Doppelbeschluss zu agitieren. Wie schlecht sich diese Russen doch verkaufen! Wie wenig sie es verstehen, ihre Gaben anmutig zu verpacken! Immer überziehen sie. Aber was soll's – »pourtant il est Grand Duc«. Schlechte Laune führt nicht weiter, aber es bleibt das Bedauern, dass eine Chance schlecht genutzt wurde.

Breschnew, ermüdet nach einem prallvollen Tag, trägt nicht ohne Anstrengung vor, bringt es aber gut zum Ende. Vor dem Nachtisch aber geht er, ohne Aufsehen, von Arzt und Adjutant gefolgt; morgen ist auch noch ein Tag.

Kowaljow bittet um eine weitere Kommuniquérunde nach dem Diner, wozu ich eigentlich wenig Neigung habe. Aber man soll in solchen Fällen nie nein sagen, zumal Kowaljow meint, wir könnten die drei bis vier verbleibenden harten Nüsse schnell knacken. Aber kann er das? So setzen wir uns in einem unwirtlichen Zimmerchen im ersten Stock der Redoute um 22.30 Uhr erneut zusammen. Und siehe da, Kowaljow kommt über, in einer Stunde ist alles vorüber. Wir dürfen befriedigt sein.

Am zweiten Tag morgens Gespräche des Generalsekretärs mit den Vorsitzenden der im Bundestag vertretenen Parteien, dann Mittagsruhe. Nachmittags erscheint Gromyko zum dritten Sondergespräch der Außenminister. Die Atmosphäre ist wiederum gut. In der Substanz bleibt der Gast unbeweglich, eher defensiv.

Dann gehen die Minister zum Gespräch des Generalsekretärs mit dem Bundespräsidenten. Anschließend zweite, abschließende Delegationssitzung. Breschnew ist in guter Form, er verliest seine Repliken auf den Vortrag des Bundeskanzlers vom Vortag mit kraftvoller Betonung. Während der Antwort des Bundeskanzlers greift er unvermutet nach einer von uns ausgelegten Zigarettenschachtel. Sein Gesichtsausdruck ist fast der eines Kindes, das sich, in Gegenwart von Gästen, bewusst ist, etwas Verbotenes zu riskieren. Dem Dolmetscher, der ein Streichholz zücken will, winkt er ungeduldig ab. Nicht ohne sichtliche Befriedigung entlockt er einem schlanken Goldman-Feuerzeug eine Stichflamme, an der er die Zigarette entzündet. Ein sehr menschliches kleines Zwischenspiel, rührend fast bei diesem alten Mann, der seine schwere Bürde weiterschleppt, mit Entschlossenheit, aber vielleicht auch einfach deshalb, weil niemand so recht weiß, wie er sie weitergeben könnte. Ja, er ist noch nicht am Ende, freut sich wohl auch noch an Ehrungen wie jener Nadel an seinem Revers, die fünfzig Jahre Parteimitgliedschaft anzeigt. Auch Gromyko trägt sie. Etwa sechs Stück gäbe es davon, sagt er mir.

Am nächsten Tag dann Abschiedszeremonie in Gymnich. Erneutes Abspielen der Hymnen, Abschreiten der Front zu den Klängen des Präsentiermarsches, Händedrücken. Gromyko sagt mir wieder ein freundliches Wort. On se connaît. Es macht wirklich einen Unterschied. Und auch wenn sie den Gegner in der Sache klar erkennen, empfinden es die Russen, wenn man sie respektiert.

Dann geht es in Kolonne zum Flugplatz. Ich fahre wieder mit Kowaljow. Meyer-Landrut habe ich ermuntert, mit Alexandrow zu fahren, eine seltene und wichtige Gelegenheit für ihn.

Auf dem Rollfeld nur noch eine kurze Verabschiedung. Breschnew steigt – schwer – die Treppe hinauf, vom breiten Rücken des Generaladjutanten diskret gegen indiskrete Fotolinsen abgedeckt. Ein kurzes, steifes Winken, dann geht er in die Kabine.

Als die Tupolew sich in Bewegung setzt und wir zum Abschied winken, winkt es an einem der Fenster zurück. Man sieht eine Hand in schneller, kräftiger Bewegung. Aber hat diese Hand das Steuer Russlands noch fest im Griff?

Personenregister

Eberhard Straub

Vom Nichtstun

Leben in einer Welt ohne Arbeit

136 Seiten, ISBN 3-937989-02-1

Noch nie in der Geschichte der Menschheit wurde so
viel gearbeitet wie seit dem 19. Jahrhundert. Inzwischen
aber sieht es so aus, als sei der modernen Welt die Arbeit ausgegangen. Die »Freizeitgesellschaft« wird
wohl das Merkmal der Zukunft sein. Eberhard Straub
plädiert auf scharfsinnige und unterhaltsame Weise
dafür, dass unsere Gesellschaft zur Muße zurückfinden
muss, zu einem neuen Zeitverständnis, das im alten –
im antiken wie im christlichen – Sinne dem Menschen
Zeit lässt, jenseits von den Zwängen der Arbeit zur
Freiheit, zur Seelenruhe und zu einem geglückten Leben zurückzufinden.

»Straubs Stil ist erfrischend unabstrakt und von
beträchtlicher Eleganz.«
Paul Ingendaay, Frankfurter Allgemeine Zeitung

wjs

Sonja Margolina

WODKA
Trinken und Macht in Russland

184 Seiten, ISBN 3-937989-03-X

Russland und Wodka scheinen voneinander nicht zu
trennen zu sein. Von Nikolaus II. über Leo Trotzki bis
zu Michail Gorbatschow sind alle Versuche gescheitert,
dem Alkohol den Krieg zu erklären. Unter Putin haben
Modernisierung und Verwestlichung zwar eine Veränderung des Lebensstils und der Trinkgewohnheiten mit
sich gebracht. Aber das Riesenreich im Osten zwischen
Chinesischem und Baltischem Meer wird nach wie vor
von dem hochprozentigen »Wässerchen« beherrscht.
Sonja Margolina, selber gebürtige Russin, geht in ihrem Buch der verhängnisvollen Rolle nach, die der
Wodka auf dem russischen Sonderweg gespielt hat.

wjs